应用型本科产教融合系列教材

Network Economics | 网络经济学

主　编　嵇正龙
副主编　姜丽丽

苏州大学出版社
Soochow University Press

图书在版编目(CIP)数据

网络经济学 / 嵇正龙主编. -- 苏州：苏州大学出版社, 2023.8
ISBN 978-7-5672-4432-0

Ⅰ.①网… Ⅱ.①嵇… Ⅲ.①网络经济—高等学校—教材 Ⅳ.①F062.5

中国国家版本馆 CIP 数据核字(2023)第 161848 号

网络经济学
WANGLUO JINGJIXUE

主　编　嵇正龙
责任编辑　肖　荣
助理编辑　罗路昭

苏州大学出版社出版发行
(地址：苏州市十梓街1号　邮编：215006)
常州市武进第三印刷有限公司印装
(地址：常州市武进区湟里镇村前街　邮编：213154)

开本 787 mm×1 092 mm　1/16　印张 10.75　字数 255 千
2023 年 8 月第 1 版　2023 年 8 月第 1 次印刷
ISBN 978-7-5672-4432-0　定价：36.00 元

图书若有印装错误，本社负责调换
苏州大学出版社营销部　电话：0512-67481020
苏州大学出版社网址　http://www.sudapress.com
苏州大学出版社邮箱　sdcbs@suda.edu.cn

前言
Preface

网络经济随着信息技术的进步和网络产业的发展应运而生，是以计算机网络为基础设施的高级经济发展形态。数字经济时代与农业时代、工业时代极为不同，网络成为关键的基础设施，数据成为生产要素。数据不同于物质生产要素，具有可以重复使用、可以自体增殖、可以共享、依赖网络的特征。这就导致网络经济具有不同于传统经济的形态，它改变了许多传统的经济规律，会出现边际收益递增、边际成本递减等现象。

网络经济学是专门研究网络经济运行方式的科学，对经济学基本问题的探究是经济科学在数字经济时代的发展和延续。本教材不仅关注网络经济学的基本概念和基本理论，更侧重于对网络经济现实问题的分析与解释。本教材遵循经典的经济学理论阐释逻辑框架，吸收了网络经济研究的前沿理论内容，融入了数字经济最新发展实践，并辅之以多元的案例分析，较为系统地介绍了网络经济学的理论。本教材内容包括网络经济学概述、网络经济产品分析、网络经济需求与供给分析、网络经济消费者行为和企业行为分析、网络经济市场分析、网络经济产业分析、网络经济中的金融变革、网络贸易与跨境电商、网络经济政策、网络经济增长与周期等，为数字经济时代的消费者、企业微观经济活动决策和政府制定宏观经济政策提供理论依据。

本教材共计十二章，编写工作主要由嵇正龙博士、姜丽丽副教授、周明栋博士、杨翔宇博士完成。第一、二、三、四、五、七、十一章由嵇正龙博士编撰；第六、九、十二章由姜丽丽副教授编撰；第八章由周明栋博士编撰；第十章由杨翔宇博士编撰；最后由嵇正龙博士完成全书的统稿、校对工作。教材在编撰过程中得到宿迁学院教务处、管理学院和商学院的指导与支持。

本教材借鉴的大量国内外专家的著作文献、研究成果以及网络资源，在资料来源、注释和参考文献部分均已列出，在此向各位专家学者一并致以诚挚的谢意！网络经济的实践远远领先于理论研究，许多问题的探讨还有待深入，我们将持续探索，永不止步。但由于编者知识水平和经验有限，不足之处恳请专家及读者批评指正。

嵇正龙

2023 年 6 月 18 日

目录

第一章　导论　1

第一节　网络与网络经济　/1
第二节　网络经济学的发展　/6
第三节　教材框架　/11
案例1　中国网络零售交易额创新高　/11
课后习题　/13

第二章　网络经济产品　14

第一节　网络产品　/14
第二节　数字产品　/15
第三节　成本与效用　/19
案例2　ChatGPT开创历史　/21
课后习题　/22

第三章　网络经济需求　23

第一节　网络外部性　/23
第二节　梅特卡夫定律　/27
第二节　数字产品需求　/28
案例3　拼多多发掘用户需求　/30
课后习题　/31

第四章　网络经济消费者　32

第一节　消费者类型　/32
第二节　消费者特征　/33

第三节　消费影响因素 /33
案例4　京东家电家居场景推广 /35
课后习题 /36

第五章　网络经济供给　　37

第一节　正反馈理论 /37
第二节　三个经典定律 /39
第三节　数字产品供给 /41
案例5　美团单车调价困境 /44
课后习题 /45

第六章　网络经济企业　　46

第一节　企业组织变革 /46
第二节　企业竞争策略 /50
第三节　企业商业模式 /67
案例6　京东组织架构调整 /69
课后习题 /70

第七章　网络经济市场　　71

第一节　市场结构 /71
第二节　双边市场 /77
第三节　平台市场 /81
案例7　网络零售平台市场格局 /83
课后习题 /84

第八章　网络经济产业　　85

第一节　网络经济产业的内涵 /85
第二节　推动传统产业升级 /87
第三节　促进新兴产业发展 /90
案例8　传统企业数字化转型 /91
课后习题 /92

第九章　网络金融变革　　93

第一节　互联网金融　/93
第二节　网络支付　/99
第三节　数字货币　/105
案例9　数字人民币　/115
课后习题　/116

第十章　网络经济国际化　　117

第一节　网络贸易　/117
第二节　跨境电商　/121
案例10　跨境电商"希音"　/130
课后习题　/131

第十一章　网络经济政策　　132

第一节　市场失灵　/132
第二节　公共政策　/133
第三节　对垄断的规制　/134
第四节　典型政策　/145
案例11　网络经济反垄断　/152
课后习题　/153

第十二章　网络经济增长与周期　　154

第一节　网络经济增长　/154
第二节　网络经济周期　/156
案例12　经济周期新特征　/160
课后习题　/161

参考文献　　162

导 论

本章概要
网络经济学是随着网络经济的发展而诞生的新经济学,是经济学研究的新领域。本章系统介绍网络经济的概念、研究对象和研究内容,以及网络经济学的发展脉络。

目标要求
(1) 了解网络经济学的发展背景。
(2) 熟悉网络经济的发展脉络。
(3) 掌握网络经济学的研究范畴与特点。

本章内容

第一节 网络与网络经济

一、网络

(一) 三大网络

网络一词有多种含义,从不同学科出发有不同的定义和范围。物质、能量和信息是人类社会的三大支柱,也是经济活动的三大资源。从经济学看,物质是满足消费者物质需要的产品,能量是生产过程和生活过程赖以进行的动力,而信息则是经济活动的"神经系统"。一个国家或地区拥有物质、能量和信息资源的自然数量是不同的,但是经济学已经证明,这些资源如何配置才是该国家或地区发展的决定因素。制度因素和基础设施严重影响资源配置。在市场经济制度下,基础设施的运转效率就成了决定资源有效配置的重要因素。物质、能量和信息有效配置的基础设施就是从生产者到消费者的传输网络。在人类的经济生活中,相应地形成了物质网络、能量网络和信息网络。

物质网络是传递商品的网络,包括最早的丝绸之路和现代的铁路网、公路网、水运网、空运网。能量网络是传递能量的网络,如输油管网、天然气管网。除了这类典型的能量网络,还有一类高级形式的能量网络,其传输内容是不可见的,比如输电网。一般来说,能量网络是连续的。信息网络传输的内容是信息,比如电话网、有线电视网、计算机网络、互联网、物联网都属于信息网络。信息网络有低级和高级之分。低级信息网络传输的是模拟信号,高级信息网络传输的是数字信号。所谓数字信号,是指传输的内容都由"0"和"1"数码组成,也可被称为比特流。

当然,这三类网络绝不是截然分开的。物质网络可以运输能量,也可以传递信息,比如邮件。能量网络也可传递信息，比如电力网可用来"载波"。一般来说，物质、能量、信息网络向下兼容。当我们把这些网络放在一起的时候，传递的形式依次是：固体产品、液体产品、气体分子、电流、模拟信号、数字信号，这些形式越来越微观化和虚拟化。随着技术的发展，模拟信号将全部数字化，变成数字信号。所有的网络均可被归为两类：物质网络和数字网络，其中电磁场形成的网络，是物质网络到数字网络的过渡。从网络的性能分析，数字网络是网络的高级形式。

（二）计算机网络

本教材所介绍和分析的网络是计算机网络，就是将各自独立的计算机处理节点通过线路连接成为计算机系统，确定节点之间可以通信和交流信息的协议。通过网络协议联结分散于各处的信息系统，使所有的资源，包括计算机、数据、人及其他设备等能够共享，跨越时间和空间的障碍，实现协同工作。

二、网络经济

（一）网络经济的分类

1. 传统网络经济

20世纪80年代，日本学者将第三产业中的商业、运输业、金融业等通过网络来发展业务的做法称为"网络经济"。现代意义上网络经济的诞生，要归功于互联网在商业中的应用。紧随而来的是以计算机网络为核心的产业得到了空前发展，以此为依托，一系列新兴产业应运而生，如网络销售、网络购物、网络银行、电子报刊、网络图书馆等。而在这样的变革大潮中，传统产业意识到了危机，也嗅到了商机，纷纷开设网站，利用网络从事生产经营和销售活动，计算机网络与传统产业逐渐融合。

2. 互联网经济

网络经济的快速发展吸引了越来越多的经济学家的目光，他们开始把研究的视野聚焦到网络经济领域。对网络经济的内涵，学者们也从不同角度进行了诠释，但并没有取得一致看法，可谓众说纷纭。在英文中，很早就出现了"Internet Economics""Network Economics""Economics of Networks"这些不同的称谓。一般认为，约翰·弗劳尔（John Flower）最先提出现代意义上的"网络经济"（Internet Economics）一词，准确地说，它应被译为"互联网经济"。

3. 网络产业经济

美国得克萨斯大学电子商务研究中心认为，网络经济由网络基础建设领域、网络基础应用领域、网络中介服务领域、网络商务活动四个部分组成，不仅包含了以互联网为平台的经济活动，还包含了生产、制造和运营互联网设施的经济活动。以乌家培为代表的中国学者从宏观、中观和微观三个层面界定网络经济：从经济形态宏观层面看，网络经济是有别于游牧经济、农业经济和工业经济的信息经济、知识经济和数字经济；从产业发展的中观层面看，网络经济是与电子商务紧密相连的网络产业，既包括网络贸易、网络银行、网络企业以及其他商务性网络活动，又包括网络基础设施、网络设备和产品及各种网络服务的建设、生产等经济活动；从企业营销、居民消费或投资的微观层面看，网络经济则是一个交易规模急剧增长的网络大市场或大型的虚拟市场。

(二) 网络经济的内涵

尽管从不同的角度理解网络经济，网络经济具有不同的内涵，但一般认为网络经济是以信息数据为基础，以计算机网络为依托，以生产、分配、交换和消费网络产品为主要内容的新型经济形态。狭义上的网络经济仅仅指以计算机网络为核心的信息产业群——直接进行信息生产、加工与分配，并以信息产品与服务作为其产出的产业，包括信息设备制造业、信息生产加工业、信息服务业、信息流通业；广义上的网络经济在狭义网络经济的基础上还包括利用网络技术使其组织结构、管理方式和运作方式网络化的经济活动，其中，电子商务具有代表性。

(三) 网络经济的条件

按照英国学者的分析，网络经济的产生需要三个条件：一是数字化革命，即完全以重新安排"0"和"1"这两个数字组合为基础，开启一个新的经济时代，从根本上改变信息存在的基本方式；二是全球电话网主干线使用光导纤维，使信息传输容量和信息传输速度发生了革命性的变化；三是计算机设备成本的大幅下降，使网络终端迅速普及到一般消费者。

(四) 网络经济的特点

网络经济作为建立在互联网络基础上的一种新型经济，它在经济运行、经济增长和经济效率上均有别于传统经济。网络经济源于信息网络对社会经济系统产生的影响，它的发展有其特点和规律，并成为经济学研究的新领域。进一步来看，网络经济主要具有以下特点。

1. 创新驱动

在网络产业内部，企业不创新就无法生存。网络经济的外部性使市场竞争的结果是"赢家通吃，输家出局"。网络经济的竞争主要是客户规模的竞争，网络经济的创新者要获得"先发优势"，必须先获得足够的客户规模。客户规模越大，越有号召力，越能够吸引更多的客户，企业才能获得垄断优势，才能生存。同时，企业获得垄断优势后，也就获得了制定标准的优势。其他企业必须依靠创新才能打破现有企业的垄断，获得生存的机会。因此，在网络经济中，企业之间为了追求垄断优势，必须在创新速度上展开激烈竞争。

在网络产业以外，网络经济环境也推动了其他行业中企业的创新。在诸多推动经济发展的因素中，那些能够使原材料与动力不断结合而产生新的跳跃式进步的因素就是创新。在网络经济下，人们利用先进的计算机技术，可以进行计算机自动控制、计算机辅助设计、计算机辅助制造和计算机集成制造等，实现生产的自动化，从而大大提高生产效率，并为生产过程创新提供条件；人们利用发达的计算机网络，可以实现信息的快速传递和资源共享，从而充分利用各种信息资源为经营决策服务，并大大加快高新技术向现实生产力转化的速度，把信息资源转化为现实的经济资源，助力创新。在信息技术推动下，各种新产品不断出现，各种新工艺、新技术不断产生，实现创新型经济的增长。

信息技术和网络技术的蜂聚式创新引发了全球化的网络经济浪潮。然而，网络经济不仅由技术创新推动，为适应技术创新所带来的生产力发展，社会经济的方方面面都出现了创新。在技术创新组织方面，信息技术实现了企业再造，促进了供应链管理、企业资源计划等企业经营创新；在技术创新转化方面，出现了促进技术创新转化为生产力的风险投资制度。此外，在技术创新激励方面，管理者期权、员工持股计划等分配制度的创新也极大地促进了创新活动的展开。因此，网络经济是由技术创新、组织创新、市场创新、制度创新等共同推进的创新型经济。

2. 数据主导

网络经济是以信息与知识等非物质的数据资源为其主要资源，且非物质数据资源在资源中占主导地位的经济，而传统经济是以土地、劳动、资本等物质资源为其主要资源并占主导地位的经济。当然，以信息和知识等非物质数据资源为主导，并不意味着在网络经济中不再需要物质资源。在任何社会经济形态下，物质的生产与消费都是必不可少的，因而在网络经济中，人们进行生产和消费不能离开各种物质要素。同样，在传统经济中，社会再生产过程也离不开信息和知识这样的非物质数据资源。只是在传统经济的各种生产要素中，物质资源占有极大比重并对经济增长起决定性的作用，而在网络经济中，物质资源退居次要地位，起主导作用的是信息和知识等非物质数据资源。在网络经济中，社会产品包含更多的信息和知识，信息与知识的应用对财富的生产和经济的增长起着决定性的作用。

3. 成本节约

新制度经济学派的奠基人科斯认为，交易成本是市场机制运行中存在摩擦的结果，它至少包括获取准确的市场信息的成本及谈判与监督履约的成本。随着信息技术和互联网的发展，信息趋于对称，企业或个人获取信息的能力得到提高。通过互联网获得信息将大大增进企业与消费者之间、企业与企业之间的沟通，减少了企业的交易成本。因此，从这个意义上讲，网络经济本身是无摩擦经济，更准确地说，它是低摩擦经济。同时，网络经济的"低摩擦"特点除了显著表现为市场经济主体对外交易成本的减少，还显著表现在对内协同成本的减少上。企业在线办公系统、电子邮件和即时通信软件等在企业沟通中的广泛运用，使企业成员间能共享信息。这种信息共享使企业的信息流量增加，可以减少组织成员间的摩擦，增进成员间的理解，降低了企业内部生产经营的协同费用。

互联网的最大特点之一是它的"交互性"，即互联网是一种具有交互性的媒介技术。它除了能提供和传统媒介一样的群体到群体、群体到个体、个体到群体之间的联系，更重要的是实现了个体之间点对点的联系，而与传统媒介不同的是，这种联系是一种低成本的、便捷的和实时的双向互动型联系。正是这种交互特性使互联网成为一种具有直接性的媒介，通过互联网络，消费者和企业能够直接对话，实现"产销见面"，从而使企业能够向单个消费者提供定制的产品。

4. 竞争协同

互联网的出现突破了市场的边界，全球统一市场的形成使企业面临的市场竞争空前激烈。同时，互联网技术也拓宽了企业的边界，使企业组织边界逐渐模糊化，企业间的合作通过互联网得到前所未有的发展。因此，网络经济时代更强调企业间的竞争和协作，使经济以既竞争又协作的方式运行。在网络经济中，主导企业间竞争的关键是技术和标准，掌握标准的企业在竞争中具有强大的优势，可以通过对标准的控制实现对现实和潜在的竞争者、供应商，甚至消费者的控制。然而，标准不是一成不变的，技术创新，尤其是关键技术的突破将有可能改变标准。在网络经济时代，由于技术创新周期缩短、信息更加充分和对称，竞争将更为激烈，其竞争近乎完全竞争，虽然有可能导致垄断的市场格局。在竞争的同时，由于互联网平台的建立，企业间的协同程度大大地提高。

5. 全球开放

网络经济的全球化特征表现在网络经济能够实现全球网络化生产和销售。在网络经济中，生产要素尤其是人力资本要素可以通过网络实现全球化配置。在传统的国际经济中，商品、服务、资本等可以通过国际贸易、国际投资和国际金融实现全球流动与全球配置，但人的知识、人力资本却因为民族和国家的限制难以在全球范围内充分流动。互联网能够为地球每个角落的人提供交流平台，从而带来人力资本的全球化配置。美国的会计师可以在下班前将隐去姓名的客户资料通过网络传给印度的会计师，而印度的会计师此时刚刚上班，通过一天的工作，下班前将系统成型的会计报表传回美国，美国的会计师在第二天就可以为客户提供财务咨询服务。这样的合作工作效率高、成本低。网络经济真正实现了经济的全球化。

任何一家企业都可以在网上面对全球的用户，无论交易对象是美国人、日本人还是中国人。网络经济打破空间的限制还意味着世界各国的经济体制都将走向开放，网络时代宣告了封闭经济体制的结束，网络经济是一种完全开放的全球性的经济。

网络经济的开放性来自互联网本身的开放性。互联网不是第一个也不是最后一个电子化网络，但其是目前世界上使用量最大的网络，连接的计算机数量多、储存量大，其根本原因是网络协议具有开放性，网络具有可进入性。互联网标准的开放性和网络的可进入性使服务商能够充分竞争。任何服务商都不能通过对网络资源的垄断获得利益，只能通过提供有效的客户服务立足，从而使网络经济竞争更充分。

6. 可持续发展

知识与信息的特性使网络经济成为可持续发展的经济。在知识产品的生产过程中，作为主要资源的知识与信息具有"零消耗"的特点。网络经济在很大程度上能有效降低传统工业生产对有形资源、能源的过度消耗，避免造成环境污染、生态恶化等危害，实现了社会经济的可持续发展。

从生态平衡和环境保护的角度看，第一，互联网的使用减少了商业对能源和材料的消耗，改善了经济增长和环境之间的关系。第二，费用较低的网络交易替代费用较高的市场交易，全方位地节省了花费。市场主体进入信息网络，不但可以极大地降低为获取准确的市场信息所要付出的费用，而且能够在极短的时间内迅速完成对信息的收集、处理、加工和分析，使信息资源同物质资源、能量资源有机结合，创造出互补效应。同时，公司之间电子商务的发展，大大减少了库存，避免和减少了生产和订货错误，也减少了资源和能源的消耗。第三，网络经济改变了人们的生活方式，总体上提高了能源使用效率，如网上购物降低了人们开车去商场的油耗；电子通信减少了邮政递送的运输花费；网络学习减少了交通花费、教室等建筑设施的花费等。第四，随着国民经济信息化的发展，网络经济对传统经济的改造越发深入，大大降低了传统经济的物耗，提高了经济效益。

第二节　网络经济学的发展

伴随着 20 世纪 90 年代中后期网络技术的进步和信息产业的发展，网络经济学产生了，它是专门研究各种网络经济运行方式的科学。由于网络产物不同于一般物品，网络经济学较之于一般经济学，特别是西方经济学，有不同的理论基础。随着通信技术的改变、互联网新兴模式的出现，以及电子商务大行其道，对网络经济学关注的焦点一直在发生变化，本节将介绍网络经济学的产生并梳理其发展脉络。

一、网络经济学的发展脉络

（一）网络产业

作为一种研究方法，网络分析早在 20 世纪 60 年代就在经济学的相关领域被加以应用，如在 20 世纪 60 年代，"网络"已经是空间经济学和经济地理学的基本概念和重要分析工具。早期网络经济的概念是指网络产业经济，划归于通信经济学范畴，包括电信、电力、交通（公路、铁路、航空）等基础设施产业。对这些产业的研究之所以被称为"网络经济学"，是因为这些产业具有"网络"式的结构特征和由此引发的经济特征。对这些产业的研究之所以被称为"网络经济学"，是因为这些产业具有网络式物理结构特征。因此，早期的网络经济学主要是指研究具有网络结构特征的行业的资源优化配置和利用及政府规制等经济学问题的学科。

通信经济学中关于公共设施管理的新实践，对竞争的规制，对网络服务的规划，以及通信经济学中诸如可定义的市场、有规制的竞争、激励定价等新概念被应用于所有的产业研究中，成为经济学研究不可忽视的重要成果。由于网络行业固有的技术经济特征和网络外部性的存在，长期以来人们认为，网络行业存在规模经济和自然垄断的倾向。因此，经济学家们的研究重心放在制定各种规章制度和反垄断制度，并对这些法规的效力进行分析上。

网络产业经济学是以经济体中具有"网络"特征的产业为研究对象，运用供求分析、边际分析、均衡分析和博弈分析等分析工具，研究网络产业的市场结构、企业行为和产业绩效等问题。早期的网络产业主要是指铁路、公路、电话等有形的物理网络，研究者关注的是这些产业的规模经济和自然垄断特征及其经济影响，如前所述，对通信经济学的研究是其典型代表。网络产业经济学的研究重点是这些产业网络的有效利用和成本的适当分摊等问题，在产业绩效、定价机制和对垄断的管制等方面有较多的理论成就。

（二）经济网络化

20 世纪 80 年代后，随着信息通信技术的发展和应用，一些经济学者从网络的"互补性"特征角度，把网络产业概念的外延从物理网络产业扩大到"虚拟网络"产业，这些虚拟网络产业包括了一些互补性很强的纵向关联产业。

20 世纪 90 年代初，以瑞典学者为主的网络经济学派关于网络经济的理论研究框架初步形成。该流派把网络理解为经济用户之间合作与共担风险的交互结构，从网络视角透视各种经济关系，把"经济网络"作为研究的基本单位和出发点。在这种经济网络中，构成一个网络节点的可能是个人、企业或组织，也可能是城市或国家。两个节点之间的链接被定义为"对明确或隐含的长期合同交互能力的投资"，是一种"无形的资本结构"。耐用性是经济链接最基本的特征，因此，经济网络通常可以被看成是一种基础设施（常常是非物质的）。

该理论学派认为，网络经济学的研究对象是通信系统、经济网络和社会之间日益增强的交互作用。研究的核心问题包括：经济网络为什么会产生，什么时候产生，如何维护，以及经济网络进化、合作和竞争的方式，毁灭的原因，等等。其中，关于网络、网络模式的构成和网络进化的研究涉及贸易网络、生产网络、公司网络、创新网络、知识网络和技术网络等。由此可见，该理论学派以"经济网络化"为研究对象，其所研究的网络经济，实际是"网络化"的经济，是从网络视角透视一个经济体的各种经济现象，而不是将其作为经济体的一个部分。

（三）网络外部性

1996 年，美国的尼古拉·伊科诺米季斯（Nicholas Economides）对网络产业中的网络外部性问题进行了具有奠基性的研究。伊科诺米季斯教授的研究表明，不同类型的网络都具有共同的基本特征：网络是由连接不同节点的链路组成，其结构具有一个固有的特征，即网络的各个组成成分之间是互补关系，一个网络所提供的服务是由许多互补的成分组成的。这样，伊科诺米季斯将研究集中在由互补性引发的网络外部性问题上，分析了网络外部性的来源、网络外部性对网络服务定价和市场结构的影响，并将其他经济学家对网络外部性的研究进行分类，将这些研究分为从宏观视角进行的研究和从微观视角进行的研究。之后，伊科诺米季斯从对网络外部性的研究扩展到对兼容、技术标准合作、互联和互操作性问题的研究，进一步探讨了它们对定价、网络服务质量，以及在不同的所有权结构下的网络链接价值的影响。同时，伊科诺米季斯还指出，由于这些问题都是互补性作用的结果，因此，实际上对于那些呈现出很强的相互作用的"垂直"产业，这些经济规律同样也是适用的。与通信经济学相比，伊科诺米季斯教授所研究的内容是网络产业的一般特征，是从某一具体运作中抽象出来，将研究集中在"网络"本身，从网络所具有的物理性质出发，讨论具有网络形态和特征（这种网络可以是真实的物理网络，也可以是虚拟的网络）的一切经济系统的经济学问题。从具体内容看，伊科诺米季斯对"网络"经济学的讨论在很大程度上属于产业组织理论的范畴，他具体研究网络产业中的厂商结构和行为（经营策略和内部组织）、市场结构和运作，而不是整个具有网络特征的基础设施行业的资源配置、政府规制和行业竞争，这些是通信经济学等网络行业经济学研究的重点内容。

（四）网络产业经济学

2002 年，美国经济学家奥兹·谢伊（Oz Shy）对网络产业经济学问题进行了系统论述，为网络产业经济学厘清了边界，以博弈论为分析工具，按产业类别论述了软件产业、硬件产业、技术进步和标准化、电话、广播、信息市场、音乐唱片机、银行服务、航空服务、社会交往及其他网络产业相关问题。由此，网络产业经济学的研究重点从基础设施产业的供给方研究逐渐转向网络本身随着可连接节点数增加而价值得到提高的需求方分析，从基础设施产业的实体网络研究扩展到虚拟网络的研究。谢伊对网络经济学问题进行了整理，他认为网络经济产品和传统产品的不同主要是由四个重要特征导致的，这四个重要特征分别是：互补性、兼容性和标准，消费者外部性，转移成本与锁定，显著的生产规模经济性。网络经济是传统经济的衍生形态，并对传统经济理论产生着重大影响，甚至改变着传统经济学中的许多理论。比如传统经济学中的"边际效益递减"理论，由于网络经济的发展而有所改变。网络经济具有明显的规模效应，规模越大，用户越多，产品越具有标准性，商业机会就越多，效益就越高。可见，网络经济的效益是同规模成正比的。谢伊在理论研究中，一般将网络产业经济学视为"网络经济学"的一个具体部分。

（五）互联网经济学

事实上，20世纪90年代之后，计算机网络的发展使有关计算机网络的经济学问题成为"网络经济学"的一部分。从1991年起，美国经济开始出现持续高增长、高就业和低通胀的发展态势，其经济运行和经济发展的新特点区别于传统经济的特点，引起了全世界的关注。早期，人们通过经济学方法核算局域网、广域网的成本、费用，后来开始分析互联网服务产品价格制定、政府对互联网产品税收收取办法的确定及如何维持市场竞争等问题。这些在决定互联网资源的有效配置、提高互联网网络投资的获利能力、制定适当的政府政策方面的研究主题都被经济学家纳入了"网络产业经济学"的讨论范畴。互联网经济的飞速发展使得经济学家们认为再继续将互联网及相关产业与电力、航空、电信技术、广播电视、铁路等传统的生产部门放在一起研究会太过复杂，不符合经济发展的要求，因此，"互联网经济学"发展起来。早期的互联网经济学的研究主题主要包括对拥塞定价的讨论，ISP（因特网服务提供方）如何就互联问题和多址传输分配成本等。互联网经济学主要是从互联网服务价格和服务提供者的竞争方面出发，研究与有限资源的配置、互联网投资获利和适当的政府政策有关的问题。互联网经济学近期的发展、研究范畴的拓展使其越来越成为"网络经济学"的主干。

互联网经济学与通信经济学的天然关联来自网络技术上的关联。在技术上，互联网是建立在各种信息基础设施之间相互通信的基础上的，为了实现这些基础设施之间的相互通信，许多相互竞争的产业，包括电话、有线电视、私人商业信息服务、电子数据交换服务、无线通信产业之间必须实现互操作。网络服务的低价格导致网络拥堵、地方电话公司与ISP之间开始信道费用争夺战、政府对互联网服务和交易的征税方式问题等，也成为经济学家们研究的焦点问题。这些问题由通信网产生，也和通信网关联，经济学中长期积累的关于通信经济学的理论研究成果被充分地运用到互联网经济问题的解释中，如互联网的资源配置效率、互联网的通信政策制定等。随着互联网实践的发展，以及其理论研究出现新进展，互联网虽和电信网络具有共同之处，但在许多方面的研究已经超出了原来的通信经济学的范畴，从而使"网络经济学"取得了较大的进展。

互联网与此前的电信网等其他网络相比，一个十分重要的不同点是其开放性。主干服务商不能像骨干电信运营商那样利用瓶颈资源排斥竞争者获得市场支配力。互联网骨干服务市场的成功是基于互联网协议的公共性、容易进入、网络的快速扩展，以及可以通过同一的服务商（ISP）与多个骨干服务商连接，通过同一的网站站点与多个服务商连接，这些特性增强了价格竞争的有效性，使服务商发现通过切断与其他骨干服务商的互联互通、试图垄断互联网接入市场来获利是不可能的。互联网经济的充分竞争使网络经济学中的竞争与垄断的讨论不再成为核心问题，因此互联网经济学的研究内容演变为：信息处理和循环、通过网络的商业交易、组织协调和网络管理等。

（六）网络经济学

正如20世纪80年代通信网络的发展、通信经济学的研究所带来的革新一样，互联网的发展也呼唤着理论研究的概念创新。互联网具有作为经济理论与实践创新发展催化剂的双重作用。互联网是一个数字网络的联盟，它的技术潜力及其作为独特的信息管理媒介的显著能力，加快了数字化发展，有权使用这个相互连接的灵活的网络激励着经济主体提高其服务的信息化强度并加强信息交换。这个标准化和分散网络的逻辑作为基于信息和创新的服务供应平台，在全球范围扩展，创造了现实经济的原形。在这里，产业由于标准化而能够按照柔性原理被组织，竞争与创新能力密切相连，经济空间越来越跨越国界，等等。由互联网引起的数字网络联盟导致的组织创新正在扩散到整个经济环境中。互联网的核心特征之一是允许经济机构很好地控制信息交换，信息交换能够与发送者和接收者的个人偏好一致。而且，这个控制过程可以通过使用标准化界面而完全分散化进行。这个双重性形成了互联网的网络和数字经济的特征。

网络时代的经济学与传统经济学的一个不同之处就是网络时代的经济学必须随时跟上技术和经济发展的变化。在网络经济时代，技术和经济处在不断的变迁之中，作为解释经济的经济学必然随之变化。当科学技术中互联网通信的本质发生变化的时候，经济学家们开始认为，即使是互联网经济学也无法完全反映网络时代的经济现实，于是出现了用"信息基础结构经济学"取代互联网经济学的观点。从技术上看，下一代的网络通信会绕过传统的电话网络或有线网络，通过卫星直接将数据传送到个人计算机中。通过低空地球卫星和计算机中的红外线传感器，未来的网络结构可能并不需要以有线网络为基础，尽管目前互联网在很大程度上仍然是信息基础结构的同义词，但是当所有这些有线网络和无线网络都转变为数字网络，并且成为可互相操作的网络系统之后，有线连接的互联网将仅仅是信息网络结构的一小部分。这样，以"信息基础结构经济学"来取代互联网经济学就是很自然的事。当信息基础结构从有线通信网络发展为各种不同结构包括卫星电视和无线通信网络在内的综合形式时，信息基础结构经济学就不仅仅包括有关定价、资源配置和政府规制等的问题了。其分析重点将有可能集中在如何建立一个包含不同类型网络相互竞争的基础结构市场等问题。总的来说，尽管着眼点和侧重点尚有待进一步研究，信息基础结构经济学无疑将比互联网经济学更加超越通信经济学简单扩展的外延。

无论是互联网经济学还是信息基础结构经济学，其着眼点都是承载经济过程运作的技术平台。一些经济学家超越具体的技术平台，提出了电子商务经济学的概念。电子商务经济学把电子商务看成一个市场，这个市场通过通信网络和传输系统使交易更为便捷，因此，其组织市场和开展交易的方式与传统市场大为不同，即通过可视化的市场代理商、数字产品和电子过程进行交易。电子商务经济学就是研究在这样一个革新的市场上，市场过程和产品发生了怎样的基本变化，市场参与者在生产、营销、消费过程中应当就产品选择、市场战略、价格制定等考虑哪些新的影响因素。这显然和互联网经济学甚至是信息基础结构经济学所研究的网络产业的资源配置、市场竞争等有所不同。因此，这些经济学家认为，把电子商务经济学内容置于互联网经济学之内的做法是不恰当的，应该有独立的"电子商务经济学"。

电子商务经济学把电子商务看成一个市场，利用微观经济学的分析方法研究电子商务所涉及的各种基本经济学问题。由此可见，电子商务经济学是对一个买卖双方、产品和交易过程都发生了本质改变的市场进行的微观经济分析，目的是为电子商务这个全新商业模式的发展奠定良好的经济学基础，并对电子商务发展的战略前景作出预测。电子商务经济学家强调，电子商务和承载其运作的具体技术平台没有必然和永远的联系。互联网的开放性和用途的广泛性使互联网成为目前电子商务所选择的使用媒介，也使人们常常将通过互联网进行的商务活动等同于电子商务。但是，随着技术的发展，任何一种数字通信媒体都可以支持电子化市场的运作，互联网本质上只是电子商务最初运作时暂时依赖的基础结构，电子商务这样一个具有革新意义的市场形式，无论建立在何种基础结构上都能够存在并且起作用。

二、网络经济学的研究对象

纵观网络经济学的发展历程后，可以再提炼一下本教材的研究对象。本教材研究的"网络经济学"，与上述"网络"经济学的不完全相同之处是本教材的"网络经济学"涵盖了互联网经济学、电子商务经济学和数字经济的理论成果。互联网经济学是网络经济学的基本内容，因为其本身就是"网络"性质的；电子商务经济学研究的对象也是建立在一定的网络架构基础上的，因此，其部分内容也可以纳入网络经济学微观方面的研究范畴。同时，数字经济也是以计算机网络为支撑的新的经济形态。

网络经济是一种新的经济形态。本教材将研究在这样一种新的经济形态下，经济发生了怎样的变化，又有怎样的经济规律产生。

三、网络经济学的研究内容

网络经济学的研究内容包括以下四个方面。

（一）界定网络经济的内涵，研究其本质特征

要研究网络经济学，首先要对网络经济给出明确的界定，明确其研究对象和研究范围，分析网络经济与传统经济的区别与联系，研究网络经济的本质特征。

（二）研究网络经济中的各种经济现象及其背后的经济学原理

网络经济中出现了许多传统经济所没有的现象，如边际收益递增、网络外部性、需求方规模效应、正反馈机制、竞争性垄断等。从理论上对这些新经济现象进行分析，研究产生这些现象的原因和内在机制，进而说明这些现象背后隐含的经济学意义，是网络经济学的根本任务。这方面的理论成果也成为现代经济学理论发展的新领域。

（三）研究网络经济中经济主体的行为

在网络经济中，经济主体的生产、流通、消费等行为都发生了变化，网络经济学需要从微观上对各种经济主体的行为进行分析，说明生产者与消费者在网络经济中的选择，以及市场供给与需求的均衡条件，同时从产业组织理论的角度，对企业产品的生产与定价、企业之间的竞争与合作等行为进行解析，说明经济主体的行为

法则。

(四) 研究网络经济运行和公共经济政策的选择

研究网络经济中宏观经济运行的新现象，如经济增长方式的改变、经济周期的变化、产业发展与变革、国际竞争变化等，并研究这些现象发展的规律性。与传统经济相同，网络经济中也存在市场失灵问题，需要政府的政策规制，网络经济学需要对网络经济中的立法和公共政策进行研究，为政府制定新的经济政策提供理论依据。

第三节 教材框架

本教材共分为六个部分。

第一部分是网络经济学概述。本部分是第一章，即网络经济学概述，总体界定网络经济的内涵，分析网络经济的本质特征，介绍网络经济学的发展脉络，以及网络经济学的研究对象和内容。

第二部分是网络经济的需求和供给分析。本部分由五章组成。第二章是网络经济产品分析，定义网络产品和数字产品，介绍网络产品的分类和数字产品的特征。第三章是网络经济需求分析，从网络外部性和梅特卡夫定律的阐释开始，分析网络经济需求。第四章是网络经济消费者行为分析，界定网络消费者以及分析网络消费者行为的影响因素。第五章是网络经济供给分析，从正反馈理论入手，介绍了网络经济中数字产品供给及其特征。第六章是网络经济企业行为，介绍了网络经济中企业的组织变革，重点阐释网络经济企业竞争策略，并介绍网络经济主要的商业模式。

第三部分是网络经济市场结构和产业结构分析。本部分由两章组成。第七章是网络经济市场分析，介绍网络经济市场的类型和结构特征，讨论了网络经济竞争、垄断和竞争性垄断。第八章是网络经济产业分析，进一步从中观的角度分析网络经济产业的特点及其影响。

第四部分是网络经济的金融变革和监管。本部分为第九章，介绍互联网金融变革，重点分析网络经济的支付工具和数字货币的发展及其监管。

第五部分是网络经济的国际化分析。本部分为第十章，介绍网络经济对于国际贸易产生的创新性影响，着重介绍跨境电商的发展及其运作。

第六部分是网络经济宏观分析。本部分为第十一章和第十二章。第十一章是网络经济宏观政策分析，针对网络经济市场存在的失灵现象，需要采取必要的公共政策进行干预，也需要采取一系列规制政策以促进网络经济的健康发展。第十二章是对网络经济增长与周期的分析，关注网络经济发展对经济增长的影响，以及其表现出的独特周期规律。

本章案例

案例1 中国网络零售交易额创新高

导语： 中国电子商务市场高速发展，交易额屡创新高。网络零售中实物商品占比较高，其中服装鞋帽和针纺织品类、日用品类、家用电器和音像器材类商品销售额排名靠前。从地域空间的角度看，中西部地区增速较快，但是东部地区市场份额占比依然具有绝对优势。

中国互联网络信息中心（CNNIC）数据（图1-1）显示，截至2021年12月，我国网络购物用户规模达8.42亿，较2020年12月增长5 968万，占网民整体的81.6%。国家统计局数据显示，2021年，全国网上零售交易额达13.09万亿元，同比增长14.1%。实物商品网上零售交易额为10.8万亿元，增长12.0%，占社会消费品零售总额的比重为24.5%；在实物商品网上零售额中，吃类、穿类和用类商品分别增长17.8%、8.3%和12.5%。

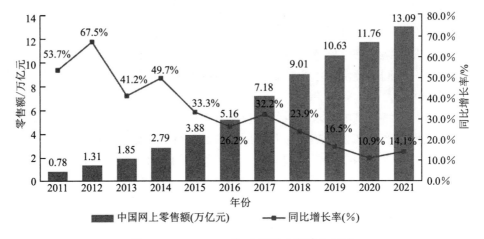

图1-1　2011—2021年中国网上零售交易额

从市场主体看，截至2021年年底，商务大数据重点监测的网络零售平台店铺数量达2 200.59万家，其中，实物商品店铺数达1 120.98万家。服装鞋帽和针纺织品类、日用品类、粮油食品类商品的网络零售店铺数排名前三，分别占实物商品店铺数的27.28%、21.53%和6.93%。

从商品品类看，服装鞋帽和针纺织品类、日用品类、家用电器和音像器材类商品的网络零售额排名前三，分别占实物商品网络零售额的22.94%、15.23%和10.43%。中西药品类、五金电料类、金银珠宝类商品网络零售额实现较快增长，同比增速均超过22.0%。

从地区情况看，东部、中部、西部和东北地区网络零售额占全国网络零售额的比重分别为84.46%、8.33%、5.87%和1.34%，同比增速分别为12.4%、13.5%、17.4%和7.3%。

从行政区划看，网络零售额占比排名前十位的省份或直辖市为广东、浙江、北京、上海、江苏、福建、山东、河北、安徽、四川，网络零售额合计占全国网络零售额的比重为87.38%。

资料来源：中华人民共和国商务部．中国电子商务报告（2021）[R/OL]．(2022-11-16) [2023-03-26]. http://dzsws.mofcom.gov.cn/article/ztxx/ndbg/202211/20221103368045.shtml.

评语：网络经济发展的重要表现是网络技术在消费终端的应用，例如电子商务、网络游戏、网络公共服务等生活领域。中国电子商务后来居上，在过去二十年取得了令世界瞩目的爆发式增长。由消费终端促成的生产流程优化升级也可圈可点。

思考： 为什么网络经济首先在消费终端市场爆发？举例说明电子商务发展对生产领域的影响。

课后习题

（1）网络经济是什么？网络经济的特征有哪些？
（2）网络经济学的研究对象和研究内容是什么？
（3）简述网络经济学的发展脉络。

第二章 网络经济产品

本章概要

本章聚焦于网络经济中的产品,从网络经济产品的定义、类型和特征切入,着重探讨数字产品的成本理论与效用理论,并应用相关理论开展决策分析。

目标要求

(1) 了解网络经济产品及其分类。
(2) 熟悉数字产品的定义、分类及其特征。
(3) 掌握数字产品的成本和效用的基本原理。
(4) 应用数字产品的成本和效用理论开展决策分析。

本章内容

第一节 网络产品

一、网络改变产品

网络化是当前经济时代最主要的特征,网络产生的影响体现在经济生活中的各个领域。商品作为社会经济的基本细胞,当然也毫不例外地受到网络影响,很多商品在功能实现、流通和消费等方面都出现了一些新的变化。例如,以前,纸质新华字典在书店里销售,现在也同时在网络书店销售,这说明网络改变了商品的传统交易方式。嫁接了网络功能的传统产品网络不仅融入了经济活动之中,而且也融入了商品的功能实现之中。网络家电是该类商品的一个代表。网络家电是新兴的事物,以至于在人们还没看清这些新兴的家电产品的时候,商家已经选择了比较流行的"网络"两个字来给这种商品命名。网络家电的实质是在传统的家用电器之上附加了新的网络功能,使传统的家用电器和网络功能相结合。这是网络经济向传统产业渗透的结果,是信息在人与家电之间的双向传递。例如,海尔的冰箱附加了网络功能,可以实时监控食品储存情况,根据要求直接从网络上选购商品。在我们的日常生活中,越来越多的传统商品通过接入网络,产生了颠覆性变革。

随着网络产业的兴起,一些新的网络服务也相应出现,网络经济中有关产品的准确定义和基本特征也会发生改变。一方面,信息被看作网络经济产品,包括软件、音像制品以及其他可被数字化并通过网络来传播的知识产品;另一方面,很多实物产品上加装了可以联网的组件后,也都可以称为数字产品,如智能汽车和智能器具,它们就是混合数字产品。此外，还有电子货币和各种形式的财务工具与安全系统，甚至连市场过程也可以数字化。

二、网络产品的范畴

网络产品，被定义成"网络经济中的产品"，因此其范围是比较广泛的，除了包括信息产品、数字产品，还包括一些为信息产品和数字产品提供存储、传输服务的硬件设备产品，其强调的是以信息网络为基础，与之相关的一些产品及该产品可以在网络上进行存储和传输。在本教材的后续内容中，"网络产品"经常是指虚拟的数字产品或信息产品，而非实物的网络基础设施产品。同时，更多实物产品的功能是不能被数字化的。需要注意的是，实物产品本身是无法被数字化的，能数字化的只是它的功能或效用。

网络的运行是需要物质基础的，组成网络的产品就是网络运行的物质基础，它们的性能决定了网络功能的实现，这些组成网络的产品可以说是最直接意义上的网络产品。连接成网络的不同功能的产品，它们互相连接，共同工作，使得网络顺利运行。这些网络产品中有些只具有网络的功能，有些除了网络功能还具有其他功能。这些产品如果用于网络并连接在网络之中就成为了网络产品；如果它们不被连接在网络之中，就是潜在的网络产品。

基于此，在开始分析网络经济关系及其相关模型的时候，充分理解网络经济的"网络产品"是非常重要的，人们无法在一个连产品概念都没有建立的市场上去建立理论并解释其中的经济规律。网络经济的重要特征之一就是数字产品的出现，它改变了传统市场中产品的准确定义和基本特征，进而也带来了新的经济学问题，如数字产品的定价策略。

第二节 数 字 产 品

一、数字产品及其相关产品辨析

我们将从事计算机网络以及相关产品生产与销售的企业称为网络企业，而将相关的行业称为网络产业。相应地，这些行业的产品就被称作网络产品（软件、硬件）。相关概念如信息产品、数字产品和网络产品尽管有一定的重合，但侧重点是不同的，见图 2-1。

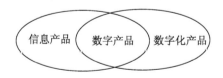

图 2-1 信息产品、数字产品、数字化产品之间的关系

（一）信息产品

数字产品与信息产品相关，在介绍数字产品前，需要先厘清什么是信息产品。在广义上，具备传递信息功能的产品就是信息产品，由信息及其物质载体构成。广义的信息产品和传统的物质产品之间没有明显界限，因为物质产品也包含信息。在狭义上，信息产品是基于信息的交换物。信息就是事前概率与事后概率之差，信息是传递中的知识

差。信息产品以传递信息为主要职责而存在，这是信息产品与物质产品的根本区别。本教材的信息产品是指狭义上的信息产品。

信息产品在网络出现以前就大量存在。如书籍、报刊等主要是以实物形式存在的信息产品。计算机和网络信息技术出现后，信息的捕获、编码、存储、处理、传递和表达方式发生了改变，信息产品的形式也随之改变，开始出现数字产品的概念。

（二）数字化产品

在网络经济时代，一些传统的不具备网络功能的商品在技术进步的推动下，实现了网络功能的嫁接，在传统的商品上植入了网络，增添了网络功能，本教材将这类产品称为数字化产品。这类商品的基本形态在传统经济中就已经存在，而且在为人们生活服务的商品体系之中找到了自己的位置。在网络出现之后，这些商品适应了网络经济的潮流，将网络的功能引入到自己的服务中来，实现了网络功能在传统功能之上的添加，网络和传统功能相辅相成，从而扩大了原有的功能，更好地满足了网络时代人们的要求。

数字化产品包括有形数字产品和无形数字产品。有形数字产品是指基于数字技术的电子产品，如智能手机、智能手表、智能眼镜等，有形数字产品表现的具体形态是物质，而不是知识和信息。有形数字产品使用价值靠物质产品来实现，而不是传递信息。无形数字产品才是本教材重点关注的数字产品，如京东 App（智能手机应用程序）。

（三）数字产品

数字产品是被数字化的信息产品，是信息内容基于数字格式的交换物。数字化是指将信息编成一段字节，转换成二进制格式。因此，任何可以被数字化和用计算机进行处理或存储，通过如互联网这样的数字网络来传输的产品都可以归为数字产品。目前，市场上常见的数字产品有以数字格式分布和使用的数据库、软件、音频产品、电子邮件、网络服务、电子书刊等。

纵览最近几年发表的众多有关网络经济问题研究的学术文献，我们发现，同对网络的理解一样，人们对数字产品的认知也存在一些差异。张铭洪认为，数字产品是指在网络交易过程中可以被数字化，即编码成一段字节，并且可以通过网络来传播的产品。由于不同的数字产品所体现的经济属性存在不同之处，对数字产品还应根据不同的情况进行分析。本教材认为，数字产品又称数字化产品，它是计算机技术及互联网技术的产物，是指以网络为载体向市场提供的，具有明显的网络技术特征，并在一定条件下其消费具有显著网络外部性的无形产品或服务。

二、数字产品的分类

随着以网络为代表的现代信息技术越发融入人们的生活，数字产品成为诸多网络产品中的核心产品。数字产品主要分为内容性产品、交换工具、数字化过程和服务性产品三类。

（一）内容性产品

内容性产品是指表达一定内容的数字产品。这类产品的代表形式有网络新闻、在线视频、电影和音乐等。在网络环境中，大量的新闻信息被数字化，且多数新闻网站都免费向消费者提供信息。网络新闻由于传播速度快、时效性强而受到消费者的青睐。消费者也可以在许多站点下载免费书籍，部分网站要求消费者交纳一定的费用，这类收费网站往往提供多种类型的服务。此外，网络中的娱乐性产品数不胜数，许多电影和歌曲被制作成数字格式在网上传播。数字产品中，内容性数字产品是主要的组成部分。通常，这一类产品在网络上传播极易涉及敏感的版权问题。研究表明，内容性数字产品的内容差异是构成其价值差异的基础。

（二）交换工具

交换工具是指代表某种契约的数字产品，如数字门票、数字化预订等。在网络环境下，货币和传统的金融工具都可以被数字化成数字产品，这是信息技术渗透到货币金融领域的结果。大多数的金融信息都已经被数字化存储在计算机硬盘中，或者以数字格式在互联网上传播。随着互联网、个人计算机和网络银行终端的渗透和普及，数字化交换工具在现代商业社会中的作用越来越突出。数字化交换工具包括从数字化银行卡等金融交换工具到数字化高速公路缴费卡等运输交换工具，从政府公共管理事务活动的交换工具到社区活动的交换工具等，种类繁多，数字化交换工具提高了社会运行效率，降低了社会交易成本。

（三）数字化过程和服务性产品

数字化过程和服务性产品是数字产品的意义拓展和延伸的体现。任何可以被数字化的交互行为都是数字化过程或服务。这里所说的交互行为，实质上是通过相应的软件来驱动和激发的。数字化过程和服务性产品与内容性数字产品的区别在于，它更侧重于服务本身的实现过程，关键在于软件在数字化过程中是否发挥了作用。数字化过程本身必须由软件来驱动，这是数字化过程和服务性产品与内容性产品的一个明显区别。

网络用户通过微信、QQ 来相互即时传递信息和文件，通过 Word、PDF 浏览器来阅读论文，以及在线共享编辑文档等，都是数字化过程和服务性产品的典型例子。具体来说，当人们用超星阅读器阅读网上数字图书馆的书籍时，必须先启动超星软件。启动超星软件就是数字化过程。数字化过程与内容性产品的第二个区别在于数字化过程是交互式的。数字化过程往往不能依靠软件来单独完成，软件的作用是完成一些自动的程序，激发数字化过程的发生，完成数字化过程需要人的参与。例如，发电子邮件、填写在线表格、参与在线拍卖和参加远程教育等，都需要人作为主体来参加，软件不过是启动数字化过程的工具。在这些数字化过程中，人的参与程度和水平是不同的，网上服务往往是数字化过程与人的参与相互结合而发生的。

三、数字产品的特征

如果重点考察数字产品在数字网络上传播和使用行为的商业因素，则作为网络产品的核心产品，数字产品主要具有以下 5 种特征。

（一）不可破坏性

由于数字产品在网络上传播和发行，不具有实际的物理存在实体，因此数字产品一经生产出来，就能永久保持其存在形式，永不变质。尽管一些传统意义上的耐用品如汽车或住房的寿命较长，但其物质形态会在使用中不断被磨损，会被用坏。而数字产品无论用得多久或多频繁，不会磨损，也不会因使用而质量下降。因此，数字产品无耐用和不耐用之分，无新产品和旧产品之分，新产品和二手产品没有区别。换句话说，从厂家那里买到的产品和二手货没有区别，同时对于同一种产品，大多数消费者的需求只有一次。

对消费者而言，数字产品的不可破坏性保证了数字产品的质量稳定性，并且可以长期使用。对于生产者而言，不易损坏性导致消费者只会购买一次同一种数字产品，不能通过重复购买来实现增加销售量，需要不断扩大新市场。

（二）可复制性

数字产品的重要特征也是最大价值之一就是其可以很容易地以低成本进行复制。数字产品可以很容易地从网上被下载下来，然后再被复制。同样，对于数字产品的生产商而言，只要第一份数字产品被生产出来，多拷贝一份的成本几乎为零。数字产品的可复制性带来了许多经济学问题。

人们能够方便地复制、储存或传输数字产品，并且复制成本低。数字产品的可复制性对于生产商来说，一方面是可复制，边际成本低，可以带来丰厚的利润。生产商进行最初的固定投资后，因为生产的边际成本几乎是零，大量销售可以获得大量利润。但另一方面，可复制导致盗版盛行，盗版侵蚀市场，给生产商带来巨大损失。

数字产品的可复制性，对于消费者而言，可以实现共享和"搭便车"，产生免费消费的期望。生产商一般用以下方法来反盗版：设计防盗版机制，增加盗版成本；持续升级产品，在盗版还没有盛行时，就淘汰旧产品；投资加密技术，如设置特定的阅读程序等；将产品与服务捆绑销售，服务无法复制，甚至免费提供产品，只销售服务；运用法律手段，寻求法律保护。

数字产品的可复制性、不可破坏性加强了其作为公共产品的特征。数字产品作为公共产品，可能是具有排他性的，如受到知识产权法保护的数字产品；也可能是非排他性的，如没有对其消费者收费的数字产品。

（三）可变性

与数字产品的不可破坏性相对应的一个特性是数字产品的内容很容易被改变，它们随时可能被定制或是被修改，这种修改可能是无意的、有意的，甚至是恶意的，然而由于数字产品的物理本质，这种修改是不可避免的。一般来说，数字产品的修改会出现在以下四种情况中：生产时，生产商可以根据客户和生产的需要定制非标准的差别化数字产品；在网络传输过程中，数字产品的内容或真实性可能会被改变；数字产品一旦到达用户手中，生产商就很难在用户级别上控制内容的完整性；最后一种修改情况体现为生产商对数字产品进行的升级。

（四）强外部性

网络外部性是指当一种产品被更多的人使用时，它的价值就会提高。例如微信，当使用它的人增多的时候，每新加入一个消费者，就意味着原先使用微信的人又获得了一份收益，因为可以通过微信联系的范围又扩大了。网络外部性不是网络经济时代的新产物，也并非和数字产品具有必然联系的基本性质，但由于网络经济的发展而突显了其对经济的重要影响。

很多数字产品都具有正的外部效应或负的外部效应，或者兼而有之。例如，有价值的数字产品，不仅能被购买者所使用，同时由于它的可共享性，也能被大家所使用；数字产品所蕴含的信息被消费者获得以后，可能会使得他的素质提高或行为更有利于社会。这些都可以视作数字产品的正外部效应。相应地，虚假的或是负面的数字产品对受它影响的人也会通过同样的途径实现负的外部效应。有时，由于同一信息对不同的消费者具有的意义不同，数字产品的生产或消费可能对一些人产生正外部效应，而对另一些人则产生负外部效应。

（五）偏好依赖性

由于数字产品所携带的内容本质是信息（人类的思想、知识、资料等），这类产品没有实物形式，因此，从传统意义上说，数字产品不是可消费的产品，实际上被消费的是信息所代表的思想和信息的用处。思想和信息的作用是因人而异的。任何产品的需求都会随着消费者的偏好变化而变化，而且对数字产品的需求似乎更容易受到消费者个人的偏好影响。

第三节　成本与效用

数字化信息产品生产的固定成本很高，且绝大部分是沉没成本，必须在生产开始之前预付成本费用，生产一旦停止就无法收回成本费用，但复制产品的可变成本几乎为零，并且拷贝的数量不受自然能力限制。这种特殊的成本结构表明数字产品的生产能力是无穷的，形成巨大的规模经济，因为生产数字产品的边际成本可以保持不变或递减。那么，传统的经济学规律就不再适用于数字产品定价。

一、数字产品成本

经济学和管理学课程一开始都会提到产品的总成本由总固定成本和总变动成本组成。固定成本是生产第一件产品所需的最初投资，比如厂房、机器、研究开发等。因此，固定成本又称为投资成本。变动成本是生产每一件产品所需的原材料和劳动力成本。

（一）传统产品 U 型平均成本曲线

总固定成本是一个常量，它不随产量而变，因为它是在开始生产阶段投资的，不会随产量的增加而增加。总变动成本随着产量的增加而成比例增长，会随着产量提高超过最优的临界水平，单件产品的变动成本增加，生产率随之下降。生产的总成本（总固定成本与总变动成本之和）随产量的增加而增加。但是，生产单件产品的成本，即平均成本在达到临界值之前是下降的，在这之后是上升的。最初，平均成本下降是因为更多的产品分担了固定成本，但达到临界值后便开始上升。这便是著名的 U 型平均成本曲线，见图 2-2。图中，C 为成本，Q 为产量，AC 为平均成本，D 为最优临界产量。

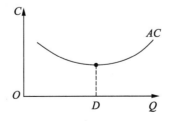

图 2-2　传统产品 U 型平均成本曲线

（二）数字产品平均成本曲线

大批量生产数字产品的成本只有固定成本。因为数字产品研发成本极高，复制成本较低，即第一件产品一旦被生产出来，增加的变动成本要么为零，要么为极小的常数，基本可以忽略，这与产量高低无关，平均成本持续递减，见图2-3。图中，C 为成本，Q 为产量，AC 为平均成本。

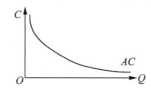

图 2-3　数字产品平均成本曲线

（三）数字产品的几个典型成本

1. 沉没成本

数字产品的固定成本大部分表现为沉没成本。面对沉没成本时，进行决策的机会成本为零。数字产品的研发和生产一旦中止，之前投入的人力、物力、财力都无法收回，而成功研发后，再生产成本极低，销售、推广成本却较高。在传统经济中，企业即使亏损也必须生产。当价格低于平均可变成本时，企业停止生产。当价格介于平均可变成本和平均成本之间时，企业继续生产。而在网络经济中，企业经常处于两难境地。如果停产，沉没成本得不到补偿；如果继续生产，企业可能会持续亏损。这时，在激烈竞争中能否立足的关键在于企业能否得到足够的客户群体。企业存在着无限扩大生产、降价销售的内在冲动。

2. 转移成本

客户选择新产品或新厂商所必须付出的代价称为转移成本。大多数情况下，网络经济提高了转移成本，从而产生锁定现象。这是因为信息是在一个由多种硬件和软件组成的系统中存储、控制和流通的，而且使用特定的系统需要专门的训练。厂商若要吸引新客户，必须补偿客户在抛弃旧产品时需要承担的转移成本。转移成本的类型有以下三种：第一种类型是因客户抛弃旧的软、硬件而产生的转移成本，如耐用品购买、针对品牌的培训、信息和数据库、搜索成本等；第二种类型是因客户抛弃旧的关系网而产生的转移成本，如合同义务、专门供应商和忠诚顾客计划等；第三种类型是因客户对旧产品已经产生信任和依赖而产生的心理成本。先进入的厂商往往通过采用增加客户转移成本的策略以锁定客户群体。而后进入市场者往往采取与现有的技术相兼容的策略以争夺客户。

3. 转换成本

企业进行新决策或选择新技术时必须付出的代价称为企业的转换成本。"时间竞争"迫使企业必须经常做出新的决策，"沉没成本"则使企业的决策面临着两难处境。转换成本一般与下面几种改变相关：观念与心理的改变，观念或价值观是一个组织在决策过程中的取舍标准；制度的改变，建立和巩固旧制度时，曾经付出过巨大的代价；知识的改变，企业采用新技术或新的生产经营方式时，可能需要新的知识、新的人才；基础设施的改变，由于网络经济中技术的快速变化，企业在基础设施上的投入可能大多数为沉没成本。

4. 注意成本

为了吸引客户关注自己提供的产品和服务并产生购买欲望而支付的成本是注意成本，包括广告费用、工业设计费用、开发和建立客户关系的费用等。由于在网络经济中注意力成了稀缺资源，注意成本就具有特别重要的意义。

5. 交易成本

通常，将为了使市场交易活动顺利进行，用于搜索、协调和监督的成本，称为交易成本。交易成本，包括外部交易成本（通常的交易成本概念），即市场交易成本；还包括企业内部在组织、管理和监督上支出的成本，可称之为企业内部交易成本。网络经济的实时性、虚拟性和交互性特征使得交易成本得以大幅度下降。

交易成本与市场规模呈反向关系，市场规模越大，单位产品承担的交易成本越低。交易成本与交易环节的多少呈正向关系，交易环节越多，交易成本就越高。交易成本与信息传递速度及信息的对称性呈反向关系，信息传递速度越快，信息的对称性越强，各项交易成本就越低。

二、数字产品的效用

效用是指对商品满足人的欲望的程度的评价，或者说是消费者在消费商品时所感到的满足程度。经济学用效用来分析消费者的决策。因此，信息与数字产品的效用就是指一个人在消费、使用或者占有某种数字商品时所得到的快乐和满足程度。

消费者消费一般商品时，随着消费数量的增加，总效用会增大，但到一定的极限值以后，消费数量增加将导致总效用减少，即边际效用递减。但边际效用递减规律对数字产品并不适用。根据消费者对数字产品的不同反应，可以将数字产品分为：边际效用随着消费数量、使用次数增加而不断增加的数字产品，如网络游戏；边际效用与消费数量无关，而与使用次数有关的数字产品，如 WPS 文档处理软件；随着使用次数增加，市场平均效用不断增加的数字产品，如电子邮件、微信朋友圈、交友网站；随着使用次数增加，市场平均效用不断下降的数字产品，如电影；一次性使用产品，即市场平均效用为定值的数字产品，如考试成绩查询系统。

本章案例

案例 2　ChatGPT 开创历史

导语： ChatGPT（Chat Generative Pre-trained Transformer）的发布，迅速引爆了市场。ChatGPT 基于神经网络算法框架，通过海量的数据训练，成为 AIGC（AI-Generated Content，人工智能生成内容）领域的领军产品，并被迅速整合进入微软系列产品，获得用户的高度认可。

ChatGPT 是美国 OpenAI 公司研发的聊天机器人程序，于 2022 年 11 月 30 日发布。2023 年 1 月末，ChatGPT 的月活用户已突破 1 亿，成为史上用户量增长最快的消费者应用。

ChatGPT 使用了 Transformer 神经网络架构，引入新技术 RLHF（Reinforcement

Learning with Human Feedback，即基于人类反馈的强化学习），解决了生成模型的一个核心问题，即如何让人工智能模型的产出和人类的常识、认知、需求、价值观保持一致。这使得 ChatGPT 拥有语言理解和文本生成能力，尤其是它会通过连接大量的语料库来训练模型。这些语料库包含了真实世界中的对话，使得 ChatGPT 具备上知天文、下知地理，还能根据聊天的上下文进行互动的能力，做到与真正人类几乎无异的聊天场景进行交流。ChatGPT 是 AIGC 技术进展的成果。该模型能够促进利用人工智能进行内容创作、提升内容生产效率与丰富度。ChatGPT 不单是聊天机器人，还能进行撰写邮件、视频脚本、文案、翻译、代码等任务。结合 ChatGPT 的底层技术逻辑，有媒体曾列出了中短期内 ChatGPT 的潜在产业化方向：归纳性的文字类工作、代码开发相关工作、图像生成领域、智能客服类工作。

ChatGPT 还采用了注重道德水平的训练方式，按照预先设计的道德准则，对不怀好意的提问和请求说"不"。一旦发现用户给出的文字提示里面含有恶意，包括但不限于暴力、歧视、犯罪等意图，都会拒绝提供有效答案。

2023 年 2 月 2 日，微软官方公告表示，旗下所有产品将全线整合 ChatGPT，除此前宣布的搜索引擎必应、Office 办公软件外，微软还将在云计算平台 Azure 中整合 ChatGPT。

根据 2023 年 2 月 16 日消息，微软在旗下必应搜索引擎和 Edge 浏览器中整合人工智能聊天机器人功能的举措成效初显，71% 的测试者认可人工智能优化后的必应搜索结果。

资料来源：节选自百度百科，https://baike.baidu.com/item/ChatGPT/62446358。

评语：随着网络经济向高阶进化，市场孕育的网络产品也日益智能化。ChatGPT 是人类进入人工智能时代的标志性产品，表现优异，市场前景无限。ChatGPT 只是智能时代的先行者，相信在不久的将来，会有更多的竞争者出现。

思考：了解 ChatGPT 的发展历史，探索其商业应用价值。梳理市场上同类产品，并分析它们的差异。

课后习题

（1）简述数字产品的概念及其与传统产品的区别。

（2）简述数字产品的主要类型。

（3）简述数字产品的主要特征。

网络经济需求

本章概要

由于网络经济的需求受到了诸如网络外部性等特殊规律的影响,与传统经济理论中的需求呈现不同的特征。本章主要介绍网络外部性、梅特卡夫定律以及数字产品需求的特征,并分析网络经济中消费需求的影响因素。

目标要求

(1) 了解网络效应和梅特卡夫定律。
(2) 熟悉网络外部性及其影响。
(3) 掌握网络经济中的边际消费者需求、数字产品需求及其特征。
(4) 应用网络经济需求理论分析数字产品消费需求的影响因素。

本章内容

第一节　网络外部性

一、网络效应与网络外部性

(一) 网络效应

所谓网络效应,指的是在网络环境中消费者选择一项商品或服务所能获得的效用,与选择相同商品或服务的人数相关,见图3-1。网络效应是一个客观描述网络经济中普遍存在的市场参与者之间相互影响的核心概念,产品价值随着网络的扩展而不断提升。网络效应的雏形是网络价值,产生的根本原因是网络自身的系统性、网络内部信息流的交互性和网络基础设施的垄断性。

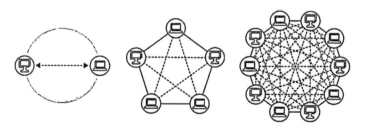

图3-1　网络效应示意图

网络效应的影响力主要与以下几个属性相关:节点和链接、网络密度、方向性、节点关系、临界点。

网络是由节点和链接组成的，换句话说，节点是网络的参与者。节点是一种抽象的概念，常用的节点主要有消费者、设备、买家、卖家等。同一网络中节点的影响力、权利和价值可能有所不同，通常来说，中心节点相比于边缘节点在网络中具有大量的链接量，也更有价值。网络的密度是由其链接与节点的比率决定的，比率越高，网络越密集。

在网络中，密度通常并不是均匀的，一般来说，网络密度越高，网络效应越强。这就好比同一条消息从"大V"账号发出来和从一个普通用户账号发出来的传播速度和影响力是不一样的。

节点之间的链接可能是有方向的，也可能是无方向的，这取决于网络节点之间的交互方式。这种交互方式可以包括金钱、信息、通信及可以交互的任意其他东西。例如，微博中的"大V"与普通用户的信息大部分都是单向的，明星与粉丝之间的互动也是如此，而在微信里这些信息和互动往往是双向的。

节点关系主要有两种，一种是一对一，另一种是一对多。对于一对多的链接关系，他们的联系通常也是单向的，这类关系可以将信息传递到边缘节点，但回流的交互通常会很少，而一对一的关系通常是相互的。这里仍然可以参考上面方向性的例子。

在网络规模达到临界点之前，整个产品其实仍处在一种很脆弱的状态，在这个阶段对用户的价值可能还没形成或者非常小。对处于这种状态的产品，最大的挑战就是建立足够的初始价值来激励早期用户开始使用产品。这也是为什么我们经常能看到很多网络产品在早期会采用免费策略甚至提供补贴，为的就是尽快突破临界点。

（二）网络外部性

外部性是经济学中的一个重要概念，是指一个经济主体（生产者或消费者）在自己的活动中对其他人的福利产生了一种有利影响或不利影响。这种有利影响带来的利益（或者说收益）或不利影响带来的损失（或者说成本），都不是生产者或消费者本人所获得或承担的，是一个经济主体对另一经济主体"非市场性"的附带影响，见图3-2。图中，P为价格，Q为产量，SMC为社会边际成本，PMC为私人边际成本，PMR为私人边际收益。在考虑社会成本的情况下，市场均衡点为E_0，此时，市场供给为Q_0；在不考虑社会成本的情况下，市场均衡点为E_1，此时，市场供给为Q_1。外部性分为正外部性和负外部性。正外部性是某个经济行为个体的活动使他人或社会受益，而受益者无须花费成本。负外部性是某个经济行为个体的活动使他人或社会受损，而造成负外部性的人却没有为此承担代价。

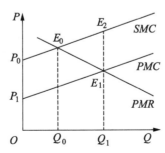

图3-2 外部性分析

网络外部性指的是当一种产品对用户的价值随着使用相同产品或可兼容产品的用户增加而提高，即由于用户数量增加，在网络外部性的作用下，原有的用户免费得到了产品中所蕴含的新增价值而无须为这一部分的价值提供相应的补偿。网络外部性可以从不同的角度来理解，主流的观点倾向从市场主体中的消费者层面来认识。与规模经济是由厂商的规模效益高所产生的类似，网络外部性是由消费者的规模效应所产生的，所以又称作需求方的规模经济。

（三）网络效应与网络外部性辨析

网络外部性和网络效应是两个不同的概念。理解网络外部性，有必要提到网络效应，但网络效应并不完全等同于网络外部性。信息产品存在着互联的内在需要，因为人们生产和使用它们的目的就是为了更好地收集和交流信息。这种需求的满足程度与网络的规模大小密切相关。如果网络中只有少数用户，他们不仅要承担高昂的运营成本，而且只能与数量有限的人交流信息和使用经验。随着用户数量的增加，这种不利于规模经济的情况将不断得到改善，所有用户都可能从网络规模的扩大中获得更高的价值。此时，网络的价值呈几何级数增长，这种情况被称为网络效应，也被归纳为梅特卡夫定律。市场参与者不能把网络效应内化，即网络效应不能通过价格机制进入收益或成本函数的时候，网络经济中产生外部性。

二、不同类型的网络外部性

（一）正网络外部性与负网络外部性

人们一般默认网络外部性是正外部性，但实质上也存在负外部性。在网络外部性中，正外部性引起了人们极大的关注，而且其也是网络外部性的主要体现形式。但是，负外部性同样可能作为网络效应出现。例如，拥塞就是一种能够抵消积极的网络外部性的消极外部性。如在技术不太先进时，网络所能承载的用户数量是有限的，根据人们的工作时间、消费习惯和作息习惯，一天当中一般晚上 7 点到 11 点上网人数较多，一周 7 天里不同时段上网人数不同。在拥挤时段，网络系统中每增加一个用户，对于其他用户而言，网速就要下降，产生负网络外部性。这种负网络外部性的产生和技术水平有关，只有在使用人数超过临界点时才会产生，现如今负网络外部性越来越少。

（二）直接网络外部性与间接网络外部性

经济学家卡茨（Katz）和夏皮罗（Shapiro）早在 1985 年就对网络外部性进行了分类研究。他们将网络外部性分为两种：一种是直接的网络外部性，即通过消费相同产品的市场主体的数量变化所导致的直接物理效果而产生的外部性；另一种是间接的网络外部性，即随着某一产品使用者的增加，该产品的互补品数量增多、价格降低而产生的价值。直接网络外部性是指消费者直接和网络单元相连，可以直接增加其他消费者的使用效用。如 QQ 等即时通信工具，当网络中使用的人数增加时，每位用户从中所获取的价值也增加了。间接网络外部性是指随着一种产品使用者数量的增加，市场上出现更多品种的互补产品可供选择，而且价格更低，从而使消费者更乐于购买该产品，间接提高了该产品的价值。间接网络外部性的例子包括作为互补商品的计算机软、硬件。当某种特定类型计算机的用户数量增加时，会有更多的厂家生产该计算机所使用的软件，这将导致这种计算机的用户可得到的相关软件数量增加、质量提高、价格下降，因而获得了额外的利益。

后来，经济学家法雷尔（Farrell）和塞隆纳（Saloner）遵循同样的思路对这两种网络外部性做了更加清晰而准确的界定：直接网络外部性是指一个消费者所拥有的产品价值随着另一个消费者对一个与之兼容的产品的购买而增加。而当一种产品的互补品（如零件、售后服务、软件、网络服务）变得更加便宜和容易得到时，这个产品的兼容市场范畴得以扩展，这时就出现了"市场中介效应"，因为该产品的消费者可得到的价值提高了。这里所说的市场中介效应就是卡茨和夏皮罗所说的间接网络外部性。

三、网络外部性的影响分析

（一）需求曲线向右上方倾斜

在传统经济学中，需求曲线是向右下方倾斜的，消费者对某一商品的需求量随价格下降而增加。网络外部性却强调了价格和数量的正相关性，使用的人越多，价值越高，后来进入市场的购买者会给出更高的价格预期。网络外部性对需求曲线产生的影响见图 3-3。图中，P 为价格，Q 为产量，D 为考虑网络外部性的需求曲线。

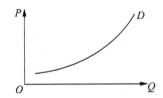

图 3-3　网络外部性导致需求曲线向右上方倾斜

（二）边际收益递增

所谓边际收益递增，是指在生产过程中增加最后一个单位的产出所带来的收益逐步增加，见图 3-4。图中，P 为价格，Q 为产量，MR 为考虑网络外部性的边际收益曲线。在传统经济环境中，由于资源的稀缺性，随着市场参与者的不断增加，对有限资源的争夺加剧，从而使再生产一单位产品所付出的成本增加，最终导致边际收益递减。而在网络经济下边际收益递增，其原因有以下几方面：网络经济三大定律——梅特卡夫定律、摩尔定律和达维多定律的作用结果；源于数字产品特有的高固定成本、低边际成本，甚至是零边际成本的特点，随着网络的普及，企业内部的各种运营生产成本下降；当用户花费一定成本学会了某种数字产品，就不愿意转向其他产品；数字产品行业的高进入成本使领先企业很容易形成垄断势力。

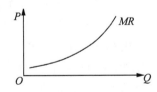

图 3-4　网络经济边际收益曲线向右上方倾斜

（三）规模收益递增

与边际效用递增相类似，在网络经济中还有一个与传统经济相悖的规律，即规模收益递增，见图 3-5。规模收益递增是指当所有要素投入都按比例提高时，收益提高的比例大于要素投入的比例。在传统经济学中，规模收益一般会经历先增加、后不变、最后递减的过程，因为传统的基于供应方规模经济的收益递增有很明显的自然限制，在企业生产产量达到一定规模后，必然出现规模收益递减。而在网络经济中，基于网络外部性的收益递增，讨论的是基于消费者的需求对收益的影响，规模收益会持续增加。

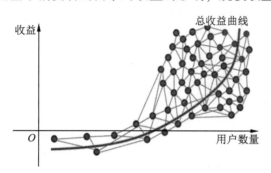

图 3-5 网络经济规模收益曲线向右上方倾斜

第二节 梅特卡夫定律

一、梅特卡夫定律的定义

梅特卡夫定律是一种网络技术发展规律，是由美国计算机网络先驱罗伯特·梅特卡夫（Robert Metcalfe）提出的，认为网络价值以用户数量的平方的速度增长。如果只有一部电话，那么这部电话实际上没有任何经济价值；如果有两部电话，电话网络的经济价值等于电话数量的平方，也就是从 0 上升到 2 的平方，即等于 4。如果再增加一部电话，那么，这个电话网络的经济价值就上升到 3 的平方，即等于 9，见图 3-6。也就是说，网络的经济价值是按照指数级上升的，而不是按照算术级上升的。

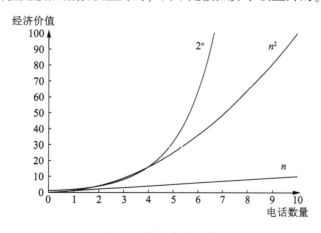

图 3-6 梅特卡夫定律

二、梅特卡夫定律的经济意义

梅特卡夫定律不仅适用于电话、传真等传统的通信网络，也同样适用于具有双向传输特点的虚拟网络。网络的用户越多，信息资源就可以在更大范围的用户之间进行交流和共享。这不仅可以提高信息本身的价值，而且提高了所有网络用户的效用。另外，由于网络经济条件下信息技术和信息系统的不完全可兼容性及由此带来的操作、使用知识的重新培训等造成的转移成本，用户往往被锁定在一个既定的用户网络内，从而保证了这一网络的一定规模。由于信息产品的相互兼容性，网络内的用户彼此之间的文件交换和信息共享就成为可能。而网络用户数量的增加就使得用户之间信息的传递和共享更为便捷、网络的总效用增加且同样以用户平方数量的速度增长，这恰恰符合梅特卡夫定律。总而言之，梅特卡夫定律概括的就是一个人连接到一个网络获取的价值取决于已经连接到该网络的其他人的数量这一基本的价值定理，即经济学中所称的"网络效应"或"网络外部性"。

梅特卡夫定律给出了网络成本的递减规律和网络价值的增加规律。他的研究起初虽然只限于电话网络，但后来学者们认为，该法则可以扩展到其他网络中，使法则得到了极大推广。购买数字产品的网络用户获得的价值可以分为自有价值和协同价值两部分。自有价值是在没有其他使用者的情况下，产品本身具有的价值；协同价值是当新用户加入网络时，老用户从中获得的额外价值，在没有实现外部性的内部化之前，用户无须对这部分价值进行相应的支付。

第三节　数字产品需求

一、边际消费者需求

假设单个消费者只购买一次数字产品，对产品的保留价格较高的消费者总是先进入市场。边际消费者的支付意愿随着进入市场次数的增加而递减。数字产品的价格降低，将会吸引更多的消费者进入市场。由于数字产品具有强烈的网络外部性，产品网络规模成为数字产品市场需求曲线的内生变量。假设消费者偏好一致，每个人都有相同的体验且能够准确地知道自己打算购买的某种产品现在达到的用户规模，那么这时边际消费者的支付意愿将会呈现随着购买量的增加而向上倾斜的特征。随着购买该产品的用户数量越来越多，产品的协同价值越来越高，新进入市场的那个边际消费者必然愿意比老用户支付更高的价格。随着消费者的不断增加，网络规模不断增大，后进入市场的消费者观察到了更高的网络效应价值，对产品的保留价格就越高。

对于数字产品需求的决定，有两个相反的力量在起作用：一种力量是，既定网络规模下，边际消费者对产品的偏好强度递减；另一种力量是，随着边际消费者不断进入市场，网络规模越来越大，他们愿意为已经实现的网络效应而支付更高的价格。如何综合考虑这两种力量对需求曲线形状的影响，并得出适合均衡分析的数字产品市场需求模型，在分析时必须注意我们运用的不同假设：在分析第一种力量时，网络规模是既定的，而第二种相反的力量则源于网络规模的扩大。

二、数字产品需求

传统产品的需求曲线反映了价格对需求数量的影响。需求曲线向下倾斜，随着产品需求的增加，价格下降，这是边际效用递减规律的作用。数字产品的需求曲线强调网络外部性预期的作用，反映了预期数量对价格的作用。对数字产品的需求而言，一方面，遵循边际效用递减规律，随着需求量的增加，价格有降低的趋势；另一方面，随着加入网络的消费者增多，由于网络外部性的作用，网络的价值越高，消费者的支付意愿也越强。这个共识不但适用于网络经济的核心——数字产品市场，同样适用于所有具有网络外部性的产品市场。例如，在操作系统市场上，消费者愿意为被广泛使用并拥有庞大网络规模的 Windows 产品支付更高的价格，而对 Unix 系统的支付意愿较低。

事实上，传统的向右下方倾斜的需求曲线所代表的与边际收益曲线重合的本质特征在数字产品需求曲线上依然成立，即数字产品的需求曲线呈现向右上方倾斜的特征，并与数字产品的预期边际收益曲线重合。数字产品供求曲线的异常表现，使传统经济学理论难以作出完美解释。在现实经济中，数字产品供给商积极实施若干定价方案形成市场均衡。

三、影响数字产品需求的因素

（一）供求关系

从供求两方面分析数字产品市场需求。一方面，数字产品的特殊成本结构使单个企业也具有巨大的规模经济；但另一方面，在现实经济中，这种规模经济特征并不构成一个企业垄断整个市场的充分条件。在网络经济中，数字产品在生产方面的规模经济的实现更多地依赖消费者的选择，甚至取决于消费者对数字产品的预期。由于边际生产成本是趋于零的，理论上企业几乎可以任意地选择产品的生产数量。但是，在网络市场中，企业面临消费者预期选择的影响，同时面临现实的或潜在的竞争威胁。如果消费者选择购买竞争者的产品，则企业拥有的潜在生产能力将不能实现。由此，生产者必须实施各种各样的竞争策略去影响消费者的选择。而同类产品或技术之间的竞争和可替代性等问题的存在使网络经济中的产品价格的决定问题变得更加复杂。

（二）外部性

数字产品的外部性可以分为消费者外部性和厂商外部性两种形式。消费者外部性是指消费者在购买产品时既受到产品本身效用的约束，也受到该产品将来可能实现信息共享的其他消费者数量预期的约束。厂商外部性是指厂商生产信息产品时既受到自身生产的信息产品市场预期的约束，也受到生产与该产品相关的其他产品的厂商数量及产品产量预期的约束。

（三）时间价值

如果将时间看作一种有效用的消费品，闲暇可以给人带来效用，消费者将时间在闲暇和工作之间分配的决策会影响数字产品的需求。如果消费者较为富裕，则他可能愿意多一些闲暇，少一些工作，增加对数字产品的需求。相反，如果消费者缺钱，则他就可能更愿意多一些时间工作，抑制了对数字产品的需求。

（四）搜寻成本

在网络经济中，搜寻技术的改进可以降低消费者对数字产品的搜寻成本。例如，用户对检索结果的点击是一种正向的反馈，表示用户认为这条检索结果切合其查询意向。一种基于用户兴趣和相关语义库信息，并结合各种相关反馈技术的搜索引擎系统模型，可以有效地提高搜索结果的查全率和有效率。随着信息搜索技术水平的不断提升，数字产品的可获得性提高，消费者对数字产品的需求水平也在不断提升，即信息搜索水平与数字产品的需求水平呈正向变动关系。

（五）转换成本

转换成本表现为淘汰产品的机会成本、技术培训成本、时间成本和心理成本等。数字产品的转换成本与其需求价格弹性成反比，即转换成本越高，消费者对该数字产品的需求弹性越小；转换成本越低，消费者对该数字产品的需求弹性越大。

本章案例

案例3　拼多多发掘用户需求

导语：拼多多成立较晚，但是通过精准的客户定位，设计极具传播效应的拼团模式，实现了社交电商的裂变，在中国电商市场形成"三足鼎立"格局。客户定位、消费者的细致画像成为拼多多发掘用户需求的利器。

拼多多成立于2015年9月，是一家专注于C2B（Customer to Business，消费者到商家）拼团的第三方电商平台。2017年，拼多多用户规模超过2亿人。2018年7月26日，拼多多正式在纳斯达克挂牌上市，发行价为每股19美元。仅用3年多时间，拼多多就成长为国内仅次于淘宝和京东的第三大电商平台。用户通过参与和家人、朋友、其他App用户等的"拼团"，能够以更低的价格购买商品。

拼多多瞄准了下沉市场广大的用户群体，以低价和拼团为主要特色，借助微信流量，实现用户"拉新"与留存。拼多多创始人黄峥在致股东信中提到拼多多的最终目的是成为开市客（Costco）与迪士尼的结合体，二者分别代表性价比和娱乐体验。向开市客学习，集中用户需求，采用C2M（Customer to Manufacturer，消费者到生产者）模式向厂商反向定制商品，这样能降低成本，向用户提供高性价比的商品；向迪士尼学习，在用户购物过程中添加娱乐化游戏形式，给用户带来愉悦的购物体验。

客户定位由用户和用户消费观构成。根据腾讯科技旗下的互联网产业趋势研究、案例与数据分析专业机构企鹅智酷的报告，从性别、城市、年龄、学历等不同角度观察各电商平台用户结构，可以看出，相较于其他主流电商平台，拼多多的女性用户、四线及以下城市用户分别占总用户的70.1%、38.4%，两类用户占比均高于淘宝、京东和天猫电商平台，此外，拼多多用户的学历较传统电商淘宝、京东偏低。根据这些特点可以推测出拼多多用户属于价格敏感型。相对于天猫、京东，拼多多能更好满足价格敏感型用户的真实需求。另外，拼多多的用户中仍有约40%来自一、二线城市，这也说明中高收入群体也是拼多多的潜在用户群体。

从用户消费观来看，无论是选择线上还是线下购买商品，用户都能被分为两类：第一类用户目标明确，知道自身购物需求，并根据需求有目的地搜索商品，在衡量性价比等因素之后进行购买，比如为了抗寒去商场购买羽绒服；第二类用户没有明确的购物需求，在广泛浏览感兴趣的商品后进行随机消费，比如在商场购物时浏览了上百件衣服，最后只买了其中一件。观察拼多多用户的购物动机后发现，便宜是驱动用户购买行为的第一大因素，这类用户占41.3%；数据显示，驱动用户购买行为的第二个动力是来自于拼团模式的刺激。有40.9%的用户购买行为是为了囤货，说明有很多用户刚开始并没有强烈的购物需求，只是在浏览平台时被低价和页面显示的"只差1人即可拼团"字样所吸引，产生了大量随机消费。除此之外，有24.8%的用户表示"原来没用过，在拼多多上看到了就买来用用"，这说明拼多多具有创造新的购物需求的潜力。

资料来源：刘运国，徐瑞，张小才. 社交电商商业模式对企业绩效的影响研究：基于拼多多的案例［J］. 财会通讯，2021（02）：3-11.

评语：拼多多通过社交电商拼团模式，精准圈定客户，围绕客户的需求设计商业模式、市场推广模式并整合供应链，走出了一条成功的差异化竞争之路。在满足部分客户需求、迅速获得市场份额的同时，拼多多也存在被广为诟病的诸多问题。

思考：阐释拼多多的社交电商模式，分析其存在的问题，并给出优化建议。

课后习题

（1）简述网络外部性及其使经济出现了哪些代表性的新特征。

（2）简述梅特卡夫定律及其影响。

（3）简述数字产品需求的特征。

（4）阐释影响数字产品需求的因素。

第四章 网络经济消费者

本章概要

网络经济消费者与传统经济中的消费者具有不同的行为特征。本章主要介绍网络经济中消费者受到特殊规律影响的决策行为。

目标要求

(1) 了解网络经济消费者的定义和分类。
(2) 熟悉网络经济消费者特征。
(3) 掌握影响网络经济消费者的因素。
(4) 应用网络经济的规律分析消费者行为。

本章内容

第一节 消费者类型

一、网络消费与网络消费者

网络消费是消费者以互联网络为工具手段而实现其自身需要的满足过程,是包括网络购物、网络教育、在线影视、网络游戏在内的所有消费形式的总和。网络消费者是指通过互联网在电子商务市场中进行消费和购物等活动的消费者人群。

二、网络消费者类型划分

按照不同的分类标准,网络消费者有如下类型。

(1) 按照消费目标是否明确,网络消费者可分为三种类型:① 确定型消费者。消费者在开始购物之前已经有了明确的购物清单。这类消费者对所去的网站、所要购买的产品都非常明确,他们会直奔目标网站,不愿花费更多时间,消费行为果断利落。② 基本确定型消费者。这类消费者在消费之前有大致的消费目标、方式和标准,但具体要求还不太明确。消费者在网上商店进行浏览、搜寻和比较,最终选定产品。③ 不确定型消费者。这类消费者在进入网上商店时并无既定目标,毫无目的地随意浏览,网上广告、促销信息会刺激其消费需求,从而发生网上消费。

(2) 按消费者购买的目标,可以将网络消费者的购买行为分为功利型和娱乐型。前者是为了达到某种目的和完成某种任务而进行购买,后者是从购买中感觉到乐趣而采取的行为。功利型购买行为通常与合理推测和相关任务联系在一起,其购买行为具有针对性并讲究效率。娱乐型购买行为表现为购物的娱乐性,追求购物过程的刺激、高度参与感和快乐满足感，体会购物过程的自由度和对于现实的逃避，而购买是整个过程的附带品。

（3）按消费者购买特性可以将网络消费者分为三种类型：冲动型消费者，他们迅速购买商品；耐心型消费者，他们在进行了某些比较后进行购买；分析型消费者，他们在做出购买决策之前要进行大量的调查。

第二节 消费者特征

一、消费者主导化

工业经济时代，规模化和标准化的生产方式在降低生产成本的同时，也使不同消费者只能选择无差别的产品，消费者的个性需求难以得到满足。在网络经济环境中，消费者借助网络浏览、搜索大量的信息，进行筛选和综合分析判断，对产品的认知程度大幅提高，最终形成对产品和服务的选择。网络经济使定制生产、提供个性化产品成为可能，消费者可以实现"有个性"的消费，购买符合自己要求的"独一无二"的产品。消费者可以在网上发布需求信息，得到其他上网者的帮助。消费者也可以通过网络参与到企业产品设计和生产环节中去，选择色彩、式样和包装，创造出能展示自己个性的产品。消费者在整个交易过程中掌握着主动权，起到主导作用。

二、不完全可感知性

对于实体产品的购买，与传统购物环境下消费者可以"眼看、手摸、耳听、鼻闻、口尝"的方式挑选产品不同，网络购物过程中，消费者不能体会真实的购物环境，触摸不到真实的产品，只能通过图片、文字、视频的描述来对产品进行选择和比较。在购物过程中缺少各种知觉的参与，在一定程度上影响了消费者的判断力。直播购物成为当下的潮流，正是由于产品购买过程的感知性的拓展，从过去的单方面判断，扩展到用户讨论、与主播交流，充分了解商品。

三、购物、娱乐、社交合而为一

网络消费呈现购物、娱乐、社交合而为一的趋势与特征。闲逛购物平台成为一类群体的新爱好。购物平台不仅提供了交易服务，而且是消费者了解最新消费理念、时尚等信息的重要阵地，还满足了用户的交友沟通需求。这里以抖音为代表。抖音平台的带货直播出现了一些典型的复合型带货模式，诸如东方甄选走文化传播路线、明星展示歌曲才艺等方式，都获得了显著的商业成功。

第三节 消费影响因素

一、经济环境因素

（一）法律、法规

我国政府高度重视对电子商务的法律监管。2018年，我国出台了《中华人民共和国电子商务法》，同时，对其他与电子商务有关的法律性规范文件也相继做出了完善和对接。《中华人民共和国电子商务法》是政府调整，企业和个人以数据电文为交易手段，通过信息网络所产生的，因交易形式所引起的各种商事交易关系，以及与这种商事交易关系密切相关的社会关系、政府管理关系的法律规范的总和。

（二）宏观因素

网络消费者的购买力取决于收入、价格、储蓄、信贷等因素，而收入因素是和宏观经济发展密切相关的。目前，我国的GDP（国内生产总值）总量已经占据世界第二的位置，宏观经济的持续发展是网络消费增长的基本支撑。从人口因素看，人口的数量、结构、家庭类型等都对网络购买产生影响。

二、企业行为因素

（一）技术因素

（1）消费者获取的信息越来越多。消费者能够利用互联网提供的中立信息，找到满足他们需要且性能价格比最优的商品。同时，消费者越来越期望通过没有任何偏见的渠道获得信息。

（2）消费者的主动权越来越大。由于技术的不断进步，消费者在网络环境下可以充分享受交互式的操作手段，消费者通过计算机网络参与产品决策，选择色彩、样式、包装等，并自行下订单。由此可见，网上交易的主动权已掌握在消费者手中。

（3）移动技术的迅速发展和普及。移动技术的迅速发展和普及使消费者可以通过手机等移动通信终端实时跟踪订单状态和交易流程。同时，消费者可以通过多种方式与销售商进行沟通，尽量将交易过程中产生的问题减到最少。移动技术的发展也提高了消费者反馈信息的能力，传统的电子商务模式在一定程度上解决了消费者与销售商的双向沟通问题，而移动技术在这一点上更为优越，使消费者可以随时随地向销售商反馈信息。

（二）网络广告

网络广告是以互联网为载体，使用文字、图像、动画、声音等多媒体信息表现，由广告主自行或委托他人设计、制作并在网上发布，旨在推广产品及服务的有偿信息传播活动。与传统的媒体广告相比，网络广告具有覆盖面广、受众自主性强、交互性强、能够精确统计等优点。

三、消费者因素

（一）消费需要

网络消费主要是为了满足消费者兴趣的需要、聚集的需要和交流的需要。这些需要的特征体现在以下5个方面。

（1）消费者的消费个性回归，需求体现差异性。

（2）消费的主动性增强，消费者可以通过各种可能的渠道获得与商品有关的信息并进行比较，掌握的信息大大增加，降低了交易过程中的信息不对称性，在选择商品时更趋于理性。

（3）消费者对生产和流通的参与度迅速提高，与生产者直接进行沟通，降低了市场的不确定性。

（4）价格仍是影响消费心理的重要因素。

（5）网络消费需要具有层次性。在网络消费的开始阶段，消费者偏重于物质产品的消费；到了网络消费的成熟阶段，消费者则侧重于精神消费品的购买。

（二）消费动机

消费动机的产生来自两方面：消费者内在的需要和外在的诱因。消费者选择网络消费，主要是出于以下4个方面的动机。

（1）情感动机。消费者选择上网和在网上购物，有的是由于各种心理情感的作用，如新奇感、快乐感、满意感等。这种基于情感的动机，往往具有不稳定与冲动的特点。

（2）理智动机。一方面，网上消费者大多是年轻人，且其中很多受过高等教育，分析、判断能力一般较强，能在众多的产品信息中比较、选择出最适合自己、性能价格比最优的产品；另一方面，互联网强大的信息搜索功能使用户可以迅速获取丰富的产品信息，拓展比较、选择的范围，可以做到"货比三家"。

（3）光顾动机。这是指消费者由于对特定的网站、图标广告、商品等产生特殊的信任与偏好而习惯性光顾，并在光顾的过程中产生购买动机。这类消费者往往是某一网站的忠实浏览者，他们不仅自己经常光顾这一网站，还会鼓动周围的消费者也去光顾。

（4）方便动机。在传统购物中，消费者为购买商品必须付出时间和精力，同时，拥挤的交通和日益扩大的店面更延长了消费者为购物所消耗的时间。而网上商店全年、全天营业，便捷多样的支付方式，及时、周到的物流快递服务，轻松的退换货服务等带给消费者许多便利。对于追求购物的方便性和追求节省购物时间的消费者，网上购物是很好的选择。

（三）消费者态度

消费者态度是指消费者对特定产品或服务的评价或见解，是一种协调一致的、有组织的、习惯化的心理反应，它直接影响购买决定。一般来说，消费者态度对购买行为的影响，主要通过以下3个方面体现出来：首先，态度影响消费者对产品、商标的判断与评价；其次，态度影响消费者的学习兴趣与学习效果；最后，态度通过影响消费者购买意向，进而影响购买行为。

（四）消费者的网络经验

消费者的网络经验被认为是影响消费者行为的主要因素之一。网络经验不同的消费者，对产品的态度、评估的准则、购物意向与购物行为的表现均不相同。有研究表明，消费者使用网络的时间越长，越倾向于网络购物。消费者使用网络的强度，包括使用网络的时间与频率，能够降低消费者对网络购物的风险感知水平，增加网络购物的次数，增强访问产品类别的多样性和购买产品类别的多样性。这说明消费者的网络经验和网络购物之间存在正相关关系，网络经验越多，参与网络购物的可能性越大。

本章案例

案例4 京东家电家居场景推广

导语：京东家电销售处于行业领先地位，通过将家电和家居合并，尝试以"家场景"影响消费者决策，实现家电和家居用品的联动销售。进一步发展线下体验店的做法，为消费者搭建了线上、线下融合的真实场景。

2023年3月21日，在京东家电合作伙伴大会上，京东家电家居业务相关负责人表示，京东家电家居将以"家场景"为核心，构建新的家电家居消费零售生态。

全链路商品一站购与品牌深度合作，激活家场景消费市场

随着用户代际变化，家电家居一体化已成趋势，消费者对家电家装一体化解决方案需求强烈。京东家电家居事业群正是以家为场景，打造融合的消费场景，以及"家电家居一站购"的模式，通过产品和场景的结合，满足消费者个性化、年轻化、风格化的消费需求。

以一个毛坯房为起点，从装修定制到硬装前期、硬装后期，从软装前期到软装后期，消费者所需的各种服务和家居产品、家电产品都可以一站式解决。京东认为，家电与家居两大板块的整合，可以创造更多的购买机会，而这种机会来自用户的流转与渗透。一方面，家电家居房产具备天然的用户交易链路，互相促进；另一方面，能力生态的打造驱动着业务生态更加完善，能带来更多的发展机会和业态可能性，进而驱动用户规模的扩大。

线上场景化与线下体验场，拓展全渠道"矩阵"

众所周知，消费者在选购家电、家居生活用品时，除了价格，看得见、摸得着的直观体验对购物决策也至关重要。特别是高价值、重决策、重体验的产品，很多消费者依然会选择先到线下门店体验再购买。对此，京东家电家居积极践行全渠道战略，打造线上、线下融合的零售业态，以及实现了从一线省会城市到二至四线城市，再到县、乡、镇、村的线下门店全覆盖，为全国的消费者提供与线上京东同质、同价、同服务的家电家居商品。

京东家电家居将持续打通线上、线下购物场景，升级、优化服务项目，打造生产与消费的智能生态环境，为消费者提供更省心购物体验的同时，实现成本与效率的持续优化，打造产品、价格、服务的最优组合。

资料来源：艾瑞咨询．用户增长、服务领先、线下布局：京东家电家居持续打造三大"主场"优势[EB/OL]．(2023-03-21)[2023-03-26]．https://news.iresearch.cn/yx/2023/03/464301.shtml．

评语：京东家电家居事业群就是围绕家场景设立的，意图为消费者营造居家用品的消费真实场景，实现产品销售的聚合效应。但是，消费者的购买决策行为受到多方面因素影响，沉浸式购物体验很重要，最终还是产品质量和售后服务满意度决定市场成败。

思考：京东构建的"家场景"消费，试图从哪些方面影响消费者决策？尝试提出几点可行的建议。

课后习题

(1) 简述网络经济消费者类型。
(2) 简述影响网络经济消费者的因素。

网络经济供给

本章概要

由于受到诸如正反馈等特殊规律的影响,网络经济的供给与传统经济理论中的供给呈现不同的特征。本章主要介绍正反馈、三个经典定律以及数字产品的供给特征。

目标要求

(1) 了解网络经济中的正反馈理论。
(2) 熟悉摩尔定律、吉尔德定律、达维多定律、长尾效应等。
(3) 掌握网络经济供给的边际成本规律。
(4) 应用上述理论分析网络经济供给的影响因素。

本章内容

第一节 正反馈理论

一、正反馈与负反馈

反馈,是现代科学技术的基本概念之一,指受控对象对施控主体的反作用,是将有关系统实现状态的信息经过一定转换后输送回系统的输入端,以增强或减弱输入信号效应的一个过程,按所起的作用分为负反馈和正反馈两类。送回的信号(反馈信号)与输入信号同方向,称为正反馈或再生反馈;反馈信号与输入信号反方向,称为负反馈。如果用一句话来形容正反馈和负反馈,正反馈就是"强者越强,弱者越弱";负反馈就是"物极必反,盛极必衰"。

二、网络经济中的正反馈

网络外部性市场中供给方规模经济与需求方规模经济共存的局面进一步强化了正反馈机制的效用,见图5-1。一方面,需求方的增长使得供应方规模经济得以实现,从而降低了供应方的成本;另一方面,需求方的增长借助网络外部性效应使得产品对其他消费者更具吸引力,进一步刺激了需求的增长,双重作用的共同结果产生了极强的正反馈效应,从而使网络外部性产业的发展速度远远快于传统经济产业。具体来看,产生正反馈的原因可以归结为转移成本、锁定效应和路径依赖。

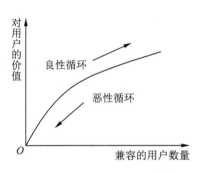

图 5-1　正反馈的"赢家通吃"

(一) 转移成本

转移成本又称切换成本，是指用户从一个网络向另一个网络转换时所承担的所有费用。对于推出新产品的企业来说，最大的问题在于如何培养新用户，这就要求抢夺其他企业的用户。抢夺其他企业的用户最大的问题在于转移成本较高，即用户已经习惯使用在位企业产品，同时在位企业也通过各种方法增加用户的转移成本，锁定顾客。从消费者的角度来说，转移成本取决于以下因素：以新产品替代现有产品的价格成本、产品间及后续产品与主干产品的兼容性、产品间的互补性、使用新产品的学习成本、用户基数、顾客对替代品质量认知所花费的成本、公司忠诚客户计划和累积折扣等。

(二) 锁定效应

网络条件下，一种网络产品的使用需要投入较高的学习成本，用户使用后会对其产生依赖性，若改变选择，需要大量的转移成本。用户被锁定在原来的网络中的现象被称为锁定效应。在网络效应的作用下，如果用户采用网络的投资较大，则用户难以从一个网络退出而转换到另一个网络，这使得网络的拥有者可以利用锁定效应获得可观的利润。企业能否锁定其用户，或者用户能否从锁定状态中脱离，要比较系统的转移成本和转移收益。

(三) 路径依赖

路径依赖是指人类社会中的技术演进或制度变迁均有类似于物理学中的惯性，规模经济、学习效应、协调效应以及适应性预期等因素的存在会导致该体制沿着既定的方向不断得以自我强化，即一旦进入某一路径（无论是"好"还是"坏"）就可能对这种路径产生依赖。惯性的力量会使这一选择不断自我强化。这是因为，经济生活与物理世界一样，存在着报酬递增和自我强化的机制。这种机制使人们一旦选择走上某一路径，就会在以后的发展中得到不断的自我强化，而网络经济的典型特点即是报酬递增。如市场上最为流行的操作系统是微软开发的 Windows 系统，但还有许多其他操作系统如 Unix 和类 Unix 操作系统，不见得 Windows 系统就是最优系统，而是在市场竞争过程中，微软获胜进而促使消费者形成路径依赖。

三、网络经济正反馈的影响

(一) 市场均衡的不确定性

传统经济中，如果满足假设条件，市场供求均衡则是确定的，商品的价格由供求关系决定。但是，在网络经济中，多态均衡是常见的情况。原因在于，网络经济系统的反馈机制，导致市场的不稳定，在市场中领先的产品或技术具有暂时性，这导致市场均衡不稳定。预期在其中扮演了重要角色。网络经济中,预期销售量比实际销售量更为重要,消费者根据预期来选择产品,厂商根据预期来制定企业战略,而预期是不稳定的,因此市场均衡是不稳定的。

(二) 次优技术可能获胜

受到网络外部性的影响,正反馈机制会导致网络经济中有许多可能的均衡点。没有一种机制能保证正反馈经济中的结果是最优结果。而且一旦某种随机经济事件导致选择了某一路径,这种选择就可能被锁定在该条道路上,而不会选择更为先进或合适的道路。或者说,经济中一个次要的或暂时的优势、一个看似不相关的事件都可能会对最终竞争结果产生决定性影响。如果一种产品或一个国家在竞争性市场上因某种机会或机遇而领先,并扩大这种领先程度,可预测性和市场分享就不再能实现。因此,网络经济中的竞争结果,很可能是次优技术获胜。

(三) 企业战略的改变

网络经济中正反馈机制的作用导致市场需求曲线和传统市场完全不同。因此,企业的竞争策略也会不同。在传统经济中,生产以标准化产品的大规模生产为主,要对生产进行计划安排并有效控制,追求效率,可以对生产进行持续改良,努力实现最优化。因此要求管理上分工明确,实行等级管理。但在网络经济中没有重复劳动和稳定最优。关于生产与产量的均衡水平充满不确定性。企业在发展中必须对企业战略进行持续不断的再定位、再设计。在不稳定的世界里追求创新,要求组织机构设计不断更新,扁平化管理能够实现有效沟通。同时,在网络经济中,企业竞争战略将从多方面发生改变,如企业的抢先超越临界点战略、客户锁定战略、企业产业化战略、标准竞争战略等都是网络经济企业竞争的特有战略。

(四) 政府规制政策的改变

传统经济理论认为,完全垄断将带来消费者剩余的损失、低效率,因此,在完全垄断市场上,政府必须进行规制,一般包括价格规制和非价格规制。网络经济中正反馈的存在使得一个企业只有在网络规模足够大时才能盈利,因此,网络经济产业容易形成寡头垄断市场和完全垄断市场,并且完全垄断市场是最终的结果。在集中度较高的市场内,消费者剩余并不会减少,因为销售规模越大,商品价格越低,消费者剩余反而会增加,和传统完全垄断市场高价格、低产量的结果完全不一致。另外,政府需要进行知识产权保护,使在位垄断者在一段时间内保持高收益,将之前的研发成本收回,否则大量复制模仿将打击企业创新积极性,市场难以进步。

第二节 三个经典定律

一、摩尔定律

美国英特尔(Intel)公司创始人戈登·摩尔(Gordon Moore)提出了一个描述集成电路集成度和性价比的基本假说:价格不变时,集成电路上可容纳的晶体管数目18到24个月增加一倍,性能也将提升一倍。后来的实践证明,摩尔的预言非常接近现实。这样,摩尔假说变成了科学理论,信息产业界称之为摩尔定律。摩尔定律后来被广泛应用于任何呈现指数级增长的事物上，如计算机处理器、半导体存储器等。它说明了同等价位的微处理器处理速度会越变越快，价位会越变越低，它揭示了网络技术的发展速度。

摩尔定律归纳了信息技术进步的速度，对整个世界意义深远。在应用摩尔定律的40多年里，半导体芯片的集成化趋势——正如摩尔的预测——推动了整个信息技术产业的发展，计算机从神秘不可接近的庞然大物变成多数人都不可或缺的工具，信息技术由实验室进入无数个普通家庭，因特网将全世界联系起来，多媒体视听设备丰富着每个人的生活。但随着晶体管电路逐渐接近性能极限，这一定律终将走到尽头。

二、达维多定律

威廉·达维多（William Davidow）在英特尔公司任副总裁时，就注意到提高产品更新速度的重要性，并提出了达维多定律。这一定律认为，在网络经济中，进入市场的第一代产品能够自动获得50%的市场份额。因此，一家企业如果要在市场上占据主导地位，就要做到第一个开发出新一代产品，如果作为第二或第三家企业将新产品打入市场，那么所获得的利益将远不如第一家企业作为冒险者获得的利益，尽管第一家企业的产品当时可能并不完美。该定律还认为，任何企业在本产业中必须第一个淘汰自己的产品，即自己要尽快使产品更新换代，而不要让激烈的竞争把自己的产品淘汰掉。这一理论的基点是市场开发和利益分割的成效。人们在市场竞争中，无时无刻不在抢占先机，因为只有先进入市场才能更容易获得较大的市场份额和高额的利润。简言之，先入为主。可运用达维多定律永远把握市场的主动，把竞争对手甩在身后。

达维多定律揭示了取得成功的真谛，即不断创造新产品，及时淘汰老产品，使新产品尽快进入市场，并用自己成功的产品形成新的市场和产品标准，进而形成大规模生产，取得高额的利润。然而要做到这一点，其前提是要在技术上永远领先。这说明网络经济条件下，企业要想在市场中居于垄断地位，需要依靠创新所带来的短期优势来获取高额的创新利润，从而掌握、制定游戏的规则并抢先占领市场。

比如英特尔公司的微处理器并不总是性能最好、速度最快的，但英特尔公司始终是新一代产品的开发者和倡导者。英特尔公司在1995年为了避开IBM公司的Power PCRISC系列产品的挑战，曾经故意缩短了当时极其成功的486处理器的技术生命。1995年4月26日，许多新闻媒体都报道了英特尔公司牺牲486、支撑奔腾586的战略。

三、吉尔德定律

吉尔德定律是关于网络带宽发展变化规律的，被描述为：主干网带宽每6个月增长一倍，其增长速度超过摩尔预测的CPU增长速度的3倍。吉尔德定律的提出者是被称为"数字时代三大思想家"之一的乔治·吉尔德（George Gilder）。乔治·吉尔德认为正如20世纪70年代昂贵的晶体管如今变得如此便宜一样，主干网如今还是稀缺资源的网络带宽，有朝一日会变得足够充裕，那时上网的代价也会大幅下降。随着带宽的增加，会有更多的设备以有线或无线的方式上网，这些设备本身并没有什么智能，但大量这样的"傻瓜"设备通过网络连接在一起时，其威力将会变得很大，就像利用便宜的晶体管可以制造出价格昂贵的高档计算机一样，只要将廉价的网络带宽资源充分利用起来，就会给人们带来巨额的回报。

此外，还有马太效应。它强调了资源配置总是向强势的一方聚集，也就是网络经济中的正反馈性。

第三节　数字产品供给

一、数字产品的供给曲线

与传统物质产品相比，大部分数字产品边际生产成本几乎为零。只要消费者需求足够大，厂商的生产就基本不受限制。由于资源的稀缺性，物质产品的生产要素投入有较大限制。数字产品的最低有效规模比一般传统产品的都要大，所谓最低有效规模就是厂商能达到平均成本最低点的最小规模。数字产品的平均总成本曲线比物质产品的平均总成本曲线更为宽大。通常，市场规模是由供求双方共同决定的，而在网络经济中，需求方规模经济占有更明显的优势，这意味着数字产品企业一般表现为产能过剩。

网络经济中的供给规律表现为：随着产量的增加，数字产品的售价越来越低，供给曲线呈向右下方倾斜的特征，见图 5-2。数字产品供给曲线呈向右下方倾斜的特征是数字产品的成本特征导致的。

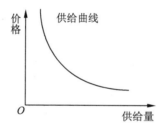

图 5-2　网络经济的供给曲线

二、数字产品的边际成本

数字产品的上述供给规律是由数字产品的成本特征和网络外部性规律决定的。从成本特征看，在网络经济中，边际成本递减规律使数字产品的成本随产量增加而下降，价格就会随产量增加而下降，见图 5-3。图中，MC 为边际成本，AC 为平均成本，Q 为产量。由于数字产品边际成本递减或几乎为零的特征，随着销量的增加，厂商以更低的价格销售商品。这也是网络经济中有众多免费商品的原因之一。

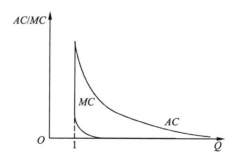

图 5-3　数字产品的边际成本曲线

造成网络经济中厂商供给曲线不同于传统经济的另一个因素是网络外部性和正反馈

效应。每增加一单位产品销售量，原有消费者从消费的产品中获得的价值上升。产品用户数量的多少影响了新用户的选择决策。消费价格低的产品时，如果厂商要价过高，消费者就转而消费其他厂商的同类产品，其规模就会下降，这反过来又会影响其价格。用户越多，产品价值就越高，新用户越可能选择该产品。由此，网络产品的价值取决于网络用户规模的大小。厂商的市场占有规模决定了产品的价值。在网络规模较小时，产品对消费者价值较低，因此，厂商在达到最大市场规模以前，为了增加产品对消费者的吸引力，不得不以低价销售，这就是网络经济的"反经济学"特性。网络经营者为了获得最大的供给规模，唯一途径是使产品性能越来越好，而使价格越来越低。

数字产品产商为了吸引顾客，大多采取免费的办法，如免费邮箱、免费下载、免费试用等。有这么多"免费午餐"的另一个原因是"赢家通吃"，也就是竞争胜利者获得所有的或绝大部分的市场，而失败者往往被淘汰出局。由于信息产品的投入是一次性的而回收是长期的过程，如果在竞争中被淘汰出局，就意味着以前的投资全部覆没。而由于消费者在使用某一信息产品后，要转用其他产品需要支付很高的"转移成本"，消费者很容易被锁定在某一产品上，反之也是一样，消费者转移成本高，也推动数字产品市场"赢家通吃"局面的出现。

三、数字产品供给的影响因素

由于网络经济的各种特性，通过对各个供应商的供给曲线叠加而绘制一个市场的供给曲线是没有意义的，但是可以绘制替代性比较强、差异化明显的数字产品种类供给曲线，见图5-4。图中，P为价格，V为数字产品种类，S为数字产品种类供给曲线。

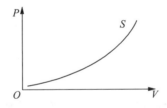

图5-4　网络经济产品供给种类与价格呈现正相关关系

根据生产者追求的利润最大化原则，即边际收益等于边际成本，数字产品的收益越高，生产者提供的数字产品的种类越多，直到边际收益等于边际成本为止，因而数字产品的种类供给曲线是一条向右上方倾斜的曲线。从这个曲线可知，其他因素不变时，当数字产品价格提高时，厂商倾向于提供更多种类的数字产品，而当数字产品的价格降低时，倾向于减少提供数字产品的种类。

在实际生活中，影响数字产品供给的因素主要有科学教育、专利制度、市场规模和经济政策等。科学知识特别是基础科学研究的进展是信息产品生产的最终源泉，其为数字产品的创新提供新的途径和新的思想。数字产品是人的智力劳动的结果，而智力在很大程度上来自教育。教育是培养从事知识产品生产人才的重要方法和途径。专利制度的作用是鼓励数字产品的生产和发明，保护发明者的权益并降低他们的风险。高效的专利制度会增加信息产品的供给。市场规模是指对数字产品的有效需求规模。这个规模越大，越有利于信息产品供给的增加。经济政策主要是指税收政策和金融政策，目前各国一般都采用减税、提供优惠贷款等政策促进数字产品的供给。

四、数字产品供给的长尾效应

由于现代社会消费者消费的个性化、定制化特点,数字产品的差异化定制非常重要。尽管非数字产品也可能实现差异化定制,但数字产品在可变性和依赖消费者偏好方面的突出特点导致其差异化和定制化的程度要远远高于任何其他实物产品。在产品差别化和定价个人化的动态过程中,如果单纯地根据价格来考虑消费者的需求变化,是难以解释现实的。

经济学中著名的"二八定律"最早被用于描述财富在人口中分配的平衡关系,也常被称为 80/20 法则、80/20 定律、帕累托定律等。在企业经营中,二八定律表明,厂商的核心产品创造了一大半的利润,核心客户购买了一大半产品。这也是 VIP 顾客的来源和依据。

与二八定律不同的是"长尾定律"。它认为商业、文化、社会未来的主要盈利点和发展主流不在当前热门产品,不在传统需求曲线的头部,而在需求曲线中那条无穷长的尾巴上,见图 5-5。长尾定律是对传统的二八定律的认知颠覆,认为只要消费者能够找到并买得起更符合个人品味的产品,他们一定会放弃当前的大众化产品,因此理性的企业应该在重视当前"拳头产品"的同时不忘开发新产品,即转而从长尾中培育盈利点,即使当前长尾中的产品不能带给企业足够多的利润,未来也有可能成为主要盈利点。

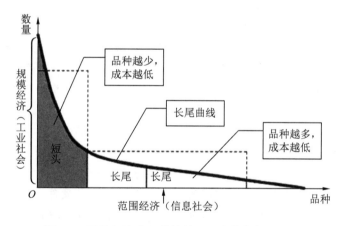

图 5-5 网络经济产品供给的二八定律与长尾效应

在技术日益发展、信息大爆炸的今天,企业可以通过降低规模进行个性化产品生产,甚至通过消费者直接参与生产来降低产品的成本,也可以通过数据处理技术,使企业能够方便地在消费者的海量选择中发现和了解符合其偏好的产品。由此,对于经营那些需求量低的非主流商品的企业而言,借助互联网技术快速寻找存在同样需求的消费者进而形成需求量之后,其业绩也能够与需求量大、主流的商品相媲美,这就是长尾效应。

本章案例

案例5　美团单车调价困境

导语：美团作为O2O（Online To Offline，线上到线下）平台当之无愧的王者，依然面临来自饿了么等其他竞争者的威胁。为了进一步拓展流量入口，美团花费巨资收购了摩拜单车。但是，美团收购摩拜单车多年，其用户数量增长有限，项目持续亏损。回顾美团收购摩拜单车时的豪言和期望，对业界具有重要的警醒价值。

自2022年8月10日23时起，美团单车"骑行畅骑卡"无折扣价进行调整，分别将7天、30天和90天档位的折扣价调整为15元、35元和90元。这三档骑行卡未调整前的价格分别为10元、25元和60元，最高涨幅达50%。美团对此给出的理由是硬件和运维成本增加。单次骑行价格未变，仍然是每半小时1.5元。事实上，美团收购摩拜单车大约花费了150亿元，而后期的运营又给了摩拜单车50亿元，不得不通过涨价止损。

2022年，共享单车行业市场份额最高的三家巨头——美团单车、哈啰单车、滴滴青桔里，前两者都在2022年进行调价，等美团单车涨价通知生效后，美团和哈啰的周卡、月卡、季卡无折扣价一致，青桔相对便宜，三种档位的价格分别为10元、25元和75元。

如今的涨价，和共享单车行业发展的逻辑有关。2016年开始，各家烧钱补贴抢地盘，"免费骑""发红包""五毛钱半小时"的光景没持续多久，就迎来了行业大洗牌，ofo倒闭、摩拜"卖身"，很多用户的押金至今还没退。现在，共享单车行业发展已沦为"巨头游戏"，格局基本稳定，盈利压力之下，企业不得不思考怎样定价，在留住用户和兼顾成本之间找平衡。

美团单车在公告中提到，涨价的原因是硬件与运维成本的增加。这一理由，哈啰单车在涨价时也曾用过，这也确实是共享单车行业无法回避的开销。先说运维成本。运维成本，包括运营和维护成本。共享经济中，共享单车是一个极为特殊的存在，因为它是以直接暴露在街头、占用城市公共空间的形态出现的。再是硬件成本，其实在共享单车行业内，一辆车的生产制造成本比起后期的运维成本来说并不算高，因为配置相对比较基础。

围绕着一辆单车，前期的生产制造成本容易受到上游原材料价格波动的影响，投入市场之后又要不断地在运维和折旧上花钱。这是客观条件导致的单车变贵。主观上，共享单车涨价，也是行业发展到现在的必然结果。

究其根本，前期的"混战"在今天仍有"后遗症"，企业也亟须在新的发展阶段中，找到最适合的造血方式，以应对不断攀升的综合经营成本和日益增长的骑行需求。靠涨价来贴补成本不是长久之计，而且也不可能无限涨上去。如果共享单车涨价只是暂时现象，对于用户使用来说影响不大；如果共享单车用车价格持续上涨，就会出现用户流失。美团要走出收购摩拜单车的泥潭，任重而道远。

资料来源：36氪. 2022年，共享单车自由也快没了[EB/OL].（2022-08-13）[2023-03-26]. https://mp.pdnews.cn/Pc/ArtInfoApi/article?id=30569251.

评语： 网络经济中企业并购相较于传统经济要频繁得多。其中不乏成功的案例，但是失败的案例也可信手拈来。美团收购摩拜单车就是一个典型的失败案例，把信心满满的并购之旅变成了一场噩梦。究其原因，美团的收购行为过高估计了摩拜单车能够带来的网络效应。

思考： 美团收购摩拜的意图是什么？你认为美团通过涨价能否破除并购摩拜单车的困境？进一步看，网络经济中的并购想要实现网络效应需要采取什么策略？

课后习题

（1）阐释正反馈效应及其影响。

（2）简述摩尔定律、达维多定律、吉尔德定律。

（3）简述数字产品供给的长尾效应。

第六章 网络经济企业

本章概要

网络经济企业的生产受到了网络经济需求和供给规律的影响,与传统经济理论中的企业行为呈现不同的特征。本章主要介绍网络经济企业的组织变革、竞争策略及商业模式。

目标要求

(1) 了解网络经济企业组织变革。
(2) 熟悉网络经济的商业模式。
(3) 掌握网络企业竞争策略。
(4) 应用竞争策略分析不同商业模式。

本章内容

第一节 企业组织变革

一、企业组织结构特征

传统经济中,实物资本、货币资本及技术是经济增长和企业竞争优势的主要源泉。传统的企业内与企业间组织形式正是着眼于实现资本与技术等要素的有效配置而设计的,见图6-1。网络经济中,人力资本及由此产生的知识积累则成为经济增长和企业竞争优势的主要源泉。这需要新的企业组织形式来保证新的核心要素的有效配置。同时,世界经济全球化的推进、科技的飞速发展及信息的指数级增长也使得传统的组织形式在一定程度上不能适应外部环境的快速变化和进行有效的内部沟通。这就需要新的组织形式来与发展和变化相适应。总的来说,网络经济要求企业组织结构具有以下特征。

(一) 扁平化

扁平化是网络经济下企业组织变革最显著的特征。金字塔式的层级结构适合工业革命需要。这种组织结构的优点是分工明确、等级森严、便于控制。但是,这种组织结构在网络经济下暴露出越来越多的弊端。例如,由于管理层次多导致机构臃肿、人员冗余,进而造成管理成本居高不下;不同机构之间互相推诿责任,管理效率低下;组织内部信息传递不畅;等等。

为了克服传统组织的这些缺点,网络经济中的组织呈现扁平化的特征。组织结构的扁平化改变了传统命令链的多层级和复杂性,精简了结构层次,从而有利于信息的传递，保证信息传递的有效和不失真，大大提高了组织效率。

（二）网络化

企业组织结构的网络化主要体现在以下四个方面。

（1）企业形式集团化。随着经济全球化的趋势不断发展，企业集团、企业战略合作伙伴、企业联盟大量涌现。这使得众多企业之间的联系日益紧密起来，构成了企业组织形式的网络化。

（2）企业经营方式连锁化。很多企业通过发展连锁经营和商务代理等业务，形成了一个庞大的销售网络体系，使得企业的营销组成网络化。

（3）企业内部组织网络化。由于企业组织架构日趋扁平，管理层次减少，跨度加大，组织内的横向联络不断增多，内部组织机构网络化正在形成。

（4）信息传递网络化。随着网络技术的飞速发展和计算机的广泛应用，企业信息传递和人际沟通已经逐渐数字化、网络化。不同部门、员工之间通过先进的通信技术进行信息沟通和及时有效的交流，这样可增进员工之间的了解，提高其学习能力，并增强部门之间的协同能力，有利于企业处理复杂的项目，形成竞争优势。

（三）虚拟化

传统组织结构的设计总是力求职能部门的"全面化"，企业组织也总是力求"大而全""小而全"的模式。不管是职能制、事业部制，还是矩阵制组织结构，也不管规模大小和在某项功能上的优势如何，企业组织内的各种具体执行功能，诸如研究开发、设计、生产、销售等都是以实体性功能部门而存在的。这些实体性功能部门作为企业组织系统中相对独立的单元，往往难以对市场变化做出快速而有效的反应。

网络经济中，企业组织要想具备竞争力，必须要有高效而强大的研发能力，有随市场变化而变化的生产和制造能力，有广泛而完善的销售网络，有庞大的资金力量，有能够生产出满足顾客需求的产品的质量保证能力和管理能力等，只有集上述各项功能优势于一身的组织才具有强大的市场竞争能力。事实上，大多数企业组织只有其中某一项或少数几项功能比较突出并具有竞争优势，而其他功能则并不具备竞争优势。为此，企业组织在有限资源条件下，为了取得最大的竞争优势，可仅保留企业组织中最关键、最具竞争优势的功能，而将其他功能虚拟化。虚拟化了的功能可借助各种外力进行弥补，并迅速实现资源重组，以便在竞争中最有效地对市场变化做出快速反应。

虚拟组织是一种区别于传统组织的以信息技术为支撑的人机一体化组织。其特征以现代通信技术、信息存储技术、机器智能产品为依托，实现传统组织结构、职能及目标。在形式上，没有固定的地理空间，也没有时间限制。组织成员通过高度自律和高度统一的价值取向共同实现团队目标。正如未来学家托夫勒（Toffler）所说："在知识经济时代，经营的主导力将从经营力、资本力过渡到信息力和知识力。到了知识经济时代，大量的劳动力将游离于固定的企业系统之外，分散劳动、家庭作业等将会成为新的工作方式，虚拟组织将会大量出现。"

（四）决策分散化

在工业经济时代，组织高层几乎拥有所有的决策权。这种单一的决策模式容易产生官僚主义、低效率、结构僵化、沟通壁垒等问题。网络经济的发展，要求企业组织由过去高度集中的决策中心模式转变为分散的多中心决策模式。组织的决策由基于流程的工作团队来制定。决策的分散化能够增强组织员工的参与感和责任感,从而大大提高决策的科学性和可操作性。

从以上分析可以看到,网络经济对企业组织的冲击是明显的,网络以其自身的高成长性、便利性及对生产效率的提高、资源的有效配置等方面所特有的智能性,将改变企业组织的形态,使企业呈现出新型的企业组织模式,即依托网络、集成管理。这也给社会带来新的分工。

二、虚拟企业

在科斯(Coase)看来,企业是指经济实体,具有法人地位。但在网络经济下,出现了一种新的组织形态,它既不同于原来的企业,也不同于市场,而是介于二者之间的一种新型组织,称为虚拟企业。虚拟企业是通过计算机网络技术,将实现某种机遇所需的若干企业资源集结而成的一种网络化动态合作经济实体。其中,每个企业只保留其核心功能,而将其他常规功能虚拟化,由其他企业来完成,故称为虚拟企业。

虚拟企业的主要形式有业务外包和战略联盟。业务外包就是企业将其非核心功能的业务以委托的形式承包给外部其他企业承担;战略联盟则是为完成某种特定任务,或达到具有挑战性的目标,不同的企业结成利益共同体,进行紧密合作。虚拟企业的这种特殊形式使得企业能够快速响应市场需求和变化,同时也能实现优势资源的快速整合。这样来看,虚拟企业是一种无边界的企业组织形式,它可以超越组织的传统边界,对外部资源重新整合,进行统一配置。

虚拟企业的出现改变了企业原有的组织形态,从而对传统企业理论提出了挑战。然而,虚拟企业的出现并不意味着交易费用理论的过时。相反,交易费用理论依然可以用来解释虚拟企业的存在和发展。虚拟企业之所以能够同时替代原来的企业和市场,是因为这种制度安排的交易费用比它们都低。虚拟企业实现交易费用节约的技术基础就是网络。这也是虚拟企业会在网络经济下发展的重要原因。

(一) 虚拟生产

虚拟生产是虚拟经营的最初形式,它以外包加工为特点,即企业将其产品的直接生产功能弱化,把生产功能用外包的办法转移到别的企业去完成,而自己只留下最具优势并且附加值最高的开发和营销功能,并强化这些部门的组织管理。最著名的例子是美国生产运动鞋的耐克公司。耐克公司本身没有一条生产线,而是集中企业的所有资源,专攻设计和营销两个环节,运动鞋的生产则采用订单的方式放到人工成本低的发展中国家进行。耐克公司以虚拟生产的方式成为世界上最大的运动鞋制造商之一。

(二) 虚拟开发

虚拟开发是指几个企业通过联合开发高技术产品,取得共同的市场优势,谋求更大的发展。如几家各自拥有关键技术并在市场上拥有不同优势的企业为了彼此的利益,进行策略联盟,开发更先进的技术。

IBM 和 AMD 公司为了跟上英特尔的速度,双方联合开发微处理器技术,能够提高芯片的效率,降低芯片的生产成本。合作对于双方都很重要,因为这能改善与英特尔竞争的形势。AMD 缺乏英特尔所具有的研发资金,没有合作伙伴的话很难迅速推出新产品。IBM 自身掌握的微处理器技术有限，很难保证其在与英特尔的竞争中领先。这种合作促进双方获得在芯片制造方面的垄断优势。

（三）虚拟销售

虚拟销售是指企业或公司总部与下属销售网络之间的"产权"关系相互分离，销售虚拟化，促使企业的销售网络成为拥有独立法人资格的销售公司。此类虚拟化的销售方式，不仅可以节省公司总部的管理成本与市场推广费用，充分利用独立的销售公司的分销渠道以广泛推广企业的产品，促使本企业致力于产品与技术的创新，不断提升企业品牌产品的竞争优势，还可以推动销售公司的快速成长，网罗大批优秀的营销人才，不断扩展企业产品的营销网络。

（四）虚拟管理

虚拟管理是指在虚拟企业中，把某些管理部门虚拟化，虽然保留了这些管理部门的功能，但其行政组织并不真正存在于企业内部，而是委托其他专业化公司承担这些管理部门的责任。例如，企业可以不设人力资源部门，对员工的培训可以委托专门的培训机构完成。再如，许多外资企业将人力资源交给专业的人才管理中心管理。虚拟管理可为新组建的、缺乏管理经验和管理人才的企业提供较大的帮助。

三、生产体系变革

网络技术的飞速发展和普及，最终使生产体系发生了革命性的变化，传统的生产体系逐渐瓦解，创造了许多新的生产体系。网络经济的典型生产体系如下。

（一）柔性生产体系

柔性生产体系既适用于单一产品的大规模生产，也可以进行多品种、小批量生产，还可以进行多品种、大批量的混合生产。其实质是要灵活适应不同顾客的不同要求，实现多品种、小批量的生产。这种灵活的柔性生产方式要求管理上也灵活变化，即实现柔性管理，它的精髓在于以人为核心，灵活应变能力强，能够迅速响应市场，是一种体现着组织、生产、战略决策、营销等柔性化的现代管理方法。

（二）准时生产体系

准时生产体系的基本思想是在恰当的时间生产出恰当的零部件、产成品，把生产中出现的存储、装备和等待时间、残次品等视为一种浪费。准时生产所依据的基本原则是"准时"，即在零件刚好被需要时，才将它生产出来并送到需要地点，其追求的理想目标是"零库存"。采用准时生产方式，生产车间（工厂）无中间仓库（只有中间存储区，用以存放很少、很小的储备件），也没有成品仓库和堆积站，从而使得生产周期短、成本低、资金周转快，获得多品种、高速度、高效率的生产。

（三）精益生产体系

精益生产要求企业的各项活动都必须运用"精益思维"。精益思维的核心就是以最少的资源投入，包括人力、资金、材料、时间和空间，创造出尽可能多的价值，为顾客提供新产品和及时的服务。精益生产的特点如下：强调人的作用和以人为中心，显著地提高劳动生产率，同时使产品质量也得到了保证；简化，即减掉一切不产生价值的工作，是需求驱动的简化生产，简化了产品的开发过程；把浪费降到最低程度。

(四)并行工程

并行工程(CE)是指通过一系列的方法和技术,支持产品开发人员在设计一开始就考虑产品寿命周期中的各种因素,实现产品开发过程集成,其主要目标是缩短产品开发周期、提高质量、降低成本,从而增强企业的竞争能力,见图6-1。

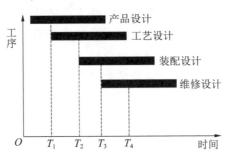

图6-1 并行工程示意图

第二节 企业竞争策略

一、网络经济企业定价策略

数字产品的定价除了依据一定的定价方法,根据价格影响因素,制定价格模型、计算价格,还要采取一定的定价策略,最终得出实际价格。定价策略是数字产品定价的重要组成部分。对于一般商品,价格歧视定价难以实现,但对于在线商品销售,价格歧视定价具有了实现的条件。因此,价格歧视定价成为在线产品销售经常使用的定价策略。

(一)价格歧视概述

价格歧视是指对同样的产品和服务,针对不同的消费者,根据其不同的支付意愿制定不同的价格。

通过价格歧视定价,厂商可以占有消费者剩余,获得最大收益。但厂商要实现价格歧视定价,需要具备以下3个条件:① 价格歧视必须在相互分离的市场上进行。如果市场不是分离的,消费者可以获得有关价格的信息,就不可能高价购买。同时,厂商要进行价格歧视就要阻止消费者进行倒买倒卖并从中套利。② 厂商必须具有一定的市场垄断力。只有厂商具有领导力量,才能决定自己的产品价格,而不是被动接受市场价格。③ 厂商能够了解不同层次的消费者购买商品的意愿或能力。如果厂商不了解消费者的需求,就不能进行价格差异的层次划分,也就无法实行价格歧视。价格歧视通常划分为3种基本形式,即一级价格歧视、二级价格歧视和三级价格歧视。

(二)个性化定价——一级价格歧视

(1)个性化定价。一级价格歧视也称完全价格歧视或个性化价格,是指具有垄断力的企业确切地了解买主的意愿,对每一个买主索取的价格都等于该买主愿意付出的最高价格,见图6-2。图中,P 为价格,Q 为产量,MC 为边际成本,D 为需求。

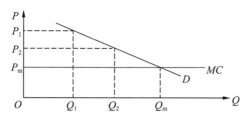

图 6-2　个性化定价模型

（2）在线市场个性化定价的实现。在现实生活中，人们很难看到一级价格歧视的例子。因为无法确定某消费者愿意支付的最大金额，而且即使知道某消费者愿意为产品支付多少钱，也难以做到向那些不愿支付更多金额的人以较低价格提供产品的同时，阻止愿意支付更高金额的人也以该价格获得产品。

但在在线市场中，实行完全价格歧视是有可能的。首先，网络改变了传统的营销方式，可以对用户的购买或浏览行为进行分析，获知用户的兴趣所在，适时向其推荐新的产品或服务，并向其索要不同的价格。例如，亚马逊书店跟踪每位消费者的购买情况，在他们下次登录的时候推荐新的相关书目。

其次，在传统营销中，个性化定价厂商需要考虑包括目录调整的费用、产品变动费用等在内的一系列交易成本，而网上销售中，这些成本很小，以至于可以忽略不计。减价销售、抛售和其他形式的促销定价在互联网上毫不费力，可以随时改变价格，可以随时调整目录。越来越多的公司正在利用网络的这种优势销售产品，航空公司和轮船公司利用这种方式进行最后时刻的销售，以填满空舱。

但在线交易使买主从事套利行为也变得更加容易。于是，进行价格歧视定价的厂商为了限制这种套利行为的发生，一个常用的办法是不卖出产品，而是将产品以许可的方式租赁给消费者使用。采取许可使用的策略可以限制买主的倒买倒卖行为，从而使厂商价格歧视的目的能够实现。例如，软件供应商通过技术手段设定，一旦软件转移到另一台计算机就不允许使用，或者享受不到升级服务。

（3）版本定价。版本定价策略是在数字产品市场中，销售者根据产品性能、功能、品质、级别等方面的差异，划分不同的版本，制定不同的价格，让消费者根据自身的效用评价自行选择产品。该策略必须有性能、功能、价格、品质等方面多样化的产品作为必要的物质基础保障。

采用版本定价可以实现消费者的自我选择。在版本划分时，生产商虽然不清楚消费者的具体效用分布，但是通过提供产品的不同版本，消费者在选择不同的版本时就暴露了其效用评价。通过用户的自我选择，客观地自动划分出了不同的用户群，从而节约了销售者的信息搜寻成本，达到了为不同用户设置不同价格的目的。

数字产品的版本划分可以分为基于功能的划分、基于性能的划分和基于时间的划分等多种类型。

① 基于功能的版本划分定价是指供应商提供不同功能的产品，制定不同的价格，以满足不同支付意愿的消费者的需求，实现产品在质量方面的差别化，见图 6-3。图中，P 为价格，C 为购买的消费者比例。

有时厂商为了实行价格歧视而降低某些现有产品的性能和质量，即厂商提供受损产品，以在支付意愿高的消费者与支付意愿低的消费者之间进行价格歧视。例如，软件供应商针对那些需要使用软件，但是又不愿意为软件的完整功能付费的消费者，会减少软件的一些功能，以较低的价格实现销售。这一模式的优点是供应商在不影响高端消费者购买全功能数字产品的情况下，通过减少部分功能吸引低端消费者购买，进而增加销售商的收益。

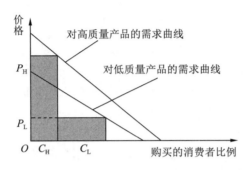

图 6-3　基于功能的版本定价分析

微软公司将其产品划分为学习版、家庭版、专业版、企业版和黄金版等，以此版本划分让消费者"自我选择"而向消费者索取到更高的价值。

② 基于性能的版本划分定价模式中，供应商保留信息产品的全部功能，但是不同的版本性能受到不同程度的限制，通过改变性能实现对不同消费者目标群的定制，见图6-4。图中，P 为价格，C 为购买的消费者比例。例如，某些提供网络存储服务的平台通过设定上传和下载文件的速度来实现差别收费，实现更高的潜在利润。在与性能有关的版本划分中，要注意的是保持不同版本的兼容性和升级的能力。先以低价推出低质量的版本，甚至免费送出样品性质的版本，然后不断推出升级版本。只是偶尔使用的消费者满足于某个低质量、低价的版本，而对这一信息产品有着较高评价的消费者会愿意为升级版本支付更高的价格。

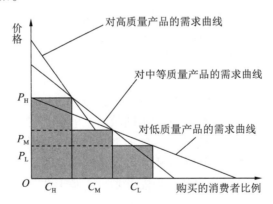

图 6-4　基于性能的版本定价分析

③ 基于时间的版本划分定价中，时间是用于差别定价的很好标准，供应商提供的产品性能完全一样，唯一的不同是供应商对于传送时间的控制和把握，通过实时的与延时的服务提供不同的价格安排，见图6-5。例如，在线电影的发行与点播过程中，电影

刚上映时，供应商向消费者索取高价，随着时间推移，逐步采取降低价格、插入广告、会员免费看等方法实现收益最大化。

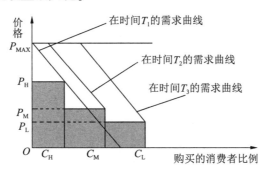

图 6-5　基于时间的版本定价分析

在实际运作中，供应商通过调整产品的特征，对消费者认为有价值的产品进行差别划分，对不同群体提供具有不同吸引力的版本。供应商还可以从许多其他产品特征方面对信息产品进行版本划分，如用户界面、使用权限、计算速度、服务协议、图片分辨率、操作速度、格式、容量、完整性、技术和服务支持等。

（三）数量定价——二级价格歧视

（1）数量定价。二级价格歧视是以数量为基础的定价，也称数量定价，是指企业将商品按照买主的购买量划分为两个或两个以上的级别，针对不同的购买量索取不同的价格，见图 6-6。图中，P 为价格，S 为供给数量。

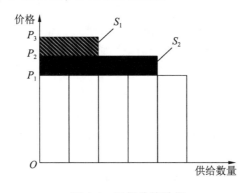

图 6-6　二级价格歧视

在线下销售中，厂商常常推出诸如"购买 3 件以上产品打 9 折，5 件以上打 8 折"，或者"3 件以上免邮费"之类的优惠措施。在线销售服务时，厂商可以推出"消费 10 小时赠 1 小时免费时间"或"消费满 30 小时以后的消费打 9 折"之类的优惠，实际都是数量定价，目的是鼓励消费者多购买产品。

由于厂商可以从多出售的商品中赚取利润来弥补给消费者的优惠。只要出售一单位商品的利润高于给消费者折扣损失的利润，商品出售的数量越多，厂商利润就越高。与一级价格歧视中消费者剩余被厂商全部获得不同，二级价格歧视是将消费者剩余在厂商和消费者之间按一定比例分配，厂商和消费者都获得了部分剩余。这也是为什么二级价格歧视很常见。

（2）两部定价。两部定价是指将价格分为两部分：一部分是固定的收费，消费者只要使用就必须支付，如电话收取的月租费；另一部分是根据消费量收费，如打电话按次数收费，见图6-7。图中，P为价格，Q为购买数量，F为固定成本，$D(p)$为需求曲线。

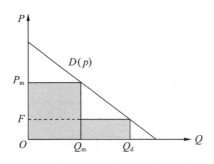

图6-7　两部定价模型

两部定价被看成数量定价的一个例子。消费者购买第一单位产品时要付出一个更高的价格，这个价格由入门费加第一单位价格构成，购买第二个单位以上产品开始支付低价格。两部定价也称非线性定价，因为在这种定价模式下，厂商收入不是其销售数量的线性函数。两部定价法被数字产品的销售商广泛使用，如某PDF文件阅读器可以让个人免费浏览文件，但是其编辑功能被分成多个部分，形成嵌套的不同等级会员权限，实现价格歧视。

（四）群体定价——三级价格歧视

三级价格歧视是以消费者身份为基础的定价模式，也称群体定价，是指厂商按照买主的某个或多个交叉特征值将价格划分为两个或两个以上的类别来索取不同的价格。

三级价格歧视的例子也很常见，如学生乘火车享受半价优惠、军车通过收费站可以免票、老年人乘公共汽车免费、旅游景点有半价学生票和儿童票等。在网络经济市场中，最常见的群体定价方式是针对会员与非会员提供不同的价格和服务组合，非会员只能免费进入部分网页内容进行浏览，会员则可以根据不同的级别享受到不同程度的组合服务。

三级价格歧视产生的最主要因素是价格敏感程度。如果不同群体的成员对于价格的敏感程度不同，厂商就可以向他们提供不同的价格。学生和老年人折扣是其中很普遍的一种形式，这两个群体都对价格敏感。

（五）捆绑定价——混合价格歧视

捆绑定价策略也是数字产品常用的价格竞争策略。

（1）捆绑定价。捆绑定价策略是指企业将两种或两种以上的商品组合在一起以一个价格出售。卖方拒绝将A产品出售给消费者，除非消费者同时也购买B产品或其他更多的产品，在这种情况下，A产品称为基础产品，B产品和其他产品称为捆绑产品。捆绑销售是"整体销售两种及以上独立产品"。"独立产品"是指在独立分离的市场上已分别存在的产品。捆绑销售的产品或服务以固定的比例组合在一起。搭售是指在销售一种产品时搭配销售另一种产品，而两种产品组合的比例是不固定的。因捆绑销售与搭售的目的和作用基本相同，在此不再进行区分。

（2）捆绑销售的分类。捆绑销售通常分为纯捆绑、混合捆绑和部件销售 3 种类型。纯捆绑也称为整体捆绑，是指一揽子销售产品或服务而不单独销售其中的部分产品或服务的捆绑。混合捆绑也称为非纯捆绑或部分捆绑，是指除一揽子销售外也单独销售捆绑产品内的各个部分。部件销售也称拆零销售，是指厂商不进行组合销售，但消费者可以通过分别购买两种或多种产品而将购买的产品实现组合，如厂商分别销售显示器与主机，消费者购买后自行组装等；购买 Surface 平板，需要单独买键盘和手写笔。现实中最普遍存在的情况是混合捆绑，纯捆绑和部件销售都是混合捆绑的特例。而数量捆绑是指被捆绑的是同种产品或服务，也称数量折扣，是价格歧视的一种实现方式。

（3）数字产品的捆绑定价策略。网络技术为捆绑销售产品提供了极大的空间，因为数字产品的边际成本可以忽略不计，数字产品的捆绑销售可以以极低的成本在线进行。当消费者对数字产品的估价相互独立时，把大量数字产品捆绑在一起，可以降低消费者对数字产品估价的差异性，估价接近于捆绑产品的平均价值。销售商利用这种数字产品可预测性估价，制定适当的销售和价格策略，从而最大限度地获取消费者剩余。例如，微软公司的 Office 软件就是一种典型的捆绑销售商品，它是由文字处理程序、电子表格、数据库和演示工具等软件捆绑而成的。

捆绑销售的收益体现在其价格上，数字产品组合套装捆绑后的价格低于分装的每个单件的价格之和。较低的边际成本使数字产品组合销售对消费者更有吸引力，而厂商也可以获得更多的价值，同时，绑定商品可以降低用户的搜索成本、使用难度和交易成本。

有时，消费者对产品偏好的不一致、认知价值的差异导致了对拆零产品的大量需求。在数字产品的实际销售中，往往是捆绑定价与拆零定价两种策略结合使用，由消费者自主选择。数字产品的销售捆绑定价策略还在一定程度上造成锁定效果，使供应商在市场竞争中处于有利位置。

（4）捆绑定价策略的效果。厂商将数字产品进行捆绑销售可以攫取更多的剩余。与单独出售相比，捆绑销售可以通过降低支付愿望的分散程度，吸引更多的消费者购买捆绑产品，达到增加利润的目的。

捆绑定价策略可以降低销售成本，包括包装成本与广告成本等。通过捆绑销售可以取得整合优势，不同组件可以共享资源，节约制造成本。另外，捆绑销售节约了交易成本，因为不同的产品以一个价格出售，减少了交易次数。

捆绑定价可以圈定市场。首先，捆绑销售可以加强垄断企业在基础产品市场的垄断实力。垄断企业通过捆绑销售可以阻止其他企业进入基础产品市场，从而增加未来利润。在存在进入成本和捆绑产品具有网络外部性的条件下，捆绑销售能够保持垄断企业在基础产品市场的垄断地位。捆绑销售可以实现正的网络外部性效应，因为捆绑价格可以提高其基础产品的市场份额，而基础产品的用户基数越大，使用产品的用户获得的效用就越多，就会刺激更多的潜在用户购买该产品。同时，基础产品的用户基数越大，其他厂商就会为之提供更多的辅助产品，进一步提高使用该基础产品的效用，从而增强

"正反馈",最终使这种产品成为市场的主导,乃至市场标准,形成"赢家通吃"的局面。其次,捆绑定价可以使垄断企业将垄断势力从拥有垄断地位的产品市场向捆绑产品市场延伸,形成市场圈定的效果。在捆绑销售中,生产者可以利用自己的市场地位,拒绝其他竞争者进入特定的下游或上游产业。例如,微软公司的 WINDOWS 10 以上版本的操作系统产品中捆绑销售的 Edge 浏览器,使其在操作系统市场的垄断力延伸到浏览器市场,限制了浏览器市场的公平竞争。最后,捆绑销售是垄断多种产品的企业阻止其他企业进入的一种可置信的工具。假设在位企业在两个产品市场都占据垄断地位,通过将这两种产品捆绑在一起,在位企业能够利用任意一个产品市场上的垄断势力来保护另一个产品市场。即使其他企业最终进入其中某个市场,该策略也能缓和竞争,使在位企业获得相对更多的利润。

二、锁定策略

传统企业市场环境竞争激烈,产品标准化程度高、可替代性强,一般难以实现对消费者的锁定,常常是通过不断革新产品、改进服务和提升品牌价值来培养忠诚客户。客户忠诚可以说是消费者的"自愿锁定"。而在数字产品市场上,厂家可以通过一定的策略来实现消费者锁定。

(一)锁定的意义

当消费者从一种品牌的技术转移到另一种品牌的技术成本非常高时,就面临被锁定。锁定的本质是消费者现在的消费选择将限制未来的消费选择,这种限制通常是由转移成本造成的,较高的转移成本使竞争者无法通过降低价格来吸引消费者转向。消费者锁定对于厂家至少存在以下意义。

(1)维护市场规模,获得现期利益。任何企业的经营活动都需要一定的市场规模来支撑,消费者锁定能够使企业获得一个较稳定的市场规模,获得现期利益,降低经营风险,同时能够降低营销成本。营销学研究表明,维持一个老顾客的成本是吸引一个新顾客成本的五分之一,客户忠诚是企业经营的基础。对于数字产品供应商,通过锁定客户达到一定的市场规模在竞争中具有特殊意义,因为这既能帮助自身跨越临界点,又能抑制竞争对手跨越临界点。

(2)获得优势谈判地位。锁定客户可以使供应商在未来与客户的交易中获得优势谈判地位。锁定客户的过程也是买卖双方之间激烈竞争的过程:供应商希望锁定购买者,获取利润,而购买者希望保持开放的选择权来加强其在讨价还价中的地位。对于消费者来说,一旦被锁定,势必处于弱势地位,因而总是努力防止自己被锁定或在锁定前讨价还价。

(3)开发市场,获得长远利益。被锁定客户形成了一个相对封闭的市场,厂商可以通过对这个市场的不断开发,获得长期利益。通过现有产品的升级、提供相关服务、提供配套产品获取长期收益。

(二)消费者锁定的策略

网络企业消费者锁定策略集中在两个方面:厂商如何"锁定"消费者和如何打破其他厂商"锁定"来吸引消费者。

(1)免费锁定。免费锁定是指供应商通过提供免费的产品来锁定用户。对于免费的产品，许多消费者都愿意尝试使用，如果消费者在使用后对产品评价正向，就会愿意继续使用。在使用的过程中，随着消费者逐渐熟悉和了解该产品的性能，形成使用习惯，消费者就逐渐被该产品锁定了。厂商利用免费获得了锁定消费者的机会。

数字产品销售基本都是通过免费使用或低价销售建立安装基础的，即为产品升级或互补品销售建立基础。对于消费者而言，网络企业把一个充满诱惑的免费或低价的世界呈现在其面前，许多消费者会接受这些网络企业精心设计的"礼物"。在这个阶段，主动权掌握在消费者手中，一旦消费者接受了这个"礼物"，其就容易被锁定。

（2）合同锁定。合同锁定是供应商通过与消费者签订合同来锁定消费者。消费者购买品牌计算机时，销售商要求计算机的维修工作只能由该公司或该公司指定的机构来负责，否则对计算机的质量不予保证。这实际上就使用户的维修服务被"锁定"。虽然维修大部分是免费的，但零部件还是要收费的。这就可能出现维修机构对零部件的收费远高于市场价格的情况，而作为用户只能接受这种高价，因为如果使用自己购买的零部件，销售商就对计算机的质量不予保证，用户就享受不到售后服务，从而会遭受更大损失。

（3）技术锁定。技术锁定是供应商通过技术来锁定消费者。数字产品销售中，技术锁定的情况很普遍，对于竞争者而言，提供兼容的系统产品是打破锁定的关键。

学习使用一种技术产品而产生的锁定是消费者对产品的熟悉而带来的锁定。学习使用一种软件是一个费时费力的过程，客户对某种软件的熟悉程度越高，转而使用其他同类产品的转移成本就越高。众多的软件公司向高等学校提供廉价的"大学版"软件，有些软件甚至免费，目的就是通过学校完成对产品使用的培训，从而锁定未来的潜在使用者，如SAS（赛仕软件）公司提供的SAS大学版产品。技术锁定有以下3种形式。

① 信息和数据库存储管理中的锁定。信息和数据库的存储管理依赖于硬件与软件，一旦客户选择某个硬件或软件产品后，后续想更换产品是十分困难的。信息和数据库的应用要保持前后一致性，客户被先前的产品锁定了。通常，把原始信息转换编码以应用于另一个系统或软件是非常困难的。这就使客户不得不再次选用先前供应商的产品，因而被先前供应商锁定。信息和数据库存储管理中的锁定随时间的增长而越来越牢固，因为信息库会随着时间的增长而扩大，历史资料越丰富，改换产品带来的损失就越大，锁定就越牢固。例如，会计软件系统的锁定通常具有很强的正反馈效应。

② 技术不兼容带来的锁定。在技术标准不兼容的情况下，人们不得不选择市场规模大的软件或网络，因为客户使用网络产品是要和他人进行交流的，市场规模越大的网络或软件，交流价值越大。因此，客户被市场规模大的主流网络或主流软件锁定，无法按照偏好自主选择产品。例如，微信以信息安全为由禁止部分平台链接的传播。

③ 技术应用产品的锁定。在数字产品市场上，如果与某基础产品配套使用的产品种类很多，即在该基础产品技术基础上开发的产品很多，客户就不得不选择该基础产品，就产生了技术应用产品的客户锁定。例如，虽然微软公司的Windows操作系统有漏洞，安全性也不太好，还需要时常更新，但客户难以将它更换成新供应商的操作系统，除了学习成本原因，很多应用软件是基于Windows的平台开发的，更换成其他操作系统

后产品就不能使用，因此客户被锁定。

（4）耐用品配套产品销售中的锁定。供应商向客户销售了耐用品，客户就被锁定，供应商可以从"售后"销售中获得较高的利润。如向客户销售了计算机软件，此后升级和产品改进就是原供应商的自留地了。由于销售者享受专利权和版权保护，这种升级都是由原始销售者提供的。由于售后服务和备件对大多数设备来说都很重要，因此，售后市场政策成为高技术耐用设备制造商的一个关键竞争战略。例如购买了苹果iPod音乐播放器，就要购买相应的专用耳机、皮套等，并且要在苹果公司的网上音乐商店下载音乐，由此客户被锁定，必须消费这些后续产品。

（5）专门供应商锁定。当消费者随着时间的推移逐渐购买专门设备时，就产生了专门供应商的锁定模式。对设备的首次购买和今后的购买是互补的，因为全部购买同一个品牌的产品会带来优势，于是形成了专门供应商带来的锁定。在信息经济中，越来越多的公司面临专门供应商的锁定。对于专门设备来说，转移成本依赖于新供应商在将来有需要时提供可比较设备的能力。如果耐用设备或软件是高度专门化的，客户寻找其他供应商就相对困难，这使现在的供应商在下一轮购买时具有很强的锁定优势。

专门供应商的锁定模式与上述技术锁定和耐用品配套产品的锁定相关，但分析的侧重面有所不同。获得专门供应商锁定的策略是提供专门化的产品，而打破竞争对手作为专门供应商对客户锁定的方法是提供兼容产品。

（6）搜索成本锁定。搜索成本是购买者和出售者为了在市场中寻找到对方并建立关系而引起的成本。搜索成本是双向的，既有客户对供应商选择所花费的成本，也有供应商寻找客户所花费的成本。客户寻找供应商的成本就构成了客户更换供应商的转移成本，这种成本越高，客户越没有动力更换供应商，客户就被锁定。

客户重新寻找供应商花费的转移成本包括：改变根深蒂固习惯的心理成本、鉴定新供应商所花的时间和精力、选择未知供应商所带来的风险等。潜在供应商接触和获得新顾客的转移成本包括：促销费用、实际完成交易的费用、设立新账户的费用和处理未知顾客的风险等。

在信息经济时代，虽然"无摩擦经济"使各种搜索成本都在降低，但客户选择新供应商的心理成本和风险仍然是锁定客户的重要内容。

（7）忠诚顾客计划锁定。厂商通过忠诚顾客计划来锁定客户，也称"人工锁定"。随着数字产品厂商得到越来越多的关于顾客购买模式的信息，忠诚顾客计划的实行越来越简单，也会有越来越多的厂商使用忠诚顾客计划。厂商创造的忠诚客户计划类型有很多，以下是几种典型的忠诚客户计划类型：

① 积分奖励。客户消费可以获得积分，积分累积到一定程度可以获得厂商的奖励。例如，航空公司、客运公司的常客计划，乘坐飞机或客车累积一定里程后，就可以获得该公司提供的免费机票或免费车票。很多百货店、连锁店、超市等传统商店，以及网上书店、网上音像店等网上商店也都广泛地采用这一策略，以此来鼓励消费者一直在同一商家消费，例如京东提供的"京豆"、淘宝提供的"淘金币"等。

② 获得服务的优惠或优先权。对于购买量大的客户，提供服务的优惠或优先权。例如，当当网上书店根据用户的累计购买额给用户分级，并对不同级别的用户给予不同

的折扣。

③ 互补品供应商的合作优惠。对于购买量大的客户，具有战略合作伙伴关系的互补品供应商提供合作优惠。忠诚顾客计划给客户带来更换供应商的转移成本，对于竞争对手而言，要想降低或免除客户的转移成本、争取对手的客户，常用的方法是接受竞争对手的积分。例如，航空公司经常为在竞争对手处拥有"黄金席位"的顾客提供黄金席位，希望以此吸引他们更换航空公司。

（8）会员制锁定。会员制锁定是通过吸纳客户为会员来锁定客户。这实际上也是忠诚顾客计划锁定的一种特殊类型。

会员制是数字产品提供商常用的一种锁定客户的策略。会员制是这样一种制度：厂商给消费者提供一定的优惠措施，并以此换取消费者对厂商的忠诚，而且这种交换是长期行为，是在一定时期内持续存在的。在这一过程中，厂商可以获得稳定的消费群体、销售数量和利润，还可以吸引新顾客的加入；而消费者则获得了一个长期优惠的承诺。因而会员制实际上是一种厂商和消费者的互惠互利制度。

在网络经济快速发展的今天，会员制的应用也越来越普遍。很多网站非会员不允许浏览或只允许浏览，不允许留言；很多商品折扣只针对会员；很多电影网站非会员不能观看影视作品；很多资料非会员不能下载；等等。会员制将顾客自动分成了两个群体：对某些商品或服务评价高的顾客和对那些商品或服务不感兴趣的顾客，例如，京东的"PLUS"会员制度、亚马逊的"Prime"会员制度。

会员本身也分级别。消费最多、忠诚度最高即保持会员身份最久的顾客获得最多的服务和优惠，而那些刚加入的新会员，则要凭借自己良好的信用和消费记录争取成为更高级别的会员，才能享受更高级别的待遇。这种"升级"措施激励会员们保持忠诚，如果会员们发现转换成为其他供应商的会员又要从"零"开始努力，就不会轻易转换，因此会员制成为企业的一种强有力的锁定策略。例如，京东的"PLUS"会员分为注册会员、铜牌会员、银牌会员、金牌会员、钻石会员5个等级。

三、主流化策略

（一）产品主流化的定义

产品主流化是指互联网企业将其拥有自主知识产权的产品率先推向市场，占领大部分市场份额，形成对用户一定程度上的锁定，以获得持续盈利的一种经营策略。对产品主流化内涵的深入理解可以概括为以下几点。

（1）产品主流化是单家企业凭借技术创新，为达到主宰市场的目的而进行的一种策略选择。其中，拥有具有自主知识产权并且拥有竞争对手难以模仿的核心产品是实现产品主流化的前提条件。

（2）产品主流化主要表现在市场份额这一指标上。通常认为，主流产品是占据市场份额50%以上的产品。因此，不断扩大市场份额、最终占据最多的市场份额可以看作是产品主流化的直接目标。

（3）实现产品主流化的过程中，市场份额的扩大应同时有量的增加和质的提高，即市场份额的扩大应和建立稳定的用户基础同时进行，通过形成对顾客的锁定来帮助产品主流化的实现。

（4）产品主流化的实现由于涉及用户安装基础的建立，因此先发制人、率先引发用户网络形成正反馈效应是至关重要的。正反馈效应将促进市场份额的增长进入自我加强的良性循环，使产品迅速实现更大规模的主流化。

（5）产品主流化策略的盈利主要来自后续销售。其盈利模式可以简单分为两个阶段：前一阶段是建立关键产品的用户安装基础，可以看作对用户安装基础的投资；而后一阶段才是向这些用户出售后续互补产品以盈利。

（二）产品主流化策略的实施

产品主流化策略的实施可以概括为两大步骤：首先是使产品得到广泛应用，成为市场主流产品；其次是在锁定顾客的基础上，通过销售与主流产品互补的相关后续产品而盈利。其中，如何使产品成为主流产品是至关重要的，这一步骤是产品主流化策略实施的核心和关键。通常，互联网企业可以运用如下措施来实现产品主流化。

（1）低价渗透。企业产品进入市场的方法在营销学者看来不外乎两种：一种是以较高的价格进入市场，争取获得较高的利润率，称为取脂定价；另一种是以较低的价格进入市场，以获得较大的市场份额，称为渗透定价。在产品主流化策略的实施过程中所运用的价格策略就是渗透定价，即以极低的价格，甚至是免费向市场提供产品的方式来获得市场份额。所以在网络经济中便有了"免费大行其道"的现象，这当然并不是企业进行公益活动的方式，而是企业实施产品主流化的一种手段。低价之所以有如此的威力，是因为随着技术进步和技术扩散的加速，产品的同质性增强了，顾客对产品的选择不仅依赖于产品各自的特色，更重要的是在自己的经验之间做选择。正因为经验对产品如此重要，所以以低价促进产品的初次使用也是非常关键的。低价为顾客提供了获得消费经验的低成本方式，能促进产品的初次使用，帮助产品迅速流行起来。例如，在线会议系统市场竞争中腾讯会议和钉钉会议通过免费提供服务来占领市场，已经开始转向收费服务。低价渗透甚至"免费"成为产品主流化策略中最常见的一种手段。

（2）率先行动。产品主流化策略以率先行动为前提。在产品主流化策略实施过程中，率先行动要求互联网企业做到的有：率先进行技术创新，拥有最先进的技术；率先将产品推入市场；率先建立最大的用户安装基础；率先建立并掌握标准；率先从销售互补后续品中获利等。率先行动为企业带来的是更大的市场份额和更多的利润。即使对众多同时实施产品主流化策略的企业而言，先发制人所形成的先行者优势也是客观存在的。

（3）预期管理。消费者预期对产品主流化的影响也是十分深远的。如同预期对标准形成的影响一样，预期成为标准的技术将最终成为标准，而预期成为主流的产品也将最终成为主流产品。因此，在对消费者预期的影响方面，企业往往也是不遗余力的。

预期管理中最常用的手段是产品预告，即在产品推出之前，厂商在市场上竞争性地预先告知新产品即将问世，从而诱导那些正准备购买同类产品的消费者推迟购买，并使竞争对手的销售受到影响。产品预告往往能十分有效地抑制竞争对手的销售扩张，尤其是在产品快速更新的市场上，因为消费者总希望能买到更高性能、更好的产品。微软每每在将要推出新产品时总会采取产品预告的方式进行预期管理。但必须注意的是，在产品预告中所做的承诺务必兑现,否则将不利于企业。

(4) 选择性开放。顾客在选择产品时,面对开放的产品和限制兼容的产品,他们都会毫无疑问地选择开放的、兼容的产品,因为顾客本身是拒绝被锁定的。从企业的角度而言,开放技术或标准虽然能使企业产品更有市场,但这毕竟会削弱企业竞争力,反而给竞争对手提供"搭便车"的机会。可见,开放还是控制成为一个两难的抉择。尽管如此,就企业实施产品主流化策略而言,选择性开放是一个比拒绝兼容更好的选择,因为在任何兼容性决策中,厂商必然面对两种效应:一种是开放导致竞争者增多而产生的竞争效应,另一种是开放带来用户规模扩大而产生的网络效应。由于产品主流化策略的实施往往处在竞争者还不是很多的产品引入期,所以此时的竞争效应较弱,增强网络效应成为企业的当务之急。当然,选择性开放的兼容策略不是意味着开放全部标准,或者不是在所有时期保持开放。

(5) 树立消费领袖。对于消费者的预期协调的分析发现,消费者博弈的结果可能产生两种潜在的低效率:过大惰性和过大冲动。在产品主流化策略实施中,企业更为担忧的是过大惰性这种低效率,即当出现一个更优越的新产品时,消费者纷纷等待别人先做出选择,从而滞留在目前的低级产品中。可见,过大惰性对产品实现主流化是一个巨大的障碍,因为消费者选择等待而不是创新性地试用新产品。这时,如能树立消费领袖,有利于打破产品市场引入困难的僵局,促进产品的主流化进程。消费领袖是这样一种消费群体或个人:他们的消费行为能对其他消费者产生重要的影响,并能产生某种趋于一致的压力,使其他消费者也做出同样的产品选择。通过树立消费领袖,有利于打破产品市场引入困难的僵局,促进产品的主流化进程。消费领袖通常一定具有特殊的社会地位或社会影响力。用明星充当产品的消费领袖来进行产品推广的例子屡见不鲜,也有让政府充当消费领袖的例子。

(6) 品牌经营。在促进产品主流化进程中,借助品牌力量也是一种强有力的手段。因为从本质上讲,品牌是销售者向购买者承诺长期提供的一组特定的利益、价值、文化和服务。品牌能引导消费者形成对产品的合理预期。产品主流化策略中的品牌经营可以从五个方面进行:实施多层次的品牌延伸,如将原有品牌名称用于实施主流化的产品线或产品类别;采用品牌主导的多品牌策略;进行遏制品牌衰退的品牌创新,例如增加品牌的使用机会,发现品牌的新用途等,建立竞合式品牌联盟,联盟方式也将促进产品的流行;开展品牌的虚拟经营,依托品牌实施业务外包,进行特许经营等;拓展品牌的市场份额,而品牌市场份额的扩大也是产品实现主流化的更高级方式,形成的不仅是主流产品,更是主流品牌。

四、临界容量策略

(一) 临界容量

在数字产品市场发展中,市场规模存在一个临界规模。在此规模前,企业处于亏损状态,达到这个规模,企业开始盈利,并在正反馈机制的作用下,规模和盈利实现爆炸式增长,见图6-8。企业是否能够达到这个临界规模或临界点,是竞争成败的关键。

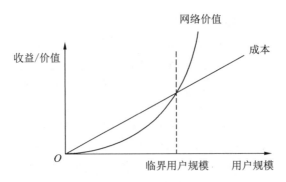

图 6-8　临界容量示意图

数字产品的供给成本包括产品的研究开发成本、复制成本和营销成本。厂家研发过程投入的大量智力成本和在抢占"起飞"用户基础竞争中所花费的高额营销成本,在数字产品供给的最初阶段成本支出中占比较大,生产商在这一阶段基本入不敷出。这一阶段的长短由竞争状况和用户成长情况而定。随着竞争分化和某一厂商的产品进入"起飞"临界点,大多数厂商将退出供给竞争,营销成本大幅下降,生产成本趋向复制的边际成本。在这一阶段,竞争的获胜者因需求锁定效应和网络效应导向定价的特性将获得巨额利润。

在产品网络规模比较小的时候,产品的平均成本高于消费者的需求价格,企业不可能盈利;当产品网络规模足够大时,消费者的需求价格就将超过产品的平均成本,其中的差距随着网络规模的扩大而增大,企业将获得巨大的盈利空间,通常以爆炸式增长。数字产品市场的正反馈机制导致其优势来源于市场规模。规模越大,对消费者的效用越大,对消费者的效用越大,就越能得到消费者的青睐,反过来又促进了市场规模的扩大,形成良性循环;而规模萎缩的产品网络将陷入恶性循环,最后只能走向消亡。良性和恶性循环之间存在一个临界点,过了这个点,不需要借助外力,市场规模便能促进其本身的扩大,企业也就可能盈利。因此,在正反馈市场上,企业要实现利润最大化目标,第一步就要努力达到临界点,反映在企业行为上,就是要采取正确的跨越临界点的战略。

(二) 临界容量策略的选择

临界点是企业盈利与亏损的分水岭,因此,竞争的关键是谁能够最先将其产品的市场规模扩大到临界数量以上。从理论上说,企业要做到这一点,可以有 3 种选择:加快自己扩张产品市场规模的速度;缩小临界点的市场规模;延后竞争者产品市场规模到达临界点的时间。

1. 加快产品市场规模的扩张速度

提高市场规模的扩张速度是企业达到临界点销售量、实现主流化的主要战略。企业可以采取的策略有:降低消费者的购买成本、降低用户学习成本、寻求风险投资资金的帮助、率先推出产品、建立联盟、开放技术等。

(1) 降低消费者的购买成本。数字产品市场上最常见的策略是免费赠送,有以下 3 种理由促使企业采取免费策略:许多信息产品是经验产品,消费者只有使用后才能对其进行价值判断,因此,企业必须给予消费者免费试用的机会;信息产品的边际成本极低，多赠送一套产品并不会给企业带来资金上的困难；企业要缩短市场规模到达临界点的时间，产品价格越低越好。许多企业为了扩大市场规模，甚至赔钱销售。

（2）降低用户学习成本。数字产品技术含量高，使用者的学习成本也高，企业免费赠送产品并不意味着消费成本为零。当学习成本非常高时，用户同样会对该产品望而却步。要加快市场推广速度，企业还要设法降低用户的学习成本，让产品界面标准化和免费提供培训是企业通常采用的方法。例如，微软公司的 Office 系列产品都具有大致相同的界面，对类似的功能也采用大致相同的操作手法。这样，Word 用户发现，相对于其他电子表格工具，微软公司的产品用起来更容易。当产品更新换代时，仅仅依靠低学习成本还不够，企业还需要降低用户的转移成本。如果 Word 2007 不能打开 Word 2003 的文档，Word 2003 的用户也不能共享 Word 2007 建立的文档，那么 Word 2007 的推广将有一定的市场障碍。如果 Word 2007 用户可以无损失地使用 Word 2003 建立的文档，而 Word 2003 用户只要拥有一种转换器，也可以打开 Word 2007 建立的文档，这就大大方便了市场的推广。

（3）寻求风险投资资金的帮助。企业追求临界数量的过程是一个承受巨额亏损的过程，在这段时间内，只有投入没有利润。没有足够的资金，企业不可能快速扩大市场规模。而任何一家企业的资金终究是有限的，企业本身的投入往往不能解决问题，并且，正反馈的特点也使企业不能通过自身的积累来进行再投入，企业只能通过融资来解决资金困难。同时，参与市场角逐的厂商众多，最终获胜的却注定只有一家，是"赢家通吃""输家出局"。因此，企业要寻求的必须是能承受巨大风险的金融机构。在竞争中获胜的企业往往都不断获得了风险投资资金的投入支持。

（4）率先推出产品。数字产品的市场推广求快不求完美，对于厂商来说，关键不是能否推出功能全面的产品，而是能否尽早推出产品，产品的性能稍差并不妨碍产品的推广。相反，产品性能过于完美，以至于没有升级的必要，厂商才会失去利润源泉。20 世纪 80 年代 IBM 公司和微软公司同时在研制图形界面操作系统，微软公司在技术不成熟的情况下抢先推出了 Windows 操作系统，迅速占据了市场，一举成为图形界面操作系统的霸主。而 IBM 公司稍后推出的 OS/2 操作系统虽然功能更完善，但是失去了先机，在操作系统的竞争上败给了微软公司。

（5）建立联盟和技术开放策略。对于企业来说，为了促销一种产品或标准而与其他公司组成联盟非常有必要，特别是对一些实力有限、不能独立引发正反馈的公司更是如此。技术在联盟内部可以完全开放，联盟各方拥有一定的控制权。

与上下游企业结盟也是跨越临界点的策略。在 20 世纪 80 年代，微软公司与个人计算机硬件商合作，在计算机中预装微软公司的操作系统，这使微软公司获得了巨大的市场销量。

技术开放也是跨越临界点的重要策略。在竞争初期实力较弱的企业试图独自控制技术往往最终难以成功，免费开放新技术可以刺激正反馈，并且使技术的价值更大化。有时，领先的公司甚至也通过开放新技术让市场迅速成长，如 Adobe 公司对 PostScript 语言，Sun 公司对 Java 语言，均采取了这种策略。

2. 缩小临界点的市场规模

对于处于激烈竞争中的企业，缩小临界点的市场规模非常必要。缩小临界点的市场规模实际就是提高消费者对产品的效用评价。消费者对数字产品的效用评估取决于产品的技术含量和用户规模，这就意味着，要让临界点的用户数量变少，企业可以从提高产品技术含量入手，即对产品不断进行升级、更新。另外，捆绑附送相关产品也是改善消费者效用评价的方法。数字产品边际成本很低，企业在销售产品的同时，附送相关的信息产品并不会增加太多额外的费用，却可以提高产品对消费者的效用，使原本处于购买边缘的消费者乐意购买产品，更何况附送本身也扩大了所附送产品的市场规模。

3. 延后竞争者产品市场规模到达临界点的时间

有时，企业在产品的市场推广过程中慢于竞争对手，如竞争对手可能首先推出产品。那么，企业就必须想方设法推迟竞争对手产品市场规模到达临界点的时间。企业可以采取产品预告的方法。由于消费者同样了解数字产品市场具有正反馈效应的道理，为了使自己的效用最大化，他们也会选择预期将成为标准的产品。实际上，被预期将成为标准的产品最终大都会成为标准。在 20 世纪 80 年代中期，当宝蓝（Borland）公司推出电子表格"Quattro pro"时，微软公司马上召开了一个新闻发布会，描述其即将推出的 Excel 电子表格程序的种种优点，尽管当时并没有这种产品。微软公司的产品预告，使消费者预期微软公司的产品将成为主流，因此，放弃对宝蓝公司产品的购买，使宝蓝公司的产品难以达到临界规模。当然，只有市场竞争的强者才有能力让消费者产生这种预期。

五、标准竞争策略

标准竞争是信息时代企业竞争的制高点，如果在标准竞争中取得胜利，企业就能够通过标准许可获利，或者通过标准控制在产业竞争中处于领先位置。与标准竞争密切关联的问题是企业对于自己的技术是采取开放还是控制战略。相对来说，开放更有利于其技术形成行业标准。

（一）技术的开放与控制

一种新技术诞生后，其原创企业可以选择开放的战略，允许他人使用，也可以选择控制的战略，通过专利权的保护不允许他人使用，或者只允许他人有偿使用。传统企业基本采取控制战略，以获得技术创新带来的全部好处，而一些数字产品供应商却选择开放战略，以期望在行业标准确定中处于优势地位，这是数字产品产业发展中的特殊性导致的。

1. 开放战略的优势

数字产品供应商通过技术开放可以获得以下好处。

（1）扩大网络外部性，提高产品的价值。对于网络产品而言，市场规模大小是其成功与否的关键。网络企业公开其技术后，会有更多的企业使用其技术，加速该技术的普及，使该技术能够得到更加广泛的应用，从而提高该技术或产品的价值。网络企业公开技术，如果该技术确实比较先进，相关的其他企业就会学习和使用这种技术，提供更多与该技术或产品相配套的产品，从而做大了该技术或产品的市场，而更大的市场对消费者的吸引力更强，网络企业的产品价值会远远高于控制技术时的产品价值。例如，当特斯拉向全球开放其充电枪专利,并被许多电动机车公司采纳,使得相关公司的股价都大幅上升。

(2) 提高产品的兼容性。公开一种新产品的技术,不但能使该产品本身获得发展,也能使与该产品相配套的产品增多,从而反过来又刺激该产品的发展。英特尔公司向计算机配件生产商开放了如"即插即用""加速图形端口"等技术,使相关配件与英特尔的芯片配合更加良好,运行更加稳定,从而使市场对英特尔芯片的需求更高。

(3) 扩大后续产品的安装基础。网络产品的不断升级是网络经济的一大特点,产品的升级是建立在现有产品规模的基础上的,企业为了使后续产品有足够广的安装基础,往往开放前面的产品,如把第一版产品开放,使其拥有广阔的市场空间,后续产品的安装规模就更大。

2. 控制战略的优势

选择控制战略,企业可以继续控制技术发展路径,独享技术带来的利益。最强大的竞争者能够对技术保持很强的控制,如微软公司对操作系统的控制,英特尔公司对CPU技术的控制等。企业技术控制战略的风险是如果其他企业的技术成为标准,本企业可能被淘汰出局。

3. 开放和控制的选择

对于数字产品的提供商,其开放和控制的战略选择的最终决定因素是实力,要看企业的实力是否足够强大,能否依靠自己的力量引发正反馈,如果能够依靠自己的实力实现正反馈,那么独家控制的价值会很高。

在技术的开放与控制之间选择时,最终目标是技术价值最大化,而不是控制最大化,获得控制力和市场优势的最终目标是利益最大化。对于数字产品而言,开放战略更有利于提高产业总价值;控制战略有利于企业在产业价值中占有高份额。如果希望通过市场规模的扩大来提高价值,那么可以考虑使用开放战略,促进该技术价值的正反馈,即使企业在市场中的份额很低,也能得到高额利润;如果企业在市场中占据的份额非常高,那么可以考虑采用控制战略,即使技术的总价值不是很高,但由于企业能获得绝大部分价值,企业也有高收益。总之,企业开放与控制战略的选择结果,可能是在大市场中占有低份额,或者小市场中占有高份额,最优化的选择是企业的回报最大化。现实中许多企业采用开放一部分产品、控制另一部分产品的战略,微软公司就是如此,部分开放了其产品。这种做法主要是使产品的兼容得到保证,同时又保持产品的特点,能够发展独特的功能。

(二) 标准竞争的关键要素

卡尔·夏皮罗(Carl Shapiro)和哈尔·瓦里安(Hal Varian)在《信息规则:网络经济的策略指导》一书中具体阐述了在标准竞争中获得胜利的7种关键资产。这7种关键资产实际就是标准竞争中各参与方较量的关键要素。

(1) 用户安装基础。控制用户安装基础,获得较高市场份额,有利于形成该领域的标准,通过后向兼容,形成产业系列标准。例如,微软公司控制了操作系统,后向兼容应用软件,于是在操作系统和相关应用软件领域形成了标准。

(2) 知识产权。拥有新技术的专利权、版权等知识产权的公司,在标准竞争中处于有利地位，拥有更大的选择权。如果拥有足够的用户基础，公司可以选择独占知识产权；为了开拓市场，公司也可以选择开放知识产权。选择开放知识产权，可以在该领域的标准形成中拥有更多的话语权。如百度公司试图通过构建阿波罗（Apollo）自动驾驶开放平台塑造行业优势。

（3）创新能力。拥有持续创新能力的公司，能够在标准竞争中最终取胜。即使在标准形成中没有获得有利的位置，也能够凭借创新能力在标准发展中领先。

（4）先发优势。拥有先发优势的公司，也拥有了学习曲线上的优势，在市场竞争中，比竞争对手更拥有成本、质量和品牌优势。在标准发展中，将比竞争对手拥有更多的控制战略优势。

（5）生产能力。一个成本领先的企业，可以依靠规模经济获得市场份额，使产品成为标准产品。例如，富士康科技集团依靠低成本优势成为世界上规模最大的代工厂商，为苹果、华为、小米等智能产品厂商提供代工服务。

（6）互补产品。如果一个公司生产的产品是市场的一个重要互补产品，它就会有很强的动机来推广新技术，因为新技术被市场接受会扩大本产品的销售。因此，互补品的生产商有时成为重要的产品标准的推广者。例如，英特尔公司销售更多CPU的动机是积极推动其他PC（个人计算机）组建的新标准，包括主板和CPU、总线、图形控制器接口等。

（7）品牌和名誉。在网络经济中，拥有品牌优势的公司，就拥有了预期的市场规模，而预期的市场规模会带来真实的市场规模。品牌和名誉的市场号召力能够在标准竞争中起关键作用。

（三）标准竞争的战略类型

开放与控制战略的选择在很大程度上依赖于标准竞争的情况，依赖于企业在标准竞争中的地位。

（1）标准主导战略。当企业是竞争性垄断市场中的在位企业时，它可以实施标准主导策略，从而利用标准实现价值垄断，获得可持续发展并主导本产业的发展。可选择的相应竞争策略如下：

① 构建早期市场领导地位，扩大市场上配套产品的供应。企业会尽力游说互补产品供应商生产和销售与自己产品配套的互补品，显然垄断市场的在位者更具有这方面的优势。

② 新产品预告。新标准的发动者可以不断使消费者提前了解公司的产品信息，增加消费者的购买欲望，而且还可以减缓竞争对手用户安装基数的增长。

（2）标准挑战战略。当企业作为一个潜在进入者，或者作为希望挑战在位者标准地位的企业时，一般能够应用挑战者战略。作为新产品的提供者，挑战者最为明智的决策是推出一个与标准产品兼容而又有创新的新产品。在这种情况下，若在位者不能及时对这种新产品作出反应，挑战者就很有可能取得成功，成为新的在位者。挑战者可能选择的竞争策略如下：

① 低价格承诺与渗透定价。公开的长期低价格承诺是使潜在购买者确信购买某种技术标准的产品将长期获益的一种策略。在标准竞争中，以价格折扣吸引市场上有影响

力的顾客是一种非常重要的策略，因为这有助于公司的产品迅速达到良好的市场声誉所需要的临界销量。

② 基于标准本身的优势，展开各种营销手段，使自己获得一定的安装基数，从而逐渐获得整个市场。

（3）标准兼容战略。当企业成为标准竞争中的失败者，或者不具备挑战在位企业地位条件时，可以采取的合适策略是标准兼容战略，争取实现与市场标准的兼容。兼容的方法可以是与标准制定者谈判协商，或者加入一个"适配器"；一种极端的情况是如果标准制定者不愿意开放标准，可以由政府出面迫使在位者开放标准。金山公司的WPS Office办公软件在20世纪90年代曾经辉煌一时，但自从微软公司Office系列软件全面进入中国后，WPS的市场份额急剧下降，直至2005年金山公司重新推出WPS Office 2005，文档格式全面兼容Office系列的格式，才逐渐打开市场。

（4）标准推广战略。在一个全新的产品市场，当还没有一种标准成为主流，或者还没有一种标准的使用者达到临界容量时，各企业均采取推广战略，最终目的是使企业的标准成为事实标准或行业标准，从而使企业成为该竞争性垄断市场的在位者。标准推广战略的重点是增加用户使用数量，将企业的产品推广给尽可能多的用户，尽早达到临界容量，率先得到正反馈机制带来的利益。此时，由于标准竞争的双方并不清楚对方标准孰优孰劣，或者说不能肯定在未来的市场发展中谁能占得优势，对双方最好的策略就是选择合作，将双方的标准合而为一，或只采用其中一方的标准，由此整个市场的容量得到扩大，双方都获得利润。而倘若双方要展开标准的竞争，必然有一方取得胜利，获得较高的市场份额，失败的一方也有可能依旧获得一部分之前被"锁定"的老顾客的青睐。

实施标准推广战略可采取如下措施：采用各种营销手段积极推广自身的标准，扩大配套产品的供应，以求尽早达到临界容量；积极说服竞争对手加入自身的标准，向竞争对手提供种种承诺，如整合双方标准、提供全部技术支持等，来争取对方的加入；组建战略联盟，提供各种优惠条件，使自身标准的上下游企业均加入这个联盟之中，最大限度地削弱对方企业上下游的实力；获得政府支持，取得尽可能多的国家资源；参与全球竞争，将自身标准更快地推向目标地。

第三节 企业商业模式

随着大数据和云计算的快速发展，"互联网+"模式不断创新，已经成为推动中国经济社会发展的重要力量。本节主要总结网络经济中常见的商业模式。

一、免费经济

互联网服务企业纷纷将切入重点放在"免费"这一商业模式上，让一部分用户免费使用产品，而另一部分用户购买增值服务，通过付费增值服务赚回成本和利润。由于互联网经济与传统经济存在着很大的差别，其成本组成也有较大区别，免费产品在大多数情况下都强于收费产品，如关注度和荣誉，企业可以从"免费"这一模式中获得巨额回报。该模式一般有企业、消费者、第三方等对象。例如，腾讯对用户免费，而对平台上的广告企业收费。如今，用户"免费"十分常见，很多企业将"免费"当作一种盈利模式。从互联网服务行业的整体发展情况来看，免费是互联网服务企业商业模式所独有的特点，这个特征甚至已经融入了商业模式的核心要素，完全符合互联网服务企业的特点和独特竞争环境。免费经济中有以下几种模式。

（一）免费体验模式

这种模式的关键在于要吸引顾客加入体验，抓住顾客的根本需求，消除顾客的疑虑和担忧，让顾客能够更好地参与产品体验过程，从而大大提高了用户购买产品和打开市场的可能性。

（二）交叉补贴模式

消费者想要获得特别或免费的 A 产品，必须支付购买 B 产品的费用；此外，消费者必须为后续使用支付更多费用。这个模式和剃须刀推销类似，客户可以获得经过特别定制或者免费的产品，在这个过程中伴随着协助消耗品、用品或服务的消费。以上是典型的产品间交叉补贴，在群体之间、国家或地区之间也常存在类似的交叉补贴。

（三）以多换少模式

经济学研究稀缺资源的配置，而人类拥有一些相对充足的资源。商品价格与稀缺性有密切的关系，相对稀缺的商品定价更高，也可以将两个部分的资源进行交换，用多的资源来交换少的。众多企业通过赠送免费产品以换取人们的"时间"和"体验"。

（四）反向收费模式

大量企业通过个人主页或问答社区等平台积累大量信息知识资源，网页内容的作者不是仅收取知识内容费用，而是通过相关广告链接、引流数据和成交数据与其他电商分成。豆瓣和知乎等就通过知识内容吸引用户，然后鼓励用户购买相关电子商务网站的产品。

二、平台经济

平台将多个有明显区别但又相互依赖的客户群体联系在一起，使得消费者和生产者之间的价值交易更为便利，利用并创造更大的、可扩展的用户和资源网络，以满足需求。平台创造了社区和市场，通过促进各方客户群体之间的互动来创造价值，因此，吸引更多用户参与平台互动能提升其价值。

平台企业一般不具有生产的手段，而是具有创造连接的功能，如淘宝、京东、拼多多等购物平台以及百度贴吧等电子社区。但也有平台企业具有生产能力，如苹果公司，它的崛起与 Apple Store 的兴起密不可分。从诺基亚和黑莓公司的壮大到衰败、塞班（Symbian）系统的兴衰、安卓系统和 iOS 系统逐步占领市场等，这些无不说明谷歌和苹果公司的崛起，平台起了重要作用。移动互联时代，移动通信产业并不只关乎产品，还关乎平台。网络经济中最成功的创业公司大多是平台企业，如苹果、谷歌、微软等。国内著名的平台有京东、阿里巴巴、腾讯等。这些平台企业的发展也不是一直无往不利的。如苹果公司在成为美国最具价值的公司后，微软用它的 Windows 平台打败了苹果公司，而当移动网络取代桌面电脑后，微软的 Windows 系统又被苹果公司的 iOS 系统所取代。科技的发展会改变主角的阵容，但平台一直在列，从未改变。

三、广告经济

广告经济原本是平面媒体的主要商业模式，自从谷歌在搜索结果旁投放广告并获取成功后，互联网行业便彻底走进广告领域，抢占平面媒体广告位。其主要表现为长尾式商业模式：以多样、少量为核心，依托低库存成本和强大平台，为多个细分市场提供大量产品。此外，百度的搜索付费模式也是广告经济商业模式的一个例子。

四、流量经济

计量收费模式直接根据客户的需求量或使用量设计价格体系。这个经济模式的代表性数字产品为字节跳动旗下的今日头条和抖音，它们都是以流量为基础，进而获得广告商的投入或者销售分成作为盈利的主要方式。

五、共享经济

共享经济商业模式是利用互联网技术整合、分享海量的分散化闲置资源，满足多样化需求的经济活动总和，强调对产品功能的使用而非对产权的拥有，即使用而不占有。它表现为多个领域的共享：产品分享，如滴滴；空间分享，如爱彼迎、小猪短租；知识分享，如猪八戒网、知乎网；劳务分享，如河狸家、京东到家；产能分享，协作生产方式，如淘工厂。

六、社交经济

社交网络市场成为网络经济的一个重要市场。网络社群中的意见领袖的观点和态度能够影响粉丝，比如微博、头条等的头部"大V"们，具有极强的话语影响力，由此产生了社交经济。尤其是微信、QQ等以社交为基础功能的即时通信工具，影响力较为广泛，成为当下社交经济的主要变现渠道。

本章案例

案例6 京东组织架构调整

导语：网络经济中企业面对的竞争相较于传统经济中的更为激烈。尤其是在新技术和新思想的驱动下，商业模式层出不穷，市场拓展千变万化，客户需求随机漂移。这就给企业的经营提出了巨大的挑战，需要以动态的组织架构适应市场的动态变化。京东从成立之初，其组织框架就一直在变化之中，以适应业务发展的需要，具有代表性意义。

2013年3月，京东调整了组织结构，从最初的职能化体系结构改变为事业部的组织结构。第一个调整依据是按照客户调整组织结构。例如营销研发部的主要使命是把前端的网站、营销系统、零售系统、供应链系统和开放平台做好；硬件部门主要负责关于订单的流程，从配送管理到客服到售后的管理过程；数据部负责整个系统的数据流。第二个调整依据是采用扁平化的组织结构。扁平化更利于沟通，组织的效率也大大提升。

2014年，京东与腾讯宣布建立战略合作伙伴关系。随即就在4月份，京东集团宣布调整组织结构，成立两家子集团公司、一家子公司和一个事业部，分别为京东商城、京东金融集团、拍拍网和海外事业部，QQ网购平台与京东平台进行整合。这次组织结构调整的一大看点就是京东开始"对标"阿里巴巴，例如京东商城对应天猫，京东金融对应阿里金融，拍拍网对应淘宝，而京东海外部门对应阿里国际。

2018年1月，京东商城组织架构调整，将八大事业部变为三大事业群：快消事业群、电子文娱事业群、时尚生活事业群。2018年12月，京东商城将三大事业群的架构划分为前、中、后台。

2022年3月，京东零售内部进行了新一轮组织架构调整，重点是拆分"V事业群"及成立同城购业务部。"V事业群"被拆分后，旗下业务线将被整合至不同事业群。同时，京东成立同城业务部，聚焦家居、家政、本地生活等板块。

从京东的组织结构调整历程来看，它的调整比较频繁，这也从侧面反映了京东的发展是比较迅猛的，战略的变化是非常快速的，为了适应公司新的发展需要，为能与新的战略进行匹配，必须对组织结构进行快速而频繁的调整；另外，这样快速的变化也反映出京东高层不墨守成规、锐意改革的精神和勇气。

资料来源：整理汇编自网络。

评语：网络经济的数字化特征导致其产品的生产和需求具有极大的动态性。这就要求随着业务的调整，企业经营的组织框架也要做出相应的调整。网络企业的组织架构唯有适应市场的动态变化，才能在激烈的市场竞争中处于领先地位。

思考：京东集团频繁调整组织框架的原因是什么？网络经济中的企业组织架构有什么特点？

课后习题

(1) 简述数字产品捆绑策略。
(2) 简述临界点竞争的策略。
(3) 举例说明消费者锁定。
(4) 举例说明标准竞争策略。

网络经济市场

本章概要

网络经济市场结构依然与传统经济市场结构有很多相似之处,但是由于竞争和垄断表现出不同的特征,也就总体表现出特殊规律。本章主要介绍网络经济市场的竞争、垄断以及二者的关系。

目标要求

(1) 了解网络经济市场的界定及其特征。
(2) 熟悉网络经济中的竞争、垄断、竞争性垄断。
(3) 掌握网络经济市场分析理论和方法。
(4) 应用相关理论分析双边市场和平台市场。

本章内容

第一节 市场结构

一、网络经济市场

(一) 市场的内涵

"市场"有各种不同的含义,取决于使用它的情境。在传统观念中,"市场"一般指买卖双方聚在一起进行交易的场所,它可以是有形的,也可以是无形的。在经济学中,常用"市场"表示就某种产品进行交易的买卖双方的集合。在营销学中,学者们常用"市场"涵盖各种各样的顾客(买方),而把卖方看作行业。本质上,市场是物品买卖双方互动并得以决定其交易价格和交易数量的一种组织形式或制度安排。广义上,网络市场是互联网中商品交换关系的总和,由供求、价格、竞争等市场要素构成。狭义上,网络市场就是互联网上商品交易交换的场所(空间),如网上商城、网上交易平台等。从企业营销的角度来讲,网络市场是网上现实购买者和潜在用户的总和,网络市场的销售量取决于网上用户数量、网上购买力和网上购买欲望等因素。

网络市场是传统市场的延伸,对网络市场及其运行的理解可以从认识传统市场运行开始。网络市场中,经济活动的流程和传统市场的经济活动流程没有区别,只是市场交易的实现过程在网上完成。网络市场具备了传统实体市场中企业和个人进行经济活动的基本环境条件,经济主体可以利用互联网进行信息交流、通信,从事产品和服务的分销,完成交易。互联网为经济主体的经济活动提供了四个方面的基本环境平台,即信息平台、通信平台、分销平台和交易平台。

（二）网络经济市场的特征与类型

1. 网络经济市场的基本特征

（1）无店铺经营。运作于网络市场中的店铺是虚拟商店，虚拟商店使用互联网作为媒介，不同于传统实体店铺需要具有实体的店面场所、装潢、摆放的货品等。

（2）无存货经营。网络市场中的店铺在网页上放出货品目录、图片、基本参数和价格供顾客选择，在接到订单后，再向厂商订货。网络市场无存货，也省去了仓储费用和存货占用的流动资金，有效地降低了运营成本。

（3）无时间限制。不同于实体店铺受到工作时间和营业成本的约束，网络店铺可以实现随时以顾客自助形式发起购买订单。由于其经营时间没有限制，更加方便顾客了解商品、比价等。

（4）无区域限制。互联网创造了一个即时全球社区，消除了经营的时间和地域限制。这给企业拓展市场空间提供了机遇。企业可以开展全球营销活动，拓展客户群体。

（5）低成本竞争。网络市场中的虚拟商店的运营成本通常比普通商店运营成本要低得多，因为普通商店需要花费昂贵的店面租金、装潢费用、水电费、仓储费用、营业税和人事管理费用等。同时，由于突破了物理空间的约束，例如价格、品牌、服务等信息透明化，厂商也面临着更激烈的同行业竞争。

（6）精简营销环节。网络市场提高了顾客的参与程度，顾客可以自行查询商品信息和售后服务信息、自行下单、选择装运方式，并查询订单进度。商家可以根据客户所需信息及时更新资讯，买卖双方利用互联网的互动功能即时快速交换信息。这都极大地精简了营销服务环节，降低了经营成本，提高了经营效率。

2. 网络经济市场的基本类型

根据不同的划分依据，可以将网络经济市场分为不同的类型。根据市场的概念，可将网络市场划分为四类：第一类是产品交易市场，如网上商城、直播带货等；第二类是网络服务市场，如网络游戏、在线教育、在线咨询等；第三类是提供交易便利的市场，如网上证券交易所、数字货币交易所等；第四类是网络金融市场，如网络支付、数字货币等。

按照商务模式分类，不同角度形成不同类型。商务模式，是指一个企业从事某一领域经营的市场定位和盈利目标，以及为了满足目标顾客主体的需要所采取的一系列整体战略组合。网络市场中消费者和经营者众多，因此有许多种商务模式。从交易对象角度，可以把网络商务模式分为企业—消费者（B2C）、企业—企业（B2B）、消费者—消费者（C2C）和企业—政府（B2G）等类型。从交易过程角度，可以把网络商务模式分为集市、交易中心、发布和浏览、拍卖场及全自动交易五种类型。从交易网站的功能角度，可以把网络商务模式分为电子商店、信息中介、信用中介、电子商务实施者、基础设施供应商和商务社区等。从交易地位角度，可以把网络商务模式分为销售方控制的商业模式、购买方控制的商业模式、中立的第三方控制的商业模式。

二、竞争与垄断

（一）网络经济中的竞争

网络经济时代也是经济全球化的时代，企业竞争不再是单纯的产品差异化和低成本竞争，而是更侧重于企业联盟和双赢的合作式竞争。在传统经济中，人们普遍认为垄断与竞争是相互矛盾的且垄断妨碍竞争。在网络经济中，垄断激化竞争，垄断与竞争并存且相辅相成。网络经济中新型的垄断和竞争关系对于企业乃至市场的健康发展有着更加积极的影响。

1. 跨界竞争

通过资本与技术的合作，网络经济中信息高速流动，企业进入相关领域变得更加方便。竞争不再局限于同行业之间，不同行业的竞争日益激烈，潜在进入者的威胁也比传统经济下更加强大。另外，信息网络技术的飞速发展和网络的日益普及极大地推动了经济全球化，使得竞争突破地理距离限制，企业在更广泛的空间和市场展开竞争。这进一步提高了网络经济条件下竞争取胜的难度。

2. 迭代竞争

网络市场中产品的易模仿性导致产品竞争者能够在改进产品后创造出更能适应市场需求的产品，使原来企业的产品失去竞争力，直到退出市场。因此，企业必须不断提升自身的研发和创新能力，迅速地推出适应客户需求的新产品，不断更新产品，这样就大大缩短了产品的生命周期，也导致市场上产品的不断更替和产品市场的不稳定。产品的生命周期缩短使企业时刻面临竞争的压力和创新的刺激，技术创新越来越重要。

3. 合作竞争

科技的快速进步和产品寿命周期的缩短迫使企业在竞争中合作。新产品的研究和开发费用高，风险也大，合作可以分担风险，优势互补。只靠单个企业自身的积累，很难跟上技术进步的步伐，企业之间必须通过合作以获取所需的技术。网络经济给企业创造了合作的可能性，而企业从自身利益的角度出发，理性地认识到合作式竞争比排他性竞争能给企业带来更大的收益，合作竞争成为网络经济中企业的当然选择。不同于工业经济的零和竞争，网络经济的新特性是"竞合"或"合作性竞争"。合作式竞争以双赢为特点，竞争中有合作，合作中有竞争，是一种创新竞争。根据"木桶"原理，企业的竞争力水平就是卡在最薄弱的环节上，网络时代没有时间修补自己的"木桶"，而要求把自己"木桶"上最长的几块木板拿出去和其他企业合作，共同把市场做大。信息网络为企业在全球范围内寻找合作伙伴提供了条件，网络时代合作比竞争更重要。

4. 标准化竞争

传统经济中的企业竞争强调产品的差异化，通过差异化或稀有性获得竞争优势。网络经济中，产品的边际成本低，产生价值的是产品的普及性而非稀有性，不同于传统的经济规律。标准化竞争成为网络经济中竞争的关键，企业获得了对标准的控制，就获得了竞争的主动权。在网络经济时代，普及就是优势，"标准"就是竞争力。比如中国、美国和欧洲关于5G国际标准的竞争，全球性的通信标准不仅是一项技术标准，而且关系到产业发展和国家战略。

(二) 网络经济中的垄断

根据微观经济学对垄断的定义，在网络市场中，垄断具体表现为依靠互联网提供没有近似替代品的商品和服务，这些商品和服务的唯一提供商就是网络经济中的垄断企业，由此产生的市场就是垄断市场。

1. 网络经济垄断的传统因素

网络市场呈现垄断特征的传统原因主要有以下几个方面。

（1）资源独享。尽管一般性研究都发现电子商务领域资源稀缺性并不严重，但这并不意味着所有的资源都是容易获得的，如微软 Windows 系统软件在专利保护下，在电脑操作系统的供给市场上占据了垄断地位。

（2）规模经济。数字产品生产本身具有规模经济性的特征。供应方规模经济和需求方规模经济的结合，使得"赢者通吃"。规模的扩大降低了供应方的平均成本，提高了顾客的效用，从而刺激需求，驱使供给者以更低的成本提高供给量，规模进一步扩大，成本进一步降低，形成正反馈，从而形成垄断。

（3）政府扶持。在网络经济中，出于社会效益最大化的考虑，政府可能会将某些网络产业或者业务授予一个或者几个企业特许经营，形成行政垄断。例如，通过有限的牌照和分区域的牌照发放机制使一定时间和区域内的网络接入服务的选择是唯一的，这就形成了网络接入服务市场上的垄断现象。

2. 网络经济垄断的特殊因素

网络经济垄断形成的原因除了上述与传统市场类似的原因，网络经济的特殊性是其形成垄断的更重要因素。

（1）技术垄断。技术垄断是网络经济垄断形成的最根本原因，也是网络经济与传统经济的重要区别之一。网络产业作为一种技术密集型产业，其垄断是以技术垄断形态为主导的垄断。厂商要想在网络经济中获得垄断地位，就必须在技术上拥有特有优势。

（2）产品标准化。如果一个企业的技术标准被市场认可，其产品就成为标准产品，竞争企业必须遵从该标准提供产品并与其兼容，其在市场上就确立了一定程度的垄断地位。数字产品的标准化依赖网络技术，技术优势是数字产品标准化的支撑，标准化的产品是技术转化为生产力最有效的证据，也有利于企业形成垄断地位。

（3）边际收益递增。不同于传统产品生产的边际收益递减规律，网络产品主要的投入要素是具有可再生性和共享性的知识要素，呈现边际收益递增特征。同时，知识要素的投入会渗透到资本、劳动等要素的投入和运用中，使这些要素的效率得以提高，也表现为边际收益递增。

（4）锁定效应。在网络经济中，消费者对数字产品的消费通常处于被锁定状态，转换成本比较高。由于消费者缺乏需求弹性，企业可以在很大程度上控制消费者。当然，锁定并不是一成不变的，当有重大技术创新，新产品和原有产品之间的效用差足以覆盖消费者的转换成本时，锁定就被解除。

（5）信息透明性。在网络经济市场中，信息容易被获取，搜索成本较低，消费者可以方便地对不同产品进行比较分析。群体选择比较容易地集中到最能满足大部分消费者需要的产品上来，使生产此产品的企业获得优势地位。如果这个优势地位能够得到保持和增强，就会引发网络效应和锁定效应，进而形成垄断。

（6）消费者的主导地位。消费者个性化需求使得客户定制逐渐兴起，对企业的研发能力、生产能力、资金、配送能力等提出了挑战，而这些正是大多数中小企业的短板。因此，为了适应大规模定制化服务与高水平的电子商务物流服务，将形成具有垄断力的企业。

3. 网络经济垄断的数字经济规律因素

(1) 网络外部性、正反馈与需求方规模经济引致的垄断。网络外部性可看作网络规模扩大过程中的一种规模经济。这种规模经济产生于市场需求，是一种需求方规模经济。需求方规模经济的存在，导致某一特定网络产品的用户越多，该产品所具有的价值越高，从而吸引更多的用户加入该网络，由此形成网络扩张的正反馈效应。在这种效应作用下，信息产品市场迅速扩大，市场份额急剧提高，市场垄断性迅即增强，甚至形成独家垄断型市场结构。

(2) 兼容性与标准竞争导致的市场垄断。技术或产品的兼容性是指一个系统中两种组件结合起来工作的能力。当两种产品结合起来共同提供服务而没有成本时，就认为它们是兼容的。如果各种同类技术或产品之间是兼容的，它们将拥有相同的网络价值，谁的成本低，谁的竞争优势将更大。但如果各产品之间不兼容，且存在较强的网络外部性，此种情况下若一种产品或技术采取先动优势策略则容易成为行业标准，那么在正反馈效应的作用下，它就可以从中获得巨大的超额利润和市场控制力，甚至垄断整个市场。为获取这种垄断地位，企业之间围绕技术或产品标准的确立展开激烈竞争。谁首先在市场上建立起自己的标准，成为市场所接受的领先技术，谁就赢得了进一步控制市场的资本和条件。

(3) 产业或市场进入壁垒形成的市场垄断。现代产业组织理论认为，进入壁垒是导致市场垄断的重要因素。在网络产品市场，信息技术的领先者容易构筑起后来者的市场进入壁垒，由此导致市场垄断。网络产品市场的临界规模可看作构成市场进入壁垒的另一个重要因素。网络产品市场的进入壁垒归根结底产生于网络产品的网络外部性，同时也与企业的策略性行为选择直接有关。

(4) 知识产权与专利权保护形成的市场垄断。知识产权是为鼓励知识产品的生产而依法授予知识产品生产者的一定程度的垄断权。这种垄断权对促进技术持续创新是十分必要的。根据熊彼特（Schumpeter）的创新理论，垄断企业倘若得不到创新利润，就缺乏创新的动力。这种创新利润可以通过发明专利来加以保障。知识产权在本质上是法律赋予的一种合法垄断。在网络经济中，知识产权保护与网络效应的结合使得企业即使在信息技术快速发展变化的情况下，也能维持一定的市场垄断性。

4. 网络经济垄断的特征

具体而言，垄断在网络经济时代呈现的特征体现在以下几个方面。

(1) 垄断形式的反规律性。与传统经济不同，以高固定成本、低边际成本为特点的网络经济，其边际成本几乎为零，因此，网络企业在取得垄断地位以后基本不会像传统企业那样通过限产提价的方式来获取高额垄断利润，反而会降低价格，提高产量。因为对于网络企业来讲，利用技术优势以最快的速度获取尽可能多的用户基础远比获取短期的高额利润重要得多。进一步看，在边际成本递减的情况下，通过不断增加产量，可以持续降低单位产品的价格，从而使其产品更具竞争力。从"限产提价"到"增产降价"的转变改变了传统上对垄断的负面看法，使我们对垄断有了更深的认识。

(2) 垄断企业不一定抑制技术创新。在传统经济中，当企业取得垄断地位之后，其技术创新激励下降。但是，在网络经济中，由于激烈的技术竞争，企业随时都面临被其他竞争者赶超而被排挤出市场的风险，在取得垄断地位之后，企业往往不会降低在技术研发领域的投入，反而会增加创新投入，并不断推出新的产品，以保持其在相关领域的技术优势，巩固其垄断地位。例如，微软在1985年推出第一款操作系统Windows 1.03以后并没有停下创新的脚步，不断创新升级推出从Windows 95到Windows 11的操作系统，最近又融合ChatGPT技术推动操作系统向智能化转型。网络产品的垄断者往往是在自我竞争，不断用自己的新产品去挑战市场上的旧产品，如微信。在网络经济市场中，垄断的存在一方面刺激了研发、创新活动，另外也保证了高额的研发成本可以通过"独占"的方式得到补偿，从另一个角度讲，它对创新起到了一种保护作用。于是，反垄断执法部门在认定垄断行为时，不得不考虑垄断的这些"新效果"，这又增加了反垄断工作的复杂性和挑战性。

（三）网络经济市场的结构特征

1. 垄断结构的脆弱性与暂时性

网络经济中的垄断以技术垄断为主导，具有暂时性，而竞争是永恒的。技术成为决定厂商市场地位的主要手段。创新竞争主要集中在对技术标准和技术范式的控制方面。大企业在掌握技术标准和建立技术范式上占有较大优势。垄断企业不能长期垄断市场，在新的动态竞争环境中，大企业的高市场份额往往是不稳定的，技术标准的改变和技术范式的转换，必然导致企业市场地位发生变化。这使在位厂商常常面临巨大的竞争压力，并使其市场垄断行为大为收敛。

在网络经济中，参与者受到更多的竞争压力，因而网络垄断一般具有暂时性。也就是说，垄断与竞争并非截然对立的。恰恰相反，垄断者仍然面临着来自各个方面、不同程度的竞争威胁。随着网络时代的到来，在网络统一兼容标准作用的推动下，以控制网络系统标准为基础的技术型垄断成为垄断的主导形态。摩尔定律告诉我们，互联网技术的创新速度极快，通过技术创新所取得的技术优势可能很快消失，因而垄断者依靠核心技术所获得的垄断地位也稍纵即逝。因此，网络经济下，经营者依靠技术创新所获取的垄断地位同样可能因为在技术创新竞争中的失利而消失，因而是不稳定的、暂时的。垄断者想要保证其垄断利益就不能停止技术创新的脚步，以保证不被其他竞争者赶超。

2. 网络经济的竞争性垄断

自亚当·斯密（Adam Smith）以来的古典经济学家直至现代经济学家，大多赞美竞争而贬抑垄断。传统经济中认为垄断引发了效率损失，使福利恶化，而网络经济中垄断和竞争之间的关系具有新的特征。

由于网络市场具有门槛低、开放程度高的特点，竞争者可以自由地进出市场，竞争机制的作用在这种环境中可以得到充分发挥。只要技术创新的速度够快，就很有可能先于其他企业掌握网络标准，从而取得行业垄断地位，攫取高额垄断利润；而高额的垄断利润又吸引着更多的竞争者参与到标准争夺战中，垄断的追逐促使市场竞争更加激烈。需要注意的是，"垄断"是指垄断地位，而不是指垄断行为。竞争程度越高，垄断程度也就越高；而垄断程度越高，竞争就越激烈，创新的频率也就越高。企业要想占据垄断地位并维持下去，就得不断提高自己的竞争力，而提高竞争力的最有效手段是技术创新。垄断和竞争在一定程度上融合,垄断与竞争相辅相成。在相互强化的情况下,竞争和垄断就这样奇妙地结合在新经济的市场结构中,形成了竞争性垄断这种特殊的市场结构。

网络经济的垄断性主要是由它的产品的资源特点和技术特征等决定的,不是源于垄断行为,而是基于技术竞争,特别是技术创新。正是在这个意义上,可以将网络经济中出现的垄断称为竞争性垄断,以和传统经济中的垄断、竞争相区别。网络经济将垄断和竞争统一于创新中。垄断不但没有抑制技术进步和技术创新,反而使技术进步的速度提升,使技术创新的频率提高。网络经济时代的突出特征就是知识与技术的更新替代及转化为现实生产力的时间越来越短,技术的不断进步和创新决定着企业的生存和发展;否则,企业很容易被潜在的或现实的竞争对手迎头赶上。

第二节 双边市场

一、双边市场的内涵

双边市场,也被称为双边网络,是由两个互相提供网络收益的独立用户群体组成的经济网络。目前对双边市场还没有一个统一的界定,大多是从产业角度提出一些例子而已,而且说法也不统一,有"双边市场""双边网络""双边网络市场""双边平台""双边战略"等。双边市场主流的界定主要有价格结构视角和跨边网络外部性视角两种。从价格结构视角看,双边市场是一个或几个允许最终用户交易的平台,通过适当的方式从各方收取费用使双边(或多边)保留在平台上。从跨边网络外部性视角看,双边市场界定为两组参与者需要通过中间层或平台进行交易,而且一组参与者加入平台的收益取决于加入该平台另一组参与者的数量。双边市场涉及两种截然不同类型的用户,每一类用户通过共有平台与另一类用户相互作用而获得价值。

(一)价格结构视角

从技术上对双边市场进行界定,那么,如果平台企业能够在不同类别的最终用户之间进行有效的交叉补贴,一个具有网络外部性的市场就是一个双边市场。也就是说,平台上的交易量、平台企业的利润不仅取决于向交易当事人收取的总价格,而且还取决于向谁多收一点、向谁少收一点。但是,如果市场的两边能够对他(它)们的买卖行为进行自我协调,价格能够完美转移或者保持中性,平台企业就不能进行有效的交叉补贴,这种市场就不是双边市场。

利用双边性来界定双边市场,则考虑一个平台企业向买方和卖方按每次互动收取费用,如果在平台上实现的交易量仅仅依赖于总价格水平,换句话说,如果交易量对这个总价格在买方和卖方之间的重新分配不敏感,那么这种市场就是单边的。如果交易量随着边的变化而变化,这个市场就是双边的。

决定双边性的主要因素包括:最终用户之间的交易成本,或者说,买卖双方之间价格的双边设定不存在,或者是有限制的;平台企业对最终用户之间的定价(比如转嫁)有限制;最终用户对交易量不敏感的成本,比如用户资格的固定成本或固定费用。从价格结构视角看,双边性是比网络外部性更加宽泛的概念,它与外部性不能内部化且一个平台企业能够掌握定价结构以便限制外部性的影响有关。因此，对于双边性而言，网络外部性是不需要的。如果平台企业能够通过向市场的一边收取更多，同时降低等量的、由另一边支付的价格来影响交易量，这样的市场就是双边市场。换句话说，价格结构至关重要，平台企业必须设计价格结构以便把两边拽到一起。这可称为双边市场的价格结构非中性判定原则。

显然，看重价格结构的作用和意义对于理解双边市场的运作很有帮助。但是，强调双边性并从价格结构视角界定双边市场至少有三个缺陷：一是没有指明价格结构非中性的原因，如果原因是跨边网络外部性，那么跨边网络外部性才是双边市场更加基本的特征。二是价格概念过于狭窄。定义中的价格是指双边用户每次使用平台的价格，但现实中许多平台企业还收取准入费。如果综合考虑这两种价格的变动对交易量的影响，结果就可能是不确定的。三是价格结构的判定方法不够直观且稍显复杂。除非经过仔细的计算，否则难以直接判断一个市场是单边的还是双边的，从而可操作性不强。

(二) 跨边网络外部性视角

网络经济外部性研究对于间接网络效应的存在基本达成共识，可以考虑利用网络外部性来界定双边市场。可从跨边网络外部性角度给出双边市场的描述性定义：两组或多组用户通过中介或平台互动时创造了剩余，或者在负外部性的情况下破坏了剩余。如果存在跨边网络外部性，并且一个群组的一名成员所得到的利益取决于平台在吸引另一个群组的成员的效果，那么，这样的市场就是双边市场。换句话说，双边市场涉及两类截然不同的用户，每类用户都在一个共同的平台上与另一类用户互动从而获得价值；在这种市场中，平台企业用以下方式迎合两类用户：使得它们可以影响用户间外部性被内部化的程度或者所享受的跨边网络外部性的程度。也可以说，如果平台服务于两组用户，至少一组用户的参与增加了另一组用户参与的价值，那么这样的市场就是双边的；在某种意义上，双边市场正是由一种特殊类型的网络外部性所刻画的市场，其中两组用户通过一个中介或平台互动；每组用户的决策非常典型地通过一种外部性影响另一组用户的产出结果。

由此可见，跨边网络外部性视角的双边市场定义强调构成双边市场的以下要件：多组不同的用户、中介或平台、跨边网络外部性。这些定义虽然不太正式，也不像价格结构观那样具有技术性，但它简洁明了，符合直观感受，容易理解，在建立定价模型时比较方便，因此被众多学者采纳。事实上，价格结构视角的双边市场定价模型也考虑了使用外部性和成员外部性。

双边市场的跨边网络外部性界定方法也有不足之处。首先，难以解释跨边网络外部性是内生的还是外生的，或者说，它与价格结构以及其他变量的因果关系同样难以识别。其次，用是否存在跨边网络外部性来界定双边市场可能造成研究范畴的扩大化，有可能将某些单边市场当作双边市场。跨边网络外部性定义的包容性是不够的，它的存在不足以识别一个双边市场。

综合价格结构视角和跨边网络外部性视角对双边市场的界定，双边市场可以依据以下三点识别：微观结构判定原则、跨边网络外部性判定原则和价格结构非中性判定原则。

二、双边市场的分类

双边市场数量很多而且形式复杂,形成了以下几种分类方法。

(一) 功能分类

在功能分类中,第一类由中介市场组成,其中,平台扮演两边之间匹配者的角色。这类双边市场包括求职招聘平台、婚姻中介等。第二类是听众制造市场,其中,平台扮演市场制造者的角色,即把成组的购买者与成组的销售商匹配起来。这一类市场有必应、百度、新闻聚合平台等。第三类是共享的投入市场。最具代表性的例子是计算机操作系统、微信、通信网络等。第四类是基于交易的市场。这一类与前面三类的区别是,这里的平台能够测量市场两边的所有交易。因此这些平台面临一个两阶段问题:在第一阶段,需要把两边拉到一起;在第二阶段,需要鼓励两边交互作用,即产生尽可能多的交易,如京东、天猫、亚马逊等。

(二) 所有权分类

按此分类,双边市场可分为独立拥有的平台和垂直一体化平台两大类。独立拥有平台又称作垂直分解的平台,它是指平台的所有权只由中间层组织这样的参与者拥有。它又分为三种情况:开放平台所有权、封闭平台所有权和垄断平台所有权。垂直一体化平台指不再只是由中间层拥有平台,销售商或消费者也拥有自己的平台。它又可分为开放平台所有权和封闭平台所有权。

(三) 竞争性分类

按此分类,双边市场可分为以下几种:垄断者平台,即市场上只有一个平台可供选择;竞争性平台,即市场上有多个平台可供选择,但每一名参与者只能选择其中一个平台;存在竞争性瓶颈的平台,即参与者希望加入所有平台,形成所谓"多重注册"的情况。

(四) 复杂程度分类

简单双边市场,如报纸、无线电视、广播等,往往只由三类参与者组成;复杂双边市场,如电商平台、短视频平台、游戏平台等,由更多的参与者组成。

三、双边市场的特征

与传统单边市场相比,除了微观结构不同,双边市场还有许多其他方面的显著特征,它们会在很大程度上影响平台企业的商业模式,下面进行详细讨论。

(一) 存在市场间的网络外部性

网络外部性问题发轫于对单个市场的分析,但在很多情况下,网络外部性发生在两个市场之间,即在某一特定市场上生产的产品效用随着对另一市场所生产产品的需求数量而变化,反之亦然,这就被称作双边网络外部性。双边市场的一个基本特点是:一个平台用户不能内部化其使用平台对另一边的用户造成的福利影响(跨边网络外部性)。跨边网络外部性是一种特定形式的网络外部性,它是双边市场的核心特征,也是平台企业市场动态和竞争策略的重要基础。

跨边网络外部性与传统单边市场中的网络外部性具有显著差异,根本原因在于二者的形成机制不同:前者源于性质不同的双边用户之间的互动,后者源于性质相同的同边用户之间的互动。认识到双边市场中跨边网络外部性的性质和特点,有助于平台企业采取恰当的商业行为。比如，那些对另一边大多数用户都表现出很强的正外部性的用户，应当成为平台企业积极争夺的目标；相对于供给成本来说，平台企业应当对他（它）们收取较低的价格。而那些对另一边用户产生负外部性的用户（比如广告客户），则应当受到控制并被收取高价格。因此，平台企业应当根据一个用户对另一边的其他用户的"贡献"给予相应的"待遇"。

（二）采用多产品定价方式

中间层或平台必须为它提供的两种产品或服务同时进行定价。从实证和规范的观点看，双边市场不同于多产品的寡头垄断或垄断情况。然而，多产品定价的文献并没有考虑不同产品消费中的外部性问题。用一个著名的例子来说明，剃刀的购买者在他的购买决策中将从购买剃刀刀片得到的净剩余内部化。与此相反，双边市场理论的出发点则是，一类最终用户并没有将它使用平台对其他类型用户产生的福利影响内部化。

这两个特点把很多貌似双边市场的情形排除在外。有许多竞争性平台的例子，它们把两组用户拉到一起，提高了剩余，但两个群组间的网络效应并不存在。例如，企业需要为产出市场的消费者进行竞争，同时也须为劳动力进行竞争。但工人通常关心的是工资，并不关心有多少产品被卖了出去，而消费者通常关心的是价格，对企业雇用了多少工人并不关心。此外，也有两个群组间存在外部性，却根本不以平台作为中介的例子。有一个来自经济地理方面的明显例子：一组居民特别想居住在具有互补性的另一组居民居住的地方。双边市场的存在在现实世界中较为广泛。

（三）双边用户对平台的需求具有互动性

需求的互动性有两层含义。一是双边用户对平台的需求是相互依赖的。一般来说，如果市场的一边对平台没有需求，那么另一边对平台也没有需求（不管价格是多少）；如果一边对平台的需求增加（或减少），那么另一边对平台的需求也将增加（或减少）。二是双边用户对平台的需求以改善互动效用为前提。所谓互动，就是两个用户为了满足自己的某种需求而采取相应行动并得到对方反馈的过程。如果双边用户能够绕开平台进行互动而又能增加各自的利益，那么双边用户对平台的需求就不复存在。因此，双边用户对平台的需求源于各自改善互动效用的激励。需求的互动性表明，平台企业需要设计一种良好的机制来创造和维持平台。

（四）双边用户归属的复杂性

经济学家用"单归属"表示一个用户只接入（或使用）一个平台的情形，用"多归属"表示一个用户接入（或使用）多个平台的情形。对某边的单个用户来说，其归属情况只有两种：一是单归属，二是多归属。

如果某类双边市场只有一个垄断平台（比如那些在特定范围内具有垄断势力的平台），第一种情形就会出现。例如，对于在特定时间和空间范围内举办的大型车展，不管是参展企业还是购车者，对车展有需求的用户都只能选择加入这个唯一的平台来接近对方。

在相互竞争的平台市场中，比如支付宝、通信网络、新闻网站等，广泛存在第二种归属情形，即某一边的用户只选择一个平台，另一边的用户选择多个平台，这就是所谓的"竞争瓶颈模型"。同样，在相互竞争的平台市场中，如果平台产品有差异或双边用户之间信息不对称,就会出现第三种情形。例如,对于电商平台,买家和卖家会在不同的平台注册,这就是双边用户对平台产品或服务的多重购买行为。

(五)竞争的多维性

双边市场中的竞争具有多维性,主要表现在竞争类型与竞争场面上。对平台企业来说,这些都增加了分析、设计、选择和执行策略的复杂性和不确定性。

首先,在竞争类型上,内部竞争与外部竞争同时存在。内部竞争发生在归属于同一平台的同边用户之间。例如,同一个电商平台上的同类产品商家为争夺顾客而展开激烈竞争。内部竞争可能是自发的,也可能是一边用户积极行动的结果,更有可能是平台企业激发的,比如各大电商平台提供的引流服务。一般来说,内部竞争是可控制、可利用的,平台企业能够从中得到更多的好处,因为内部竞争往往导致更多的双边互动。

其次,外部竞争发生在平台企业之间或平台企业与其他主体之间。这至少包括以下三种情形:一是属性相同的差异化平台之间的竞争(简称平台竞争),如电商平台、电信网络、电视频道、直播平台之间的竞争。二是属性不同的平台之间的竞争,如微信支付和银行之间、美团和滴滴打车之间的竞争。三是双边平台模式和非平台模式之间的竞争。例如,一个消费者既可以在自营的电商平台上购物,还可以到代理商开设的网上店铺中购物,这取决于顾客从哪种交易方式中获得的让渡价值更高。

最后,外部竞争往往很激烈。由于双边市场中可能存在"正反馈效应"和"赢家通吃"的可能性,平台企业受此激励往往进行非常激烈的竞争。在比较成熟的双边市场中,一般只有几个势均力敌的平台企业能够存活下来;而在某些极端的情况下,往往只有一个平台企业能够最终胜出从而几乎垄断整个市场,例如 PC 操作系统市场。

(六)中间组织特性

从参与主体看,双边市场包括平台企业和双边用户等各自独立的市场主体。有的是层级制企业,有的是个体用户,他(它)们通过平台相互连接。从市场看,双边市场里存在三类市场,分别是一边用户对平台的需求市场、另一边用户对平台的需求市场、双边用户之间存在的产品或服务市场,这三类市场相互联系、相互依赖,交织在一起。最为关键的是,在双边市场里,具有显著层级制特征的平台企业与三类市场紧密结合,相互渗透,共同治理或协调着市场主体之间的交易或互动。因此,可以把双边市场看作有市场的组织和有组织的市场:既有组织的特点,又有市场的特点;既利用了平台企业的层级协调机制,又利用了市场的价格协调机制,是典型的协调交易的中间形式。在此意义上,双边市场与双边组织是等同的。最后,与其他中间组织一样,双边市场也具有提高交易效率、减少交易成本、增加各方利益等功能。

第三节 平台市场

各种经济组织在本质上都以追求利益最大化为目标,平台企业也不例外。它们创造、运作和治理双边市场是为了赚取提供替代交易制度或竞争性交易制度的回报。因此在建立和运作平台时,平台企业需要考虑三点:一是"向谁收取费用",即企业需要选择收费对象;二是"收取什么费用",即企业需要确定收益来源;三是"收取多少费用"，即企业需要制定具体价格。

一、收费对象

双边市场中主体较多，对谁收费是首先需要考虑的问题。考虑向谁收费，一是要看用户跨边网络外部性的性质。在双边市场中，网络外部性的产生和影响是相互的。一般来说，对另一组产生较强的或正的外部性的那一组用户会受到优待，而产生较弱的或负的外部性的那一组用户则会成为平台企业收费的主要对象。例如，几乎所有的媒体平台都向受众免费提供内容，而向广告客户收取高昂的平台使用费，这是因为后者对前者产生了负的网络外部性（假设受众厌恶广告）。

二是用户交易或互动的可观测性。进行高可观测性交易或互动的用户可能是平台企业的收费对象，而进行低可观测性交易或互动的用户可能是平台企业的优惠对象。例如，由于无法观测，短视频平台的经营者无法对非订阅用户收取费用，因此排斥非订阅用户同时观看视频。交易或互动的可观测性影响收费的难度。

三是边际用户的服务成本。如果对某一方的边际用户提供服务的成本微乎其微，那么平台企业就可能对该边用户进行补贴以便获得该边的临界规模。这样，即使该边用户规模庞大，也不会对平台企业造成较大的财务负担。例如，各大电商平台给予客户优惠券，提高了平台交易额。

四是用户对价格的敏感性。一般来说，下面这种做法是有意义的：对市场中价格敏感度更高的那一边进行补贴或免费，而对另一边的用户收取费用。比如，滴滴给予用户折扣、优惠券等补贴，而对入驻平台的司机提成收费，以及提供增值收费服务。

五是用户对质量的敏感度。对质量高度敏感的那一边也是需要补贴的。这种定价方式看起来好像违反直觉：不对看重质量的那一边收费，而对必须提供高质量的那一边收费。事实上，这种定价策略在基于游戏机平台的电子游戏产业中是相当普遍的：看重游戏质量的玩家得到补贴，向游戏开发者收费以确保提供高质量的游戏软件。

六是用户的品牌效应。对平台企业来说，并非所有用户——无论是同边的还是不同边的——都同样重要。如电商网站中的品牌商家和普通商家对于平台企业就不一样，头部品牌商家往往获得更优惠的政策。

二、收费项目

大多数平台企业都可以向用户收取准入费（或订阅费、注册费，是一种固定费用）或使用费（是一种可变费用）来获得收益。准入费是平台企业因为向用户提供了进入它们所创建的实体平台或虚拟平台的机会或资格而向这些用户索要的固定价格，例如信用卡的年费、婚介平台的会员费等。使用费是平台企业依据平台用户与该平台与其他用户进行交易或互动的规模而索取的可变价格，例如电商平台根据成交金额收取一定比例的提成费用、就业网站的信息查看费等。

三、影响平台定价的因素

1. 与平台企业有关的因素

（1）平台企业所处市场的结构。平台在市场中的地位直接影响平台的定价能力。

（2）平台企业的收费方式。平台企业对双边用户的收费方式主要有三种：一次总付法、每笔交易收费法以及两部收费制。

(3) 平台差异化。如果平台没有差异化，一种特定的伯特兰德（Bertrand）价格竞争就会出现，这将导致竞争性平台的利润完全消散。但事实上，从双边用户的角度看，同一产业中的不同平台是有差异的，这也是用户多归属的重要原因。显然，平台差异化是平台企业参与竞争的重要方式之一。

2. 与平台用户有关的因素

（1）跨边网络外部性的相对强弱。通常，跨边网络外部性越强，越容易被索取高价。

（2）平台用户的归属特点。平台企业必须为"讨好"单归属用户进行竞争，竞争的方式就是向单归属用户收取更低的价格甚至进行补贴。这相当于将部分来自多归属用户的高价格（高利润）以低价格（甚至零价格或补贴）形式转移给单归属用户，或者通过投资创造更大的单归属用户规模。

（3）平台需求的价格弹性。与传统单边市场一样，平台企业制定价格需要考虑用户对平台需求的价格弹性。一般而言，平台企业往往对需求价格弹性较大的用户制定较低的价格（例如，低于边际成本）甚至进行补贴，而对需求价格弹性较小的用户制定较高的价格。消费者的需求价格弹性受用户感知的平台差异化程度、替代程度以及平台用户基数的影响。

本章案例

案例 7　网络零售平台市场格局

导语：网络经济的竞争往往走向寡头市场格局，世界范围的发展经验足以证明这一点。中国网络零售电商市场也不例外。从最开始的百家争鸣，到今天的淘系、京东、拼多多三足鼎立的格局是网络经济内在发展规律的必然结果。但是网络经济的市场格局又具有暂时性，随着通信技术的进步也会产生新的变化。比如直播大行其道，抖音已经成为有力的挑战者。

中国网络基础设施不断完善，智能手机普及率提升，中国网民用户规模持续增长，网上购物人群数量也随之增长。截至 2021 年 12 月，中国网络购物用户规模达到 8.4 亿人，较 2020 年 12 月增长 7.67%。2021 年，全国网络零售额 130 884 亿元，比上年增长 14.1%。淘系占据中国零售电商半壁江山。2021 年淘系仍占据中国零售电商市场约 52% 的市场份额，其次是京东和拼多多，市场份额约为 20% 和 15%。直播电商近年来大放异彩，增长势头较猛，剩下的市场被抖音、快手等占据。

中国电子商务零售竞争主体主要包括京东、阿里巴巴、苏宁、唯品会、拼多多和国美。就营收而言，中国电商零售业务营收超过 100 亿元的上市公司有：京东 7 458.02 亿元，阿里巴巴 5 298.94 亿元，苏宁 2 523 亿元，唯品会 1 019 亿元，拼多多 594.92 亿元，国美 441.19 亿元，占比分别为 40.84%、29.02%、13.82%、5.58%、3.26% 和 2.42%。从总资产来看，只有阿里巴巴超过万亿元，有 5 家超过千亿元。

电商零售上市公司中，总资产差异较大，大部分电商零售上市公司资产在 100 亿元以下。就电商零售行业主要企业的营收和利润来看，京东平台主要定位于中高端市场，大件电器和家具等产品占比较高，整体营收最大，为 7 458.02 亿元。同时，由于京东的售后服务和质量保证导致的高成本，使其净利润远低于阿里巴巴，阿里巴巴主要定位于低端市场，以各种日用品和服装为主要产品，整体营收低于京东。

资料来源：整理汇编自网络。

评语：电商市场风云际会，市场格局的演变极为迅速。从最早的8848电商公司"独领风骚"，到淘系"独霸江湖"，再到淘系、京东、拼多多"三足鼎立"，以及抖音直播的迅速崛起，无不展示了电商平台市场的竞争激烈。从行业层面看，市场的竞争也带来了转型升级。可以预见，在"十四五"期间，随着政策、市场、资本的持续加持，中国电子商务零售业将迎来新一轮的发展红利，竞争也将更加激烈。

思考：简述中国电商购物平台格局的演变历史，并对未来的市场格局做出预测分析。

课后习题

(1) 简述网络经济市场竞争与传统市场竞争的区别。
(2) 简述网络经济市场垄断与传统市场垄断的区别。
(3) 简述网络经济市场竞争与垄断的关系。
(4) 举例阐释双边市场的分类。
(5) 举例说明平台市场的运作模式。

第八章 网络经济产业

本章概要

网络经济产业在国民经济中的比重和地位日益显著。本章主要介绍网络经济产业的内涵、网络经济产业融合传统产业的路径，探讨网络经济产业如何推动传统产业变革以及相应新兴产业发展。

目标要求

（1）了解网络经济产业及其特征。
（2）熟悉网络经济产业是如何推动传统产业变革的。
（3）掌握网络经济产业影响传统产业的路径。
（4）应用网络经济产业变革理论分析新兴产业的发展。

本章内容

第一节 网络经济产业的内涵

一、网络经济产业的界定

网络技术的运用和发展，不仅对传统产业的生产、经营和组织产生了重大影响，同时也产生了以提供网络信息技术和网络信息服务为内容的网络产业。目前，网络产业的产品与服务遍及消费品市场与生产要素市场，在国民经济中具有极其重要的地位。

从网络经济角度，网络产业是伴随互联网的迅猛发展而产生的新兴产业。随着网络经济的发展，网络产业的范围将越来越大。广义上的网络产业是所有与互联网发展有关的产业的总称，按照产业分工的不同，可以分为网络设备制造业、网络通信业和网络服务业。网络设备制造业包括计算机产业、通信设备制造业等；网络通信业是指通过互联网进行实时通信的产业，主要包括IP（国际互连协议）电话、网络多媒体通信（如居家办公、远程教育、远程医疗等）、电子邮件等；网络服务业包括网上广告、网上信息服务、电子商务等。狭义上的网络产业是指基于互联网的信息服务业的总和，即IT服务业。本教材研究的网络产业是广义上的网络产业。

在以上分类中，将计算机产业和通信设备制造业归为网络产业。而在发达国家，计算机和通信设备制造业早被剔除出信息产业领域，归入传统制造业范畴。1997年，美国沿用多年的标准产业分类法（SIC）被新的北美产业分类体系（NAICS）所代替。新分类系统的一个重大变化就是设立了一个新的二级产业——信息业。这个信息业不含计算机制造业等，而是包含了出版业（包括软件出版）、电影和录音业、广播和传播业、信息服务和数据处理业等。这个代码为 51 的产业群，就是内容产业。由此可见，在网络产业发展中，信息内容产业越来越受到重视，也将是网络产业拓展的重点领域。

本教材所指的网络产业与传统工业经济中的网络产业有较大差别，传统工业经济中的网络产业主要依赖的是物理（实物）网络，这里的网络产业具有虚拟性的特点，由于虚拟网络与物理网络在连接方式、连接技术方面存在差别，其产业特点有所不同。

二、网络经济产业的特点

（一）边际成本递减和边际收益递增规律

与农业经济社会和工业经济社会以土地、劳动力、资本等有形要素为主要投入不同，网络经济社会以知识、信息、技术等无形要素为主要投入。与有形要素相比，无形要素有显著不同的特征，因而决定了以无形要素为主要投入的网络产业和以有形要素为主要投入的传统产业具有不同的成本收益规律。

有形要素是有限的，具有稀缺性、消耗性、不可再生性、不可共享性等特征，随着有形要素的持续投入，生产要素的边际成本递增，对应的边际收益也呈现递减规律。有形要素的弱渗透性和弱增殖性，使得有形要素在生产过程中外部经济效应不强。基于有形要素投入的传统经济运行中普遍存在的是边际成本递增和边际收益递减规律。

相较之下，由于无形要素具有可共享、可再生、可重复使用、可低成本复制等特征，因此不受资源稀缺性的约束。随着无形要素的持续投入，其平均成本和边际成本是急速递减的，甚至会下降为零，相应的以无形要素为主要投入要素的产业及产品，也必然表现出边际收益递增的特征。无形要素的强渗透性和累积增殖性，使得无形生产要素在生产过程中具有很强的外部经济效应，强化了无形要素在生产过程中所表现出的边际收益递增特征。

（二）网络互补性和网络外部性规律

网络是由互补的节点和链接构成的，网络鲜明的特征就是节点和链接之间的互补性，以及不同节点之间的互补性，孤立的节点或链接是不能被称为网络的。节点和链接是网络的基本组件，具有网络特性的产品或服务需要多个组件的同时参与，这些组件之间的互补性衍生了网络产品的协同价值。网络产品的价值是自有价值与协同价值之和，自有价值是网络产品给消费者带来的基本效用，与用户数量无关；而协同价值随着用户人数的增加而提高，这种现象被称为网络外部性。

从网络外部性的来源来看，网络外部性有直接网络外部性和间接网络外部性之分。直接网络外部性是指网络产品使用者人数的增加直接带来产品价值的提高，如电话、微信等都具有直接网络外部性。直接网络外部性是由消费者之间的相互影响带来的，一个新用户的加入提高了网络产品对原有用户的价值，而原有用户的存在也增加了产品对新用户的吸引力。间接网络效用不是网络产品使用者人数增加直接带来的，而是产品使用人数增加导致互补品供给量的增加和价格降低从而间接提高产品的价值。如计算机硬件和软件构成的系统，当某种类型的计算机用户越来越多时，就会激发更多厂商为此类计算机开发与之兼容、配套的软件，从而可供消费者选择的软件范围会扩大，且多家厂商的相互竞争会导致软件的质量提高、价格降低。

从网络外部性的经济影响来看，网络外部性有正网络外部性和负网络外部性之分。尽管多数文献在讨论网络外部性时只关注正网络外部性，但并不能因此否认负网络外部性的存在。如网络拥塞就是一种能够抵消正网络外部性的负网络外部性，以电子邮件为例，使用电子邮件的人数越多，电子邮件这种通信方式的价值就越大，这是网络的外部正效应，但如果很多人同时发送电子邮件，超过网络的承载量，就可能导致邮件发不出去或发送延迟，这是网络的外部负效应。

（三）高转移成本和锁定规律

网络经济社会消费者一旦选择了某一网络产品或技术，就很难再转移到其他产品或技术，因为从现有网络产品或技术中退出，选择新的产品或技术将承受巨额的转移成本，既有私人转移成本又有社会转移成本。私人转移成本包括已经花费在旧产品或技术上的培训和学习费用，以及即将花费在新产品或技术上的培训和学习费用、已购设备及其互补资产（如相关软件）的投资、更新设备及其互补资产的费用等；社会转移成本则取决于市场主体当前正在享有的网络效应与预期从转移中可以获得的潜在的网络效应的对比。当消费者有新的产品或技术可供选择，却因转移成本的阻碍而不能进行选择时，锁定状况就发生了。

锁定的本质是用户将来的选择会受到现在选择的约束。高转移成本为新产品或技术替代现有的产品或技术设置了一道较高的壁垒。影响用户当前选择的因素是多方面的，消费者偏好、消费者预期、销售商策略、制度安排甚至某一随机的偶然事件等都会影响到用户的现期选择，所以锁定的结果是不确定的，锁定的产品或技术既可能是最优的，也可能是次优的甚至是较劣等的。

第二节　推动传统产业升级

一、融合传统产业路径

信息技术具有显著的综合性、交叉性特征，作为一种综合技术，它具有很强的渗透能力，能广泛渗透到传统产业的各个部门，进行技术改造，提高产品质量，促进产品更新换代，减轻劳动强度，节约能源和原材料，提高劳动效率。信息技术向传统产业的渗透是指当一项信息技术出现后，其相应技术创新向传统产业扩散并被传统产业采纳而产生效益的过程，这个过程也是信息技术导入与成长的过程。渗透的主要途径有以下几种。

（一）装备途径

信息技术通过为传统产业提供高效能的装备而渗入传统产业，对原有的设备进行技术改造，利用高效能的设备代替原有的关键设备，提供以更新工艺为目标的工序技术。

（二）产品途径

信息技术通过改造传统产业的产品而渗入传统产业，使传统产品功能增强，技术含量和质量提高，实现产品的升级换代，逐步使传统产品变成高技术集约的新型产品。

(三) 管理途径

信息技术通过提高传统产业从业人员的管理水平及综合素质而渗入传统产业，充分发挥企业科技人员和管理人员的智力密集优势，消化、吸收信息技术；把引进的信息技术同企业自身的优势相融合，从传统企业向高新技术企业过渡。

(四) 运营模式途径

以农产品电商为例，我国传统农产品流通销售过程（从农产品产出到消费），通常要经历农产品经纪人、批发商、零售终端等多层中间环节，它具有信息流通不畅、流通成本过高的问题。互联网将农产品的流通渠道变成网络状，进而衍生出五种不同的农产品电商模式：C2B（消费者到商家）或 C2F（消费者到厂家）模式、O2O（线上到线下）模式、B2B（商家到商家）模式、B2C（商家到消费者）模式（分平台型 B2C 和垂直型 B2C 两种）、F2C（厂家到消费者）模式。C2B 或 C2F 模式，即消费者定制模式，它是农户根据会员的订单需求生产农产品，然后通过家庭宅配的方式把自家农庄的产品配送给会员。O2O 模式，也就是线上、线下相融合的模式，即消费者线上买单、线下自提的模式。B2B 模式，即商家到商家的模式，它是商家到农户或一级批发市场集中采购农产品然后分发、配送给中小型农产品经销商的行为。这类模式主要是为中小型农产品批发或零售商提供便利，节省其采购和运输成本。B2C 模式，即商家到消费者的模式，它是经纪人、批发商、零售商通过网上平台售卖农产品给消费者或专业的垂直电商直接到农户采购，然后卖给消费者的行为。此类模式是当前的主流模式，它又可以被细分为两种经营形式：一种是平台型的 B2C 模式，如天猫、京东、淘宝的模式；另一种是垂直型的 B2C 模式（专注于售卖农产品的电商模式），如盒马鲜生、京东到家、美团买菜等的模式。F2C 模式，也称农场直供模式，即农产品直接由农户通过网上平台卖给消费者的行为。

二、推动传统产业变革

网络经济蓬勃发展促进了传统产业和新兴产业的创新，不同产业创新速度不同，进而带来了产业结构的变迁。信息技术凭借其广泛和强大的渗透性，从根本上提高了传统产业的劳动生产率，减少了大量的人力、物力和能源的消耗，引起劳动力结构、产品结构、技术结构等的变化，促进了传统产业的改造，从而改变了传统产业结构。信息技术对传统产业结构的影响主要表现在以下几个方面。

(一) 改变了供求结构

(1) 信息技术改变了产业结构要素。利用信息技术，企业可以更迅速、更准确地获得各种所需的信息，便有可能采用新技术、新工艺和新装备来改造原有产业，提高其技术水平，促进生产率提高。信息技术促使科学—技术—生产的周期日益缩短，使得产业结构处于不断革新和迅速变动之中，新产品和新部门不断涌现，产品更新速度快。

(2) 信息技术改变了需求结构。首先，信息技术和信息产业的发展开拓了新的需求，挤占了传统产品的市场空间，削弱了传统产业的市场地位。生活消费需求方面，居民在电子产品、数字内容产品、信息处理等方面的开支增加。新技术产业的开发，往往并不能增加传统产业的需求。如光纤通信的发展规模巨大，但由于是使用光导纤维，对传统的金属冶炼和加工工业等产业不会产生多大的需求刺激。其次，信息技术的快速发展缩短了信息技术产品周期。比如手机、个人电脑更新换代、款式多样，改变着人们的消费观念。

(二) 降低了交易成本

信息网络极大地降低了企业内部交易成本。信息企业管理的数字化使企业组织结构扁平化，部门之间可以即时传递信息，互动交流；可实现生产—批发—零售的联网管理，从而降低库存，降低管理成本。企业内部交易成本降低缓解了企业规模增长而导致的内部组织成本的上升，突破了管理组织等方面的约束而向更大规模发展。对于中小企业而言，可以通过国际和国内的各种信息网络来建立在工业经济时代只有大公司才有财力和人力建立的国际联系，开拓在工业经济时代只有大公司大批量生产的产品才能开拓的国内国际市场，进行在工业经济时代只有大公司才有技术力量进行的技术转移。

网络技术降低了企业外部交易成本。企业外部交易的主要场所是市场。传统市场存在占地面积大、高昂的市场管理费用、资源配置上的时滞等问题，这些问题都增加了企业的交易成本。网络经济中的虚拟市场可以极大地降低企业外部交易成本。虚拟市场相比传统市场有着许多优点：第一，信息反映及时准确，节省了查找定位所需的交通和时间等成本。第二，提高了企业资源利用效率，企业可以以很低的成本广泛采集用户信息，可以制定并实施有针对性的营销策略，提供个性化服务等，还可以低成本地为更多的消费者服务。第三，不需要固定的场所，从而减少了场地和管理费，网络极大地突破了现实世界的时空限制，信息在网上的传送十分迅速便捷，时空差距不再是网络世界的障碍。第四，交易过程方便快捷。在网络环境中，对经济行为可以采用先进的信息技术进行实时的跟踪分析，并能借此预测未来以及做出较为精确的决策。第五，网络可以降低交易双方之间信息不对称程度，提高社会资源的配置效率。

(三) 产业结构升级

(1) 产业结构高度化。产业结构高度化的主要表现是形成了与经济发展阶段相适应的主导产业群。产业结构高度化的主要标志有：一是技术基础高度化，主要表现在产业之间技术转移速度加快和新兴产业的地位不断提高，使产业结构不断向高度化的方向迈进；二是技术开放高度化，各国之间信息交流和技术引进变得越来越普遍，技术的开放程度越来越高，产业结构随之越来越趋于高度化；三是产业结构软化，信息产业的发展通过信息技术的扩散与渗透改变了传统产业的生产方式、管理方式、投入结构、产品结构等，从而软化了传统产业。

(2) 产业密集度改变。传统产业高度化的过程是产业重心从劳动密集型转向资本密集型再转向知识技术密集型的过程，也就是由高物耗型、高能耗型向节物型、节能型转变，由初级技术型向高级技术型转变，由硬性结构向柔性结构转变的过程，是实现传统产业信息化、现代化的过程，从而实现经济的高质量发展。

(3) 产业升级趋势。首先，企业中管理人员和技术人员的比例提高，生产的自动化程度提高，极大地促进了生产力水平的提高；其次，传统产品成本中信息成本所占比重不断加大，极大地丰富了产品功能，使生产部门的投入结构和产品结构发生了很大的变化。

第三节 促进新兴产业发展

一、新兴产业

（一）物联网

物联网是新一代信息技术的重要组成部分，是通信网和互联网的拓展应用和网络延伸，通过各种电子设备以及技术，将接收到的信息传递到相应的电子器械并且通过互联网连接，实现人与物、物与物的信息交互联系，达到对物理世界实时控制、精确管理和科学决策的目的。这包括两层意思：第一，物联网的核心和基础仍然是互联网，是在互联网基础上延伸和扩展的网络；第二，其用户端延伸和扩展到了任何物品与物品之间，进行信息交换和通信，也就是"物物互联"。物联网通过智能感知、识别技术与普适计算等通信感知技术，被广泛应用于网络的融合中，也因此被称为继计算机、互联网之后世界信息产业发展的第三次"浪潮"。

物联网是互联网的应用与拓展，与其说物联网是网络，不如说它是业务和应用。物联网具有实时性和交互性的特点。从功能上看，物联网主要被应用于智能制造、智慧城市、智能家居等领域。从产业体系架构来看，物联网可以被分为感知层、网络层和应用层，构成一个庞大的产业链体系。从产业链来看，物联网上游主要包括感知设备、芯片、通信模块等供应商；中游通过通信网络运营商传输；下游应用则涉及中间及应用供应商、系统集成商、运营及服务提供商及终端客户。

（二）人工智能

人工智能是研究、开发用于模拟、延伸和扩展人的智能的理论、方法、技术及应用系统的一门新的技术科学。人工智能是计算机科学的一个分支，它企图了解智能的实质，并生产出一种新的、能与人类智能相似的方式做出反应的智能机器，该领域的研究包括机器人、语言识别、图像识别、自然语言处理和专家系统等。人工智能从诞生以来，其理论和技术日益成熟，应用领域也不断扩大，可以设想，未来人工智能带来的科技产品，将会是人类智慧的"容器"。人工智能是对人的意识、思维的信息过程的模拟。人工智能不是人的智能，但能像人那样思考，也可能超过人的智能。比如，ChatGPT是人工智能技术驱动的自然语言处理工具，能够通过理解和学习人类的语言来进行对话，还能根据聊天的上下文进行互动，真正像人类一样来聊天交流，甚至能完成撰写邮件、视频脚本、文案、翻译、代码、论文等任务。

二、新兴产业形成的经济规律

（一）原始创新是新兴产业的第一驱动力

原始创新是新兴产业形成之源，离开原始创新，就没有新兴产业。无论是科学发现、技术发明的产业化，还是产业技术路线的创新，都涉及对自然现象和规律的新解释、对科学和技术原理的新回答。迄今为止，大部分以重大原始创新为基础的新兴产业都产生在美国等发达国家。由于核心技术受限，我国要建立新兴产业，必须依靠自己，重新进行原始创新。即使从发达国家引进新兴产业，本土高端化发展依然需要依靠原始创新驱动。

（二）中小企业是新兴产业发展的突破点

大企业具有成熟的技术轨道，沉没成本巨大，垄断利润丰厚，因而对采用新技术往往产生迟疑，对"毁灭性创新"大多予以封杀。而科技型小企业一般是通过"毁灭性创新"创建的，机制灵活，创新活跃，具有高成长性，往往是新兴产业的摇篮。华为、京东、中科君达等，都是从小企业发展而来的，而正是这些小企业成就了新兴的信息网络产业。

（三）高风险是新兴产业的标志性特征

由于新兴产业处于产业生命周期的萌芽期，面临技术不成熟、产业不配套、设施不同步、市场不稳定、政策不明确等诸多不利因素。同时，由于新兴产业对传统产业的替代，产生激烈的市场竞争，必然会受到传统产业的打压。这都给新兴产业带来较高的风险。特别是沉没成本和研发成本巨大，使得新兴产业在萌芽期并不经济，萌芽期往往也是"死亡谷"。

（四）商业模式创新是新兴产业的崛起瓶颈

新兴产业形成的过程，既是研发过程，也是产业化过程和市场化过程。如果没有与新兴产业相适应的商业模式创新，无法将产品导入市场从而形成可持续发展机制，新兴产业也难以崛起。商业模式创新是前沿技术产业化发展的关键约束瓶颈。

▌本章案例

案例8　传统企业数字化转型

导语：网络经济纵深发展的一个典型表现就是传统企业的数字化转型。许多传统企业在转型过程中，不但走出了自己的独特路径，更是深入到了行业服务支持和引领的层面。这其中以娃哈哈、蒙牛、加多宝最具代表性，它们分别以生产研发外溢、营销跨界突破、向内搭建网络等方式实现数字化转型。

娃哈哈自主研发工业机器人

以生产食品饮料为主的娃哈哈，其生产车间的大部分生产设备都应用了工业机器人，并且所有机器人都是自主研发的。娃哈哈先后研发了码垛机器人、放吸管机器人、铅酸电池装配机器人、炸药包装机器人等。

娃哈哈通过互联网信息技术改造，将生产计划、物资供应、销售发货，包括对经销商和批发商的管理、设备远程监控、财务结算、车间管理、科研开发，全部嵌入信息化系统管理，极大地提高了工作效率。

娃哈哈从饮食行业率先冲进高科技装备制造业，属于横向上的一体化战略。娃哈哈将来不只是饮食加工生产企业，还是机器人等高端设备生产企业，会向同行业乃至其他企业输出机器人等生产设备，这一步转型可谓足够大。

蒙牛跨界营销战略

与娃哈哈相比，蒙牛在融合"互联网+"转型升级方面，走的是跨界路线。在产品质量及技术方面直接借鉴国际合作伙伴，整合了全球先进的技术、研发和管理经验。产品升级也是企业转型升级的一部分。

在保证产品质量的同时，蒙牛在跨界营销以及产品形式上做了大量尝试。2014 年，蒙牛与百度合作推出二维码可视化追溯牛奶"精选牧场",将牧场放到了"云端"。同年11月,蒙牛跨界与滴滴战略合作,尝试了从战略到渠道方面的资源最大化的无缝对接。

不断地跨界合作与尝试使蒙牛越来越具备互联网思维。而战略合作会深入到品牌、渠道、资源甚至供应等方面。

加多宝巧构罐体平台

2015年4月30日,加多宝上线了"金罐加多宝2015淘金行动",京东商城、滴滴打车等成为首批合作伙伴。10天之后的B轮微信发布会,百度外卖、微信电影票、民生银行等都成为加盟加多宝"金彩生活圈"的第二批战略合作品牌。

简单地说,加多宝的生活圈逻辑就是"因罐子而生",消费者因口渴买加多宝,通过"扫一扫"进入互联网生活圈,然后链接其他朋友,或更便利地生活,从而改变消费者消费快消品时的孤立状态,而让每个罐子成了生活圈中的便利入口。

加多宝的"金彩生活圈"战略是传统企业的一个逆袭,在这之前谁也没有想到传统企业的传统产品也可以做出一个平台。而这个平台让传统企业知道了不只是互联网产品才能连接用户与互联网,传统的产品同样也可以做到。

资料来源: 阿里云创新中心合肥.互联网+"时代下传统企业是如何成功转型的?[EB/OL].(2021-05-18)[2023-03-26].https://www.sohu.com/a/467121718_100245994.

评语: 网络经济大潮下,传统企业也被裹挟着向前以适应经济发展。以上三个案例都出自传统快消品行业,无论是改变生产方式,还是通过战略扩展生态圈,又或者是自搭平台,很多传统企业近些年都在不遗余力地探索网络化转型的道路。

思考: 传统企业在网络经济大潮中,都做出了变革,请总结娃哈哈、蒙牛、加多宝的数字化转型经验。

课后习题

(1) 简述网络产业的特点。
(2) 简述网络产业的影响。
(3) 简述新兴产业崛起的经济规律。

网络金融变革

■ **本章概要**

本章主要介绍网络经济如何激发金融变革,以及如何在创新和安全之间找到平衡,深入讨论了网络支付的定义、特征以及常见工具,并围绕数字货币重点介绍网络支付发展的前沿。

■ **目标要求**

(1) 了解互联网金融、网络支付、数字货币的发展。
(2) 熟悉互联网金融、网络支付风险,以及数字货币的发行、流通、交易等。
(3) 掌握互联网金融商业模式、网络支付运行流程和数字货币基本原理。
(4) 应用相关理论分析互联网金融、网络支付以及数字货币的监管。

■ **本章内容**

第一节 互联网金融

一、发展背景

从 20 世纪 90 年代中期开始,美国电子股票信息公司利用互联网为客户提供股票交易服务,越来越多的银行等实体金融机构通过互联网开展了线上服务,如网上银行、网上证券、网上保险等。随着物联网、大数据、移动互联网等信息技术创新发展,互联网正在改变着传统金融存贷、支付等核心业务,开创了互联网与金融融合发展的新格局,互联网金融产业链正在形成。金融具有天然的数字属性(金融产品可以看作数据的组合,金融活动也可以看作是数据的移动),因此,作为一种本质上与互联网具有相同数字基因的行业,金融业的网络化也就水到渠成了。各类互联网在线服务平台开始直接或间接向客户提供第三方金融服务业务。在新一代互联网技术的推动下,电子商务、互联网与金融业三者之间的业务交叉日益频繁,行业融合趋势明显,诞生了一种新金融形式——互联网金融,见图 9-1。

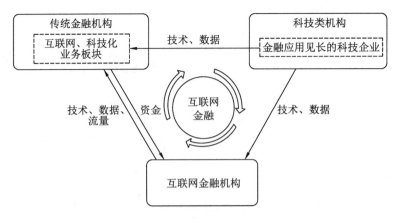

图 9-1 互联网金融

根据中国人民银行在 2015 年下的定义，互联网金融是传统金融机构与互联网企业借助互联网和移动信息技术，实现支付结算、资金融通和信息中介功能的新兴金融模式。互联网金融不是互联网和金融业的简单结合，而是在实现安全、移动等网络技术水平上，被用户熟悉和接受后（尤其是对电子商务的接受），自然而然为适应新的需求而产生的新模式及新业务。互联网金融的本质特征为基于大数据的、以互联网平台为载体的金融服务。互联网与金融业务的融合既诞生出了多种互联网金融业务模式，也通过这些模式积累数据从而为金融领域的科技运用打下基础。基于此，互联网金融的定义有狭义与广义之分。狭义的互联网金融，是指作为非金融机构的互联网企业开展的，基于互联网技术的金融业务；广义的互联网金融，既包括互联网企业从事的金融业务，也包括传统金融机构开展的互联网业务。

本教材讨论的是广义的互联网金融，包含三类参与机构：第一，传统金融机构的互联网化、科技化业务板块；第二，互联网巨头的金融业务板块或主业为互联网金融的机构，例如蚂蚁金服、腾讯 FiT；第三，金融行业客户占比高的科技企业等。此外值得一提的是，这三类机构的边界正在变得越来越模糊，例如蚂蚁金服转型为向传统金融机构输出科技服务的科技类机构，再如银行通过开放技术接口向其他金融机构输出科技服务。

互联网金融的产生既有技术方面的客观条件，也有内在的经济驱动因素。从目前世界各国互联网金融发展的情况看，互联网金融已呈现出多种商业形式，如网络银行、网络借贷、众筹融资、第三方支付、网上证券、网上保险、供应链金融、金融搜索、网络金融超市、互联网理财、数字货币、虚拟信用卡等。移动互联网技术、电子商务的迅猛发展，以及传统金融业效率低、风险高、对中小企业贷款的缺位等缺陷催生了互联网金融。

互联网金融作为一种新型金融形式，很好地补充了传统金融模式的不足，对服务实体经济有积极的促进意义。互联网金融满足了实体经济网络化、信息化发展趋势下的新需求，提升了金融服务效率，增加了基础金融服务覆盖。互联网金融的生长点普遍集中在"小微"层面，往往具有"海量交易笔数、小微单笔金额"的特征。这恰恰是传统金融行业难以覆盖，或者其提供的金融产品和服务不够丰富所对应的客户群体。互联网金融以其强大的金融创新能力，作为新的金融服务提供者，增强了金融业务竞争和创新活力，改善了金融服务质量。

二、商业模式

（一）根据机构性质划分

在以大数据、云计算、社交网络、通信技术等为依托的背景下，互联网金融模式创新呈现多元化趋势。我国互联网金融的发展主要有"传统金融行业+互联网"和"IT创新企业+互联网+金融产品和服务"两种模式。

1. 传统金融行业+互联网

在这种模式下，传统金融行业（如银行业、保险业等）把传统金融业务向互联网空间延伸，把线下的金融业务移植到线上，在技术层面提高服务和管理方面的效率，并没有开发出新的金融业态。例如，中国工商银行推出的网上理财服务等产品，就是"传统金融行业+互联网"的表现。

2. IT创新企业+互联网+金融产品和服务

在这种模式下，新兴的互联网企业向金融服务领域发展并创新，从外部运用互联网思维改造传统金融行业及其运作模式，催生出众筹、网络借贷、第三方支付、互联网保险等新业态。例如，阿里巴巴作为一家互联网企业，推出的支付宝产品提供的第三方支付，就是"IT创新企业+互联网+金融产品和服务"的典型代表。

（二）根据产品服务差异划分

按照目前各种互联网金融形态在支付方式、信息处理、资源配置三大支柱上的差异，可以将它们划分成六种主要类型。

1. 传统金融产品服务互联网化

传统金融机构采用信息化技术，对传统运营流程进行改造或重构，实现经营、管理全面电子化、网络化，开展各种金融业务，将会节省物理网点和各种资源的投入成本，提高运行效率，创造更多价值，提高其核心竞争力。依托信息化金融机构，目前有线上银行、线上保险、线上证券和线上理财等多种创新模式。金融互联网化体现了互联网对金融中介和市场的物理网点、人工服务等的替代。

2. 移动支付和第三方支付

移动支付和第三方支付体现了互联网对金融支付的影响，以Paypal（贝宝）、支付宝和微信支付为代表。移动支付存在的基础是移动终端的普及和移动互联网的发展，可移动性是其最大的特色。第三方支付的最大特色是在结算过程中，客户不直接与银行进行支付清算。

3. 数字货币

数字货币体现了互联网对货币形态的影响，以比特币为代表。数字货币流通于互联网中，与预付卡或借记卡相比具有下述特点：第一，独立性，即数字货币不依赖于实物而存在；第二，安全性，即数字货币可以安全流通并被交换双方确认；第三，私人性，即隐私权在数字货币流通过程中得到保护；第四，传送性，即数字货币可以在互联网中传送；第五，可分性，即数字货币可以被分割为较小的单位。

4. 基于大数据的网络征信

在国际互联网金融门户快速发展的影响下，国内互联网金融门户也借鉴其经验迅速崛起。运用互联网平台进行金融产品的搜索、比价及推荐、交易、销售等服务的平台即为互联网金融门户。比如蚂蚁金服旗下独立的第三方征信机构芝麻信用通过云计算、机器学习等技术客观地呈现个人的信用状况，已经在信用卡、消费金融、融资租赁、酒店、租房、出行、婚恋、分类信息、学生服务、公共事业服务等上百个场景为用户、商户提供信用服务。

5. 基于大数据的网络贷款

大数据和云计算等信息分布式处理，对提升银行业服务和风险管理水平至关重要。特别是互联网金融能统计出客户的全方位信息，通过集合这些海量非结构化数据，可以分析和挖掘客户的交易和消费习惯，并预测客户行为，有效进行客户细分，极大提高银行在业务营销和风险控制方面的针对性和有效性。大数据金融模式将会解决以下问题：可提供充足的流动性从而解决企业资产与负债结构流动性不匹配的问题；可解决在成本方面传统金融机构存在的运营交易成本过高的问题；可解决客户不足的问题，拓展几千万的小微企业这一市场。

6. 众筹融资

众筹融资主要指互联网上的股权融资新模式，是指个人把自己心中的创意或梦想，以视频、图片、文字等形式在网站上发布，设定目标达成所需金额及时限，而对该项目感兴趣的人可以承诺捐献或投资一定数量的资金助其实现。虽然目前这种模式在我国受到有关法律法规的限制，但这种模式可以实现一些特定人群的创意或创业梦想，未来值得展望。

三、行业特点

（一）经营成本低

互联网金融机构无须构建庞大的办公场所，无须雇佣众多的营业员工，无须在各地开设分支机构，这些都大大降低了投资成本、营业费用和管理费用。互联网金融的业务主要基于移动互联网开展，避免了金融机构开设和维护营业网点的费用，也免去了金融第三方中介的费用，降低了业务成本。互联网金融大幅降低业务成本，改善传统金融机构内部运营效率。

（二）信息透明度高

金融业存在的基础是信息不对称，存在的意义在于支持实体经济发展。也正是信息不对称和企业的趋利性，导致金融业"脱实向虚"。互联网技术可以消除金融业信息不对称性带来的问题，与实体经济形成良性循环。互联网平台上有金融机构以及产品的相关信息公示，资金需求方可以通过互联网平台进行信息的甄别与筛选，交易过程完全通过网络平台进行，信息透明度高。

（三）交易效率高

互联网金融的兴起打破了传统银行服务时间和空间限制的局限性。互联网金融的业务基于移动互联网和计算机设备进行，操作过程标准化、速度快、资金实时到账。互联网金融服务更全面、直接、广泛，提高了工作效率。由于互联网金融的发展，客户对原有的传统金融分支机构的依赖性越来越小，取而代之的则是网络交易。而网络交易无须面对面进行交易，这样不仅提高了银行的服务质量，还提高了客户的金融交易需求。

（四）普惠性

与传统金融相比，互联网金融交易门槛低、方便快捷，能够缓解对中小企业贷款的不足问题，更好地满足各类社会阶层和群体的金融服务需求，实现了普惠性金融服务。互联网金融对于提高我国金融服务的普惠性，促进大众创业、万众创新具有重要意义。

（五）全球化

在经济全球化趋势深入发展的今天，高新技术如雨后春笋般出现，互联网金融服务突破了语言和地域方面的限制，使得网上银行的跨国服务更加容易，同时也会接触越来越多的客户，实现规模经济。

四、行业风险

由于互联网金融兼具互联网属性与金融属性，在一定程度上加剧了风险的复杂化和多元化。互联网技术的特点在很大程度上决定了互联网金融风险的特征，主要有隐蔽性、突发性、扩散性等特点。从互联网金融风险的分类来看，其主要有道德风险、信用风险、市场风险、流动性风险、操作风险、技术风险、法律风险和声誉风险八大风险。

（一）道德风险

道德风险是指由于信息不对称，交易一方为了自身利益可能采取避重就轻等手段，不履行契约约定的义务而导致交易另一方收益受损的风险。互联网的虚拟性导致监督困难，消费者信息甄别能力差、信息失真导致道德风险频发。

（二）信用风险

信用风险是指交易一方未能履行约定契约中的义务而造成实际经济损失的风险。由于互联网的隐蔽性，交易一方可能存在信息造假、提供片面资料等问题，导致信用风险加剧。

（三）市场风险

市场风险是指由于利率、汇率等的不确定性导致互联网金融资产损失的风险。与传统金融市场类似，互联网金融自身风险具有易发性，且各种市场条件的变动会在互联网的辐射和扩大效应下提高风险。

（四）流动性风险

流动性风险是指因市场成交量不足导致未能在期望时间完成买卖的风险。由于防范机制不完善、投资群体分散性和风险厌恶性的特征，互联网金融尚未建立准备金制度，对短期负债等缺乏有效应对经验，容易造成平台资金链断裂。

（五）操作风险

操作风险是指在互联网金融业务操作过程中人为操作失误而造成损失的风险。例如，操作人员可能由于互联网技术专业性不足而导致交易中断，或者在系统中交易双方的交流可能由于系统的设计缺陷而产生风险。

（六）技术风险

技术风险是指由于互联网的软件和硬件在设计、运营中的天然缺陷或人为失误而导致的信息失真、阻断进而使互联网金融资产受损的风险。例如，互联网高技术的兼容性、抗病毒能力存在技术短板风险，而互联网硬件设备容易受到硬件设备老化等自然原因和人为破坏等人为原因的影响。

（七）法律风险

法律风险是指由于缺乏恰当法律监管，互联网金融公司擅自突破业务范围、违反法律而引发的风险。互联网金融有关风险事件频发，在一定程度上反映了法律、法规监管的缺位。

（八）声誉风险

声誉风险是指互联网金融市场主体在进行在线业务时，利益相关方对互联网金融企业的负面评价在在线媒体传导作用下扩散而带来的损失风险。由于互联网金融平台的特殊性和业务的高竞争性，自身声誉对其客户具有重要影响。而基于互联网的传播效应会加剧负面信息的传播，进而可能引起资产损失。

五、监管政策

（一）国外监管

从世界范围看，由于互联网金融正处在发展过程中，各国对互联网金融的监管尚处于起步阶段，还没有形成较为系统的、专门的互联网金融监管制度体系。但着眼于互联网金融快速发展的趋势及其业务风险特征，欧美主要发达国家和地区对互联网金融的监管已呈现由宽松自由到加强规范的趋势，在具体实践上具有以下特点。

（1）强化监管与支持创新并重，尽管各国已开始健全相关监管框架和措施，但与传统金融机构相比，对互联网金融的监管仍然宽松，以鼓励创新为主，没有对其发展做出过多的限制。

（2）立足现有法律法规，对相关制度办法进行补充和完善，以适应互联网金融规范发展的需要。这既为互联网金融向深层次发展、跨领域经营预留了空间，也为互联网金融稳健经营提供了有利的法治环境。

（3）对互联网金融实施市场准入管理，力求把好入门关，避免出现"百花齐放、鱼龙混杂"的情况。

（4）高度重视互联网金融的网络、技术及交易的安全，对互联网金融的电子技术、内部管理、自有资本、客户资金管理等提出了有针对性的要求。

（5）以保护金融消费者权益、维护公平交易作为监管的核心目标，侧重于对互联网金融实施行为监管和功能监管，不拘泥于现有的金融监管体制分工。

考虑到目前网络银行大多是传统银行开展网上业务为主，纯粹型网络银行的数量少、规模小，各国仍以原有的银行监管机构和监管范围为基础，但加大了监管机构之间、监管机构与其他政府部门之间的协调，以应对网络银行跨区域、跨国界发展业务和客户延伸所引发的监管规则冲突。在监管层次和内容上，将对网络银行的监管划分为企业级的监管（针对商业银行提供的网上银行服务的监管）和行业级的监管（针对网络银行对国家金融安全和其他领域形成的影响进行监管）两个层次，并以实施市场准入、对业务扩展进行管制及开展现场检查作为主要监管方式。

在监管模式上，形成了以美国和欧盟为代表的两种模式。美国金融业具有比较完备的法律体系，美国政府对互联网金融业采取在现有法律基础上的适度宽松多元化监管。

以业务监管为主,结合互联网的特点,完善现有的法律。欧盟国家实行的是一套以审慎原则为核心的联合监管制度。针对从事互联网金融业的非金融机构支付业务,颁布了一系列专门法律法规。监管机构将网上支付机构看作电子货币发行机构,并按照相关要求监管其发行、清算、赎回等业务。虽然没有成立专门的监管机构进行监管,但是健全的法律也能起到约束作用。

(二)我国监管

互联网金融的监管是当前国内外遇到的一个新的挑战,我国金融监管也面临着同样的问题。针对这些风险,我国倾向于采用欧盟监管模式,形成了政府监管和行业自律相结合的混合互联网金融监管模式。

在政府监管方面,从中央到地方,颁布了一系列政策法规,严格监管,实施准入制,防范金融风险。

在行业自律方面,我国既有国家层面的中国互联网金融协会,也有各省、区、市成立的互联网金融协会,形成了多层次的行业自律体系,是对政府监管的有效补充和支撑。

第二节 网络支付

随着电子商务和互联网金融的蓬勃发展,网络支付也日益繁荣。互联网第三方支付公司的加入,使客户群激增,也调动了银行的积极性。

一、网络支付及其流程

(一)网络支付的定义

所谓网络支付,是指依托公共网络或专用网络在收、付款人之间转移货币资金的行为,包括货币汇兑、互联网支付、移动电话支付、固定电话支付和数字电视支付等。网络支付以第三方支付机构为支付服务提供主体,以互联网等开放网络为支付渠道,通过第三方支付机构与各商业银行之间的支付接口,在商户、消费者与银行之间形成一个完整的支付服务流程。

(二)网络支付的基本流程

(1)客户通过网络购买商品,将相关购买信息和支付信息发送给商家。

(2)商家对客户的购买信息进行确认,并把客户的支付信息加密转发给支付网关,进而转发给银行专用网络。

(3)银行服务器确认相应信息之后,通过支付网关建立的加密通信通道给商家发送确认及支付结算信息。

(4)银行给客户发送支付授权请求。

(5)得到客户授权之后,银行将资金从客户账户转入商家账户,并分别给客户和商家发送支付结算成功的信息。

(6)商家收到结算成功信息后,给客户发送付款成功信息和发货通知。至此,一次网络支付结算流程结束。

网络支付的基本流程如图9-2所示。

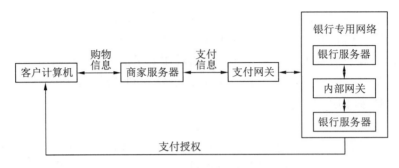

图 9-2　网络支付的基本流程

以上是对一般网络支付流程的归纳和总结。在实际生活中，网络支付的流程根据技术、资金数量和管理等各方面因素会有所不同，如信用卡、电子现金和网络银行账户结算都有一定的差别。

二、网络支付价值链

（一）网络支付市场

网络支付市场由基础支付层、第三方支付层和应用层组成。在这条三层结构的价值链中，位于最底层的是由银行、银联等金融机构组成的基础支付层。在基础支付层提供统一平台和接口的基础上，一些具有较强银行接口技术的服务商，包括互联网支付服务提供商和移动支付服务提供商，形成了价值链的中间层即第三方支付层。在产业链最顶层的是实际使用网络支付的终端消费者形成的应用层。网络支付价值链如图 9-3 所示。

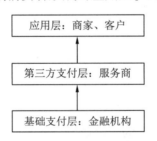

图 9-3　网络支付价值链

（二）网络支付市场存在的问题

现阶段我国网络支付价值链存在以下问题：

1. 第三方支付企业低水平无序竞争激烈

第三方支付企业服务的同质化导致价格成为唯一的竞争筹码，不仅进一步挤压了支付市场有限的盈利空间，更带来了许多资金风险。随着产业价值链的初步形成，许多实力强大的公司相继采用收购或合并的方式强势进入，网络支付市场竞争更加激烈。

2. 银行等金融机构与第三方支付企业存在竞争关系

第三方支付给银行带来了结算的便利，在发展初期得到了银行的支持，但从长远看，银行和第三方支付企业存在竞争关系。在未来，银行业整合基本完毕之后，银行或银联组织完全可能抛弃第三方支付网关企业独立发展。同时，第三方支付平台模式也面临来自银行的压力。在 B2B 领域，很多大型企业直接开发和应用支付平台，利用银行提供的系统接口，直接实现支付。在 B2C 领域，第三方支付平台与银行间存在竞争，商家也可以直接连接网上银行支付网关,不采用第三方支付平台的技术方案和服务。

3. 安全问题仍是限制网络支付业务发展的重要问题

网络支付平台只能从技术上保证交易的安全,而无法保证交易本身的真实性和合法性,所以技术的完善并不能完全克服整个社会诚信发展水平相对落后所带来的不利影响。在短时间内,对安全问题的担忧依然是制约网络支付市场发展的重要因素。

三、网络支付的特征

(一) 信息技术依赖

首先,网络支付是采用先进的网络信息技术,通过数字流转来完成信息传输的,各环节都采用数字化信息的方式进行款项支付。传统的支付方式则是通过现金的流转、银行的汇兑,以及票据的转让等物理实体的流转来完成款项支付的。其次,网络支付的工作环境是基于互联网的开放平台。传统支付则是在较为封闭的系统中运作。最后,网络支付具有方便、高效、快捷、经济的优势。用户只要拥有智能终端,便可随时随地完成整个支付过程。而传统的支付方式需要到现场或银行完成交易过程。

(二) 边际收益递增

网络支付具有显著的网络型基础产业边际效益递增特性。网络银行服务的初始投资高昂,需要花费大量的人力、物力和财力,而且对信息系统的维护需要不断的资金投入。但在网络支付系统投资完成后,网络支付机构增加一次服务的边际成本很低。随着网络支付服务频次的增加,服务的平均成本不断下降,边际收益不断上升。在网络支付机构的客户规模达到盈亏平衡点以后,网络支付服务将获得巨大收益。网络边际效益递增特性的产生必须具备以下两个基本条件:第一,互补性及相容性,就是网络中不同的链接与节点必须和其他链接与节点相互连通,不同的链接与节点之间必须是相容的。第二,非竞争性及非排他性,就是一个用户对网络系统的使用并不排斥其他用户同时使用,两者之间不存在资源竞争的关系。

(三) 网络外部性

网络支付也具有外部特性。网络支付的外部性表现为网上某个客户接受网络支付所提供的服务效用高低依赖于接受该服务的其他客户的数量,网络支付机构电子商务活动的直接经济效益很难在短期内补偿建设初期的巨额投资,但网络支付机构的长远收益在于其外部性带来的巨大网络效应,以及由此产生的经济效益和社会效益。例如,阿里巴巴公司的网络支付产品"支付宝"的巨额投资不可能通过经营"支付宝"本身在短时间内回收,但基于支付宝构建的从支付到理财、从网络购物到城市服务的生态形成了强大的网络外部效应,不但弥补了初期投资和维护成本,还获得了巨额利润。

四、网络支付工具

基于互联网的支付机制多种多样,其开发机理和生存状况各不相同,在电子商务中所扮演角色的重要性和在商务交易中的应用接受程度也各不相同。

(一) 网上银行

网上银行(简称网银)是在互联网时代开始出现的银行服务的新渠道,由商业银行等金融机构通过互联网等向其客户提供各种金融服务。根据服务面向的客户不同,网上银行一般分为个人网上银行和企业网上银行。

网上银行的用户只要有一台智能终端设备，如电脑、手机等，就可以使用浏览器或专有客户端软件来使用银行提供的各种金融服务，如账户查询、转账、网上支付等。

(二) 第三方支付

1. 定义

第三方支付机构（非银行支付机构）指的是独立于商户和银行并且具有一定实力和信誉保障的独立机构，为商户和消费者提供转接支付服务。它是通过第三方独立机构与银行的商业合作，以银行的支付结算功能为基础，向政府、企业、事业单位提供中立、公正的面向其用户的个性化支付结算与增值服务的一种结算方式。

2. 分类

按照第三方支付机构的功能整合，第三方支付主要有两种表现形式：一是依托大型B2C、C2C、M2C网站的支付工具，比如淘宝网上交易的时候由支付宝完成支付；二是第三方支付平台（如云闪付等），整合了网上支付、电话支付、移动支付等多种支付手段，目前正在迅速成长中。

按照第三方支付机构的服务对象，我们可以将第三方支付机构分为面向企业用户提供服务（B端商户收单业务）及面向个人用户提供服务（C端支付钱包业务）两类；前者称为收单侧支付机构，后者称为账户侧支付机构，部分情况下同一支付机构可以同时承担账户侧支付机构与收单侧支付机构的角色。

3. 第三方支付图景

第三方支付不仅渗透到C端用户生活的方方面面，同时也已深入B端各产业全价值链。基于云计算、大数据、人工智能、物联网等技术积累，以第三方支付为切点的金融科技创新爆发着强大的生命力。通过海量支付数据的沉淀与积累，沟通产业资金流与信息流、重塑产业链价值，支付服务商向产业数字化综合服务商转变。在C端支付方面，通过打造流量与生态优势，第三方支付企业已快速在B端商户数字化升级服务市场打开局面，为餐饮、零售等行业场景提供贯穿获客、营销、运营等全经营环节的升级服务，是中小微企业数字化的重要推手。在B端支付服务方面，第三方支付为中大型企业、集团构建完备的数字支付与账户体系，使企业资金流与信息流更加透明化，大大提升企业内部与供应链上下游资金周转效率，有效激活产业供应链整体交易的活跃程度。第三方支付已然成为产业数字化的有效入口与重要枢纽。

如今的第三方支付工具除了付款购物，还提供如缴纳生活中的水、电、天然气、暖气费，购买火车票、机票、电影票和彩票，进行娱乐、投资理财等活动，在手机上随时随地进行转账汇款、信用卡还款等涉及人们日常活动方方面面的增值服务。目前，第三方支付公司、银行、买家、卖家已经形成了一个复杂的电子支付产业链，第三方支付处于整个产业链的中间位置，是在线支付产业链的重要纽带，一方面连接银行，处理资金结算、客户服务、差错处理等一系列工作；另一方面又连接着众多客户，使客户的交易能够顺利接入。第三方支付的一站式接入服务使银行与商家双方都避免了一对一接入的高昂成本，同时也成为给卖家和买家提供担保的机构，在相当长的时间内都有存在的必要性和必然性。

4. 第三方支付的优劣势

（1）优势。

首先，第三方支付解决了物流和资金流时空不对称的问题。第三方支付能够突破时空限制，为商家和客户暂时保管资金，待交易完成后再进行划拨，保障网络购物顺利进行。

其次，第三方支付较好地解决了电子交易过程中的信任问题，减少了电子商务中的欺诈行为，能保证交易公正进行。第三方支付平台是中立性质的中介，在交易过程中作为信用担保方，分别帮助商家规避无法收到客户货款的风险与帮助客户规避无法收到货物的风险，也为客户提供了多样化的支付选择。而且，第三方支付平台详细记录了双方交易过程中的细节，如付款时间及金额、物流信息等，追踪整个交易过程，一旦发生纠纷，第三方平台中记录的信息就为解决纠纷提供了证据。

此外，第三方交易节约了交易成本，缩短了交易周期。借助第三方平台，银行无须开发过多对接商家的接口，节省了开发与维护的费用，商家和客户也免去了到银行进行一系列操作和手续的费用，降低了整个交易过程中的成本，缩短了交易周期，提高了交易的效率。

（2）问题。

第三方支付平台存在洗钱和套现风险。不法分子可以通过买卖或者盗取他人第三方支付账号进行非法交易。第三方支付平台中存储着大量的用户信息、交易数据，一旦数据泄露，那么用户的个人隐私就可能会遭到侵犯，进而引发一系列信任问题，还有可能引发各类诈骗和犯罪行为。第三方支付平台暂存货款资金，交易周期的不确定性容易引起资金沉淀。第三方支付平台可能对这些资金存在越权调配的行为，对沉淀资金的处理和分配目前仍存在诸多争议与纠纷。

此外，第三方支付行业同质化竞争严重。第三方支付市场已经趋近饱和，并呈现以支付宝、财付通为代表的双寡头竞争局面。二者占据了90%以上的中国第三方支付交易规模市场份额，市场地位在短时间内难以被撼动。同时，第三方支付平台又面临着银行的强势竞争。

5. 监管

针对以上可能存在的问题，对第三方支付平台进行监管的重要性日益凸显。自2010年起，我国陆续颁布了针对第三方支付行业监管的相关法规政策，对第三方支付中涌现的问题逐渐进行规范与整改，相应监管政策也不断建立健全，部分重要政策见表9-1。

表9-1 第三方支付监管政策

发布时间	文件名称	摘要
2010年6月	《非金融机构支付服务管理办法》	指出非金融机构从事支付业务须持支付业务许可证
2010年12月	《非金融机构支付服务管理办法实施细则》	配合《非金融机构支付服务管理办法》的实施工作，对其做详细解读

续表

发布时间	文件名称	摘要
2011年6月	《非金融机构支付服务业务系统检测认证管理规定》	说明相关检测、认证、监督与管理等制度
2012年1月	《支付机构互联网支付业务管理办法（征求意见稿）》	规定相关支付业务范围、账户管理、特约商户风险管理等内容
2015年7月	《非银行支付机构网络支付业务管理办法（征求意见稿）》	规定第三方支付作为纯粹的支付渠道
2015年12月	《非银行支付机构网络支付业务管理办法》	明确规定业务范围、客户支付账户定义及分级、支付机构分级、对个人客户使用支付账户余额支付、按安全等级进行交易限额等内容
2016年11月	《中国人民银行关于落实个人银行账户分类管理制度的通知》	明确账户数量、身份校验规则、支付限额、银行账户及支付机构支付账户间关系等内容
2017年11月	《中国人民银行办公厅关于进一步加强无证经营支付业务整治工作的通知》	检查持证机构为无证机构提供支付清算服务的违规行为类型；彻查"二清"行为，彻查通过代收付业务为无证机构提供资金转移服务，变相实现商户结算业务的行为
2017年12月	《中国人民银行关于规范支付创新业务的通知》	对开展支付创新业务作出规定
2018年8月	《中华人民共和国电子商务法》	对电子支付服务提供者的义务和责任做出具体规定
2019年1月	《条码支付受理终端检测规范》和《条码支付移动客户端软件检测规范》	制定条码支付受理终端检测规范，统一条码支付标准
2019年3月	《中国人民银行关于进一步加强支付结算管理防范电信网络新型违法犯罪有关事项的通知》	要求健全紧急止付和快速冻结机制，加强账户实名制管理、转账管理，强化特约商户与受理终端管理，落实责任追究机制，防范新型的电信犯罪
2019年4月	《支付机构外汇业务管理办法》	规定支付机构制定交易信息采集制度
2021年1月	《非银行支付机构条例（征求意见稿）》	对第三方支付牌照重新分类，首次提及支付领域反垄断

资料来源：中国人民银行。

中国人民银行等监管机构对第三方支付行业的强监管逐渐进入常态化。各监管机构结合行业现状陆续出台各类风险整治文件，从严惩处第三方支付平台各类违法违规行为。根据《证券日报》统计数据，截至2020年12月31日，中国人民银行对我国第三方支付行业共开出罚单68张，累计罚没金额超3.2亿元，包括1张亿元级罚单、5张千万元级罚单以及多张百万元级罚单，最高罚单一次性罚没1.16亿元。这些数据反映了支付行业从重、从严监管的态势。

第三方企业支付机构面向企业客户，基于对企业业务流程、业务特征的理解为企业提供定制化支付解决方案，同时以支付为切入口，为企业提供集财务管理、资金管理、营销等服务于一体的解决方案。基于对企业业务的理解，第三方企业支付机构提供的支付服务更加贴合企业的业务流程，更加便捷高效。企业支付按照交易场景又可以进一步划分为产业互联网支付业务和线下收单业务，在消费互联网向产业互联网转型的当下，针对B端企业的产业链支付、产业链数字化业务尚有进一步渗透的空间，将驱动第三方企业支付规模进一步增长。

第三节　数字货币

2008年，中本聪（Satoshi Nakamoto）发表了《比特币：一种点对点的电子现金系统》，首次提出以区块链技术为基础的"一种完全通过点对点技术实现的电子现金系统，它使得在线支付能够直接由一方发起并支付给另外一方，中间不需要通过任何金融机构"的加密虚拟货币概念。2009年，世界上第一种也是目前最重要的数字货币——比特币问世，开始带动整个数字货币世界的发展，对传统的货币金融体系产生巨大冲击，标志着数字货币时代的降临，也代表着在此之前出现的电子货币从传统货币的电子化走向了数字货币的金融创新之路。

一、数字货币的内涵

（一）电子货币

伴随着电子计算机技术的进步和发展，传统货币的发行、储值和支付手段也在不断演化。电子货币是指以金融电子化网络为基础，以商用电子化工具和各类交易卡为媒介，以电子计算机技术和通信技术为手段，以电子数据（二进制数据）形式存储在银行的计算机系统中，并通过计算机网络系统以电子信息传递形式实现流通和支付功能的货币。

电子货币基本上可以分为两类：一种是以电子现金形式存在，基于计算机及互联网技术的电子账户；另一种是以硬件形式（IC卡等）存在，基于可脱离银行支付系统流通的电子钱包。

电子货币与虚拟货币最大的区别在于，电子货币的计价单位和内在价值与法定货币相一致，是传统货币的电子化表现形式。

（二）虚拟货币

虚拟货币是价值的一种数字表达，不是由中央银行或某个公共权威机构发行，也不一定与某一法定货币挂钩，但被自然人或法人接受用于支付手段，可以进行电子化转移、储藏或交易。虚拟货币是计算机网络空间使用的一种价值的数字表达或记账单位，由私营机构或网络社区发行或管理，一定程度上承担了网络世界计价单位、交换媒介或价值储藏的职能。

虚拟货币有自己的计价单位，而非由传统的法定货币计价。按照是否与法定货币存在自由兑换的关系，可以将虚拟货币分为三类：第一类，虚拟货币与法定货币之间不存在兑换关系，只能在网络世界（虚拟社区）中获得和使用，比如"魔兽世界"游戏中的"G币"；第二类，虚拟货币可以通过法定货币来获取，用来购买虚拟或真实的商品或服务,但是不能兑换成法定货币,比如腾讯的"Q币";第三类,虚拟货币与法定货币之间能够相互兑换,并可以用来购买虚拟或真实的商品和服务,比如比特币。

(三) 数字货币

1. 内涵界定

国际清算银行将数字货币描述为基于分布式记账技术、采用去中介化支付机制的虚拟货币,它颠覆了传统货币的概念,打破了原有的商业模式,是对全球金融市场和经济产生巨大影响的一项真正的突破性创新。加密货币则是一种使用密码学原理来确保交易安全及控制交易单位创造的数字货币。比特币在2009年成为第一个去中心化的加密货币,这之后加密货币一词多被用来称谓此类设计。自此,全球不断有种类繁多的类似比特币的加密货币被创造出来,它们通常也被称作代币。

2. 与虚拟货币的区别

从物理形态上讲,数字货币属于广义上的电子货币;从发行机制上讲,数字货币属于广义上的虚拟货币。虽然数字货币属于虚拟货币的范畴,也是由非央行或公共机构发行,本质上与"G币""Q币"等虚拟货币处于同等地位,但是基于区块链技术带来的去中心化,使之有别于网络世界中其他各种虚拟货币。

第一,在发行方面,数字货币没有一个中心化的发行主体来控制和管理虚拟货币发行,数字货币也不是任何主体的负债,属于去中心化的虚拟货币。"G币""Q币"这类虚拟货币,是由某一私营机构进行集中发行和管理的,属于中心化的虚拟货币。

第二,在信用方面,数字货币采用以加密算法为核心的区块链技术,使素不相识的人们在网络上可以建立信任(共识机制),使点对点直接交易成为可能,数字货币的价值不依赖于传统的信用机制;而"G币""Q币"这类虚拟货币被限定在特定的虚拟社区或平台中使用,一般只能用于兑换发行者提供的虚拟商品和服务,其价值完全取决于发行者的意愿,但是需要使用者认可其价值,可以通过法定货币购买(当然可以在虚拟社区或平台中通过游戏或者其他方式赚取),其价值依赖于传统的信用机制(用户对发行者的信任)。

第三,在兑换方面,数字货币可以和法定货币双向兑换,可以用于购买某些商品和服务。其他虚拟货币只能单向地通过用法定货币购买或花费时间赚取等方式获得,但不能兑换成法定货币。

(四) 法定数字货币

1. 法定数字货币的界定

法定数字货币或者央行数字货币的概念,目前在全球还没有统一明确的定义,国际货币基金组织(IMF)给出的定义相对精练准确一些:"央行数字货币是一种新型的货币形式,是由中央银行以数字方式发行的、有法定支付能力的货币。"国际清算银行(BIS)则从发行人(中央银行或非中央银行)、货币形态(数字或实物)、可获取性(广泛接受或受限制)、实现技术(基于账户或基于代币)等4个关键属性定义法定数字货币。

可以明确的是,法定数字货币不会有物理形式的实体,但它会像现金一样充分地融入国家或地区的每个居民和组织,包括潜在的海外个人和企业。同时,法定数字货币可以让点对点支付中任意金额的支付都变得更加容易。法定数字货币也是一种中心化的加密数字货币，其本质是对现金的替代或是电子化的现金。

2. 数字货币与法定数字货币

数字货币的概念需要与法定数字货币的概念进行区分。所谓的法定数字货币的发行主体为中央银行（中心化发行），本质仍是中央银行对公众发行的债务，其采用数字化的货币形式，具有法定地位，是国家主权的象征，受到货币当局的监管。法定数字货币是货币数字化的延伸，它将区块链技术、分布式账本等技术引入法定货币发行、流通和回笼等过程。

货币数字化是货币发展史上的一个演进阶段，体现了货币在新技术特别是信息技术快速发展的今天的一种与时俱进。法定数字货币则是具体的货币形态（也可以理解为电子现金），两者之间是相互关联且有所区别的。在货币数字化的过程中，第三方支付平台（如支付宝和微信）逐渐创造了一个无现金、无刷卡的经济社会，其建立在商业银行账户的网络上，是中央银行无法有效控制的。而发行和流通法定数字货币，就可以对这种货币数字化的趋势进行有效监管和控制。

虚拟货币、数字货币与法定货币之间的关系如图9-4所示。

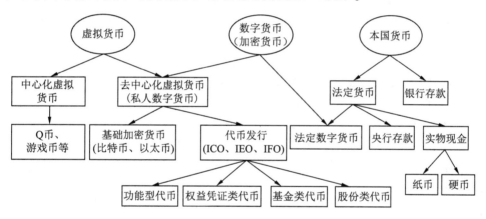

图9-4　虚拟货币、数字货币、法定货币之间的关系

3. 法定数字货币的分类

通常，法定数字货币可以分为"账户版"和"代币版"两个版本。账户版转账时需要对应金融机构的账户体系，而代币版只要有数字钱包即可。从支付结算的角度来看，法定数字货币是M0的替代，法定数字货币是代币版，而不是账户版。

（1）账户版法定数字货币。

简单来说，账户版法定数字货币和现在的商业银行账户体系非常接近，但在设计体系中，二者的主要区别就是法定数字货币要求账户开在央行而不是商业银行。具体流程为：支付者需要登录央行的账户—申请付款给收款方在央行的账户—央行的总账本记录结算和交易信息—完成交易。

这就是所谓的单层架构。因为账户版法定数字货币会增加商业银行的融资成本，同时央行信用优于商业银行，也会导致金融脱媒、风险过度集中等问题。

(2) 代币版法定数字货币。

代币版法定数字货币的验证和结算分为中心化和去中心化两种方案,这取决于采用何种技术。去中心化结算通常会用分布式记账技术。因为效率、可扩展性和交易完结度等要求,分布式记账技术会在央行参与管理的联盟链上对法定数字货币进行验证和结算管理。

但是分布式记账技术不是唯一的方案,很多中心化的结算技术被证明在效率上非常有优势。中心化系统可以高效地验证代币上对应的序列号,同时为了避免"双花"问题,代币每转换一次,数字钱包就重新分配一个序列号。

4. 数字人民币

中国版法定数字货币(DCEP)是中国人民银行试点推广中的法定数字货币,是数字货币的一种。数字人民币由人民银行发行,是有国家信用背书、有法偿能力的法定货币。

与比特币等虚拟货币相比,数字人民币与法定货币等值,其效力和安全性是最高的,而比特币是一种虚拟资产,没有任何价值基础,也不享受任何主权信用担保,无法保证价值稳定。这是央行数字货币与比特币等加密资产的最根本区别。

数字人民币采取了双层运营体系,即人民银行不直接对公众发行和兑换央行数字货币,而是先把数字人民币兑换给指定的运营机构,比如商业银行或者其他商业机构,再由这些机构兑换给公众。运营机构需要向人民银行缴纳100%准备金,这就是1∶1的兑换过程。这种双层运营体系和纸钞发行基本一样,因此不会对现有金融体系产生大的影响,也不会对实体经济或者金融稳定产生大的影响。

央行数字货币体系下,任何能够形成个人身份唯一标识的东西都可以成为账户。比如说车牌号就可以成为数字人民币的一个子钱包,通过高速公路或者停车的时候进行支付。这就是广义账户体系的概念。银行账户体系是非常严格的体系,一般需要提交很多文件和个人信息才能开立银行账户。支持银行账户松耦合功能是指不需要银行账户就可以开立数字人民币钱包。对于一些农村地区或者边远山区群众、来华旅游者等,不能或者不便持有银行账户的,也可以通过数字钱包享受相应的金融服务,有助于实现普惠金融。

二、数字货币的属性

(一) 数字货币的职能

数字货币是对传统货币形态的发展和颠覆,尽管对数字货币的货币功能存在较大的争议,但是数字货币仍具有一定的货币特征。中本聪设计比特币的最初用意就是作为交易的一种支付手段,作为全新的货币形式,比特币本身去中心化的特性能够和传统的货币很好地进行区分。比特币等通用数字货币能够在全球范围内快速地进行流通绝对不是偶然的现象,数字货币自身拥有着和法定货币相同的性质和特点,其价值尺度、流通手段以及支付方式等方面都与法定货币相近。

第一,数字货币作为价值尺度。数字货币的去中心化特性,通过基于"共识机制"的发行模式,可以减少因信用问题而造成的货币贬值问题。因此,数字货币不仅可以通过发行数量的限制建立估值体系,进而成为某种与法定货币关联又不完全受制于法定货币体系的价值尺度。随着区块链技术在更多行业的应用，逐渐地向很多行业和领域进行渗透，体现其作为价值尺度的功能。

第二，数字货币作为流通手段。目前，比特币早已突破了数字货币原来仅限于网络世界虚拟交易和流通支付的界限，已经有很多的实体商店以及网站逐步接受以比特币用于消费支付。比特币逐渐被大家所接受，慢慢开始具有自身的流通形式。随着比特币等基础数字货币进入实体经济并通过交易实现流通功能，数字货币的流通功能将日益展现。

第三，数字货币作为支付手段。对于比特币等基础数字货币而言，其交易的便利性是毋庸置疑的。去中心化的特质，使其也不用再通过银行等第三方中心化平台进行交易，更不需要在交易的时候有第三方进行交易担保，为此还能够节省中介消费的成本，这样的支付方式会被大众接受，逐渐融入实体经济和现实生活，改变目前的传统货币或电子货币的支付消费习惯。另外，比特币等基础数字货币具有全球流通、不受政府监管的特点，适合作为全球性的通用货币或支付手段。

第四，数字货币作为存储方式。对于比特币等基础数字货币来讲，其发行数量是有限的或特定的。而且伴随着"挖矿"过程难度的不断增加，以及市场流通需求量的不断增加，存储数字货币可以实现一定的保值增值功能，从而具有一定的投资意义。

（二）数字货币的缺陷

当然，从交易流通的角度来看，数字货币存在以下几个功能缺陷。

1. 价值尺度

数字货币的软肋之一是没有稳定的币值，价格波动剧烈，例如比特币的币值从 2021 年 11 月的高点近 69 185.5 美元跌落到 2023 年 6 月的约 26 800 美元，跌幅超 60%，暴涨暴跌的程度超过目前国际金融市场任何一种金融产品。因此，数字货币无法作为衡量价值的尺度，而在流通交易过程中，因币值涨跌不可控也妨碍其大范围使用。

2. 流通手段

不可否认的是，目前已有部分领域实现了比特币的交易流通，但是在这一过程中存在的棘手问题是其匿名性不利于监控。这导致全球各国、各地区政府试图对数字货币采取严格管控。此外，数字货币总量是固定的，因此数字货币也被视为规避风险的投资工具，这也妨碍了其流通功能。

3. 支付手段

中本聪在设计比特币的时候，认为基于区块链技术的比特币能够减少第三方如银行等的干预，降低中间费用，因为银行支付系统等传统货币或电子货币支付体系，是有中间成本的。基于区块链技术的数字货币虽然无须向银行等机构缴纳费用，但为了维护系统的正常运转，每一笔交易必须交付一定的手续费给"矿工"，且手续费与交易金额大小和距离无关，只按数字货币交易的字节收费，即数字货币支付这种方式对金额较大的交易及跨境交易更有利；对于小额交易特别是对于交易量甚至不足手续费所需的比特币交易不利。

4. 储藏手段

目前，全球市场上发行的数字货币都依赖于区块链技术，以 P2P（点对点传输）网络、密码学和分布式记账为基础的数字签字方式进行交易确认和流转，其保管成本几乎可以为零，但由于短时间内数字货币价格波动巨大，大多数电子钱包不会储蓄计息，数字货币的存储功能（保值增值）仍有欠缺，因此相比于传统的法定货币，两者无法相提并论。同时，数字货币作为一种数字资产，具有短时间内升值或贬值的巨大空间，如何与较为稳定的实物价值挂钩，目前还未找到较为合理的解决办法。

三、数字货币市场

通过金融创新，数字货币将超越之前传统的货币形态，具备更强的金融属性，而全球经济一体化将进入一个传统货币金融体系和数字货币金融体系并存的时代。数字货币在发行、流通、交易等环节都在通过金融创新实现对传统货币金融体系的颠覆和突破。

（一）数字货币的发行

数字货币发行可以分为两类，一类是发行区块链原生代币，也称为基础代币或内置代币的行为，原生代币是指附着于区块链系统并在该系统内产生和使用的加密货币；另一类是在原生代币区块链系统上发行二次代币（数字货币），募集原生代币的发行行为。数字货币首次发行也称为首次代币发行（ICO），其概念源自股票市场的首次公开发行（IPO）。两者的相同之处在于都是通过一种平台为项目或公司向公众募集资金，而最明显的区别在于，IPO一般是用股票募集现金（法定货币），ICO则是用代币募集原生代币。

ICO作为数字货币领域的创新融资模式，已经成为全球资本市场的新宠。这一基于区块链技术发展带来的革命，可能对未来人类生活产生重大影响。ICO项目的参与者也是投资者，他们会在社区里为该区块链项目进行宣传，使它产生的代币在开始交易前就获得流动性。但ICO项目的参与者最看重的依然是由项目发展或代币发行后价格升值带来的潜在收益。而对于ICO的发起者来说，由于代币具有市场价值，可以兑换成法定货币，从而支持项目的开发与发展，达到类似IPO融资模式的募资目标。

（二）数字货币的流通

基于区块链技术和分布式记账技术的数字货币支付交易体系具有以下特点：第一，依附于互联网，可以轻易实现跨境交易支付；第二，分布式记账技术带来的支付系统依托互联网，拥有数量无限的支付节点和信息分布存储，不容易受到攻击或被恶意篡改交易数据，具有较高的支付安全性；第三，数字货币账户具有匿名性，数字货币是密码学的产物，其外在形态仅表现为一串无规律（加密）的字符串，不体现拥有者的任何特征，故具有类似于现金持有者的匿名性；第四，货币当局无法监管，数字货币交易支付过程不可追踪，无法溯源，持有和交易数字货币都无须交税；第五，交易不可逆，与其他电子货币不同，数字货币不依赖于现有金融体系，交易无法通过"回滚"机制来取消，一旦交易确定，只能通过新的交易来实现账户的修复；第六，交易和支付类似于股票市场，牌价、交易量都是公开透明的；第七，数字货币是可以不断细分的，比如比特币由于其特点（发行量限制在2 100万枚），随着其在市场上价值的不断提高，交易者可以通过细分（一个比特币可以被分到8位小数，比特币是最小的交易单位）来满足交易支付的实际需求。

数字货币支付交易的这些特点决定了其具有与传统货币截然不同的交易支付方式，

也在颠覆传统货币金融体制，直接引起各国央行的关注。不论是在反洗钱、反逃税还是管制跨境资本流动方面，数字货币都成为各国央行的"公敌"。因此，各国央行在法律监管和金融创新之间必然要进行取舍，取的是数字货币的优点，通过发行法定数字货币等来进行金融创新；舍的是数字货币的弊端，转向严格控制或彻底禁止数字货币发行、交易行为。

（三）数字货币的交易

数字货币交易所是指撮合数字货币间、数字货币与法定货币之间交易的平台，是数字货币流通、交易和定价的主要场所。与传统证券交易所相比，数字货币交易所除撮合交易外，还承担做市商和投资银行的角色。交易所的做市商角色能增加市场的流动性，交易所从中赚取交易差价。交易所的投资银行角色为数字货币提供发行、承销等服务，交易所从中收取发行费，或者以交易所社区投票的形式收取保证金。目前，绝大多数数字货币交易所都是中心化的交易所，可分为法定货币交易所、币币交易所、期货交易所等。

四、数字货币对货币政策的影响

（一）电子货币对货币政策的影响

电子货币是法定货币的电子化，包括非现金支付方式，如票据支付、银行卡支付、预付卡支付等。最初，电子支付主要通过银行等金融机构来完成。后来，随着互联网技术的推广，非金融支付机构也进入支付体系，被称为"第三方支付"，如支付宝、微信支付等。第三方支付机构的加入，使支付变得更加便利，比如提供更加友好的支付界面、拓展特约商户范围、收集整理信息、提供增值服务等，但最终的支付清算仍然主要通过银行体系来完成。随着规模的快速扩张，电子货币对货币政策的影响也日益显现。

电子货币导致货币需求的稳定性下降。在选择持有货币还是持有其他金融资产时，经济主体不仅要考虑收益，还要考虑交易成本，包括购买金融产品的佣金、出售金融产品变现所花费的时间等。电子货币便利了货币和金融产品的转换，降低了交易成本。在这种情况下，经济主体对利率的敏感度提高，利率的微小变化有可能引起经济主体频繁改变货币和金融资产的持有量，货币需求的稳定性下降。

电子货币对货币供应总量的影响存在不确定性。一方面，非现金支付中的票据贴现和信用卡涉及信用创造，会增加货币供应量；另一方面，一些非金融支付机构开始提供信用服务，从而减少企业和个人对金融机构信贷的需求，相应减少货币创造和货币供应量。从对货币供给结构的影响看，随着电子货币的广泛应用，各层次货币供应量之间以及货币与金融资产之间的边界日益模糊，各层次货币供应量的可测性和可控性下降。

电子货币的发展导致数量型调控的有效性降低，但有助于提高价格型货币政策工具的有效性。在数量型调控中，中央银行主要通过调控基础货币的数量来调节货币供应量，最终影响产出、通胀等经济变量。电子货币的发展导致了货币需求的不稳定性，各层次货币供应量的可测性和可控性下降，对货币乘数的影响也存在不确定性。这侵蚀了数量型调控的基础，削弱了数量型调控的有效性。但电子货币便利了现金与其他生息资产的转换，企业和个人更容易持有生息资产，企业和个人将不付息的现金转化为生息资产，生息资产比例上升，企业和个人对利率的敏感度上升，有助于利率等价格型工具发挥作用。

（二）数字货币对货币政策的影响

以比特币为代表的数字货币，在一定程度上打破了现实世界中或多或少存在的货币兑换限制和支付的寡头垄断，且成本很低，满足了公众低成本进行跨国界支付和交易的需求。2008年金融危机之后，一些国家央行采取大规模量化宽松政策，存在滥发货币的嫌疑。比特币不由任何单一机构发行，而是由"矿工挖矿"产生，其发行速度和规模由技术规则预先设定，并设有一个上限，消除了使用者对货币滥发的担心。此外，比特币的匿名特征，也迎合了信息时代一些人对于个人隐私保护的需要。

一般的虚拟货币只在封闭的特定领域内承担一般等价物的职能，对货币政策和实体经济的影响非常有限。由于游戏币这样的虚拟货币通常只能单向兑换，仅在某些游戏中充当购买虚拟商品的货币，且不能兑换回法定货币，因此它们更类似于一种特殊的商品，其价格更类似于商品的价格。游戏币购买力波动的影响，只限于该款游戏玩家范围，而货币政策关注的是价格总水平的稳定。

数字货币则较大程度地具备了货币的特征，但其不都是央行发行的货币，流通也不经过传统的商业银行体系，如果达到一定规模，对中央银行的调控会产生较大影响。一是削弱货币政策有效性。央行调控的前提条件是垄断货币发行权，充当最后贷款人，通过投放或回收基础货币，调控银行体系流动性，影响短期利率，从而影响实体经济的储蓄和投资等经济行为。当虚拟货币达到一定规模，在经济中充当货币职能，其数量和价格均会对实体经济产生重大影响，而央行缺乏调控这些虚拟货币数量、价格的能力，只能通过调控法定货币的流动性和价格来施加间接影响，货币政策的有效性将被削弱。二是影响铸币税收入。虚拟货币的发行流通将弱化中央银行对货币发行的垄断，造成中央银行铸币税损失。三是降低货币指标的准确性。此外，值得注意的是，一些虚拟货币的支付网络有可能对以央行和商业银行为主体的既有支付体系形成替代和冲击，从而削弱央行通过支付体系监测资金流动、收集信息的能力。

一些因素制约了数字货币对货币政策的影响。一是目前数字货币在商品市场上的使用率较低；二是去中心化的数字货币有固定发行上限，容易引致通缩和囤积，甚至成为投资炒作的对象，从而导致价格大幅波动；三是去中心化的数字货币，其发行人缺乏对该种货币的兑付承诺能力和币值调节职能，有可能引致系统性风险。由于目前数字货币的广泛使用还存在一定障碍，其对货币政策调控的影响仍在可控范围之内。

中央银行发行的央行数字货币实际上就是一种电子现金，对货币政策和商业银行的影响都不大。央行通过数字货币形式直接将货币发行至个人和企业账户，其流转仍然通过央行和金融机构再至企业和个人，在货币创造渠道、流转环节、功能上与传统货币完全相同，没有脱离传统货币政策调控的范围。电子现金的主要功能在于便利交易支付，对货币交易需求的影响有限，对货币政策的总体影响不显著。

五、数字货币风险与监管

（一）数字货币的风险

数字货币的风险与监管主要集中在两个问题上：数字货币的交易与发行，前者涉及的主要是交易所和交易标的合法合规问题，可以通过发放牌照和审核标的物等方式进行监管，后者则是数字货币的主要金融创新方向，随着ICO模式的不断变形和演进，对监管部门的监管要求也就越来越高。

1. 数字货币的交易风险

数字货币是信用货币进化的阶段性产物，由于法定货币的信用源于中央银行体系和国家法律体系的强制力，而数字货币没有这一背书，这就意味着数字货币并没有内在价值。由此，数字货币的生产成本较低，虽然可以限制数量，但是其供给具有极大弹性，致使币值不稳定，可能侵犯数字货币持有人的权益。

首先，数字货币改变了传统金融基础设施。传统货币体系运行的维持需要耗费大量经济成本，而数字货币的交易成本极低，特别是小金额、大范围与长距离交易。数字货币的交易将会侵蚀传统货币和与支付相关的生态圈，通过改变电子商务货币环境而对实体经济产生影响。

其次，数字货币对货币供给和需求具有潜在影响。就数字货币的市值而言，目前其不足以完全替代任何一个主权国家的货币流通。但是，如果比特币的需求和规模不断扩大，其自身独有的运营会对国家货币流通产生影响，甚至可能撼动法定货币的地位。从货币需求视角看，数字货币的竞争会导致法定货币作为交易媒介的作用受到一定的限制。至少，数字货币使用范围扩大必然会使货币流通的测量不再准确，从而模糊了货币政策的立场，加大货币政策制定难度。

最后，数字货币的交易模式使其容易逃避监管，匿名性与去中心化已经使其在很多非法网站上成为犯罪资金的主要载体。就金融监管而言，几乎所有国家和地区都非常依赖银行系统查验交易资金进出情况，然而数字货币交易系统却可以巧妙避开这种监管。

2. 数字货币的发行风险

IPO 一般只能在一个国家或地区的特定交易所内进行，并且只能募集该国的货币。而 ICO 可以在全球范围内进行公开募资，募集的是虚拟数字货币——代币，依托区块链技术，而且融资的过程花费时间非常短，付出的成本也很低。

（1）道德风险。

如上述分析，ICO 融资的低门槛导致的"劣币驱逐良币"效应，就是发行人的道德风险，即出于欺诈目的的融资，而非真实项目的融资。这一类型的 ICO 项目往往利用 ICO 项目投资者的激进投资风格，以高额回报为诱惑，夸大项目预期收益，进行欺诈式的募资。

（2）法律风险。

目前，全球对 ICO 的监管尚未明朗化，有的国家和地区已经禁止 ICO，在未禁止 ICO 的国家或地区由于尚无专门的法律法规来规范 ICO 行为，因此，ICO 项目发行人可能面临潜在的法律风险。

（3）技术安全风险。

一个优质的 ICO 项目，募集了大量资金，但由于其所依托的交易平台或者自建社区服务器的安全性原因，可能会遭到黑客攻击，直接被盗取所募集的虚拟数字货币，造成发行人和投资者的损失。当然也有可能是由于 ICO 项目的智能合约存在技术层面的安全漏洞（因为区块链技术采用的是开放式的开源代码，极易被黑客攻击）。

(4) 流动性风险。

由于 ICO 项目发起人和 ICO 投资者之间信息极其不对称，并且数字货币的交易平台也不是受监管的金融机构，信息不透明，因此发起人操纵市场价格从中牟利是极为方便的。由于代币交易过程具有匿名性，调查成本高，发生欺诈行为后几乎无法进行调查和诉诸法律手段。

ICO 项目的流动性风险不是 ICO 项目所发行的代币的流动性不足带来的，而更多的是代币的流动性过剩所带来的。因为与 IPO 相比，ICO 没有严格规范的流程和规则，而 ICO 项目从筹备阶段到发布正式官方文件的过程中，存在一个私募环节，从发布正式官方文件的进行公募，到代币发行后进行交易，流动性的释放是不受任何约束和监管的，容易被项目团队和实际控制人操纵，再加上交易平台上代币的涨跌和交易量不受限制，散户极易被"庄家"洗牌出局，成为受害者，最终使得很多 ICO 项目走向"庞氏骗局"或向传销模式发展。

（二）数字货币的监管

数字货币具有的去中心化发行和流通、全球化、可匿名等特性，无疑是对传统货币体系和金融监管的一大挑战。如何适配现行的中心化商业环境和金融监管规则，如何平衡安全、稳定、高效、低成本与隐私保护，如何顾全实体经济中各参与方的利益，等等，都是各国政府与监管部门持续思考的问题。

目前，世界各主要经济体对数字货币、ICO、交易所的相关政策不尽相同。从区域来看，亚洲国家和地区（除了新加坡、沙特和中国香港地区）的监管最为严格，但是除了中国内地、日本和韩国采取禁止数字货币及 ICO 的政策，绝大多数国家和地区尚处在监管空白阶段；欧洲国家（德国除外）采取的是较为积极的监管政策，特别是瑞士和一些北欧国家，包容、鼓励数字货币交易及 ICO 活动；而美国和德国则偏向于"严格监管"，即在现有证券法律框架下进行严格监管。

面对 ICO 市场规模的不断扩大，全球金融监管机构也在不断尝试监管模式创新，与美国将 ICO 纳入现有证券法律框架下的监管思路不同，英国政府提出的监管沙盒模式也许是 ICO 监管的另一条可行的出路。按照英国金融监管局（FCA）的定义，监管沙盒是一个安全空间，金融科技企业可以在安全空间内测试其创新的金融产品、服务、商业模式和营销方式，而不用在相关活动碰到问题时立即受到监管规则的约束。监管当局在保护消费者或投资者权益、严防风险外溢的前提下，通过主动合理地放宽监管规定，减少金融科技创新的规则障碍，鼓励更多的创新方案积极主动地由想法变成现实，在此过程中，能够实现金融科技创新与有效管控风险的双赢局面。

英国金融监管局采取创新企业申请制，根据申请者的具体情况来给予完整性授权或限制性授权（当申请者达到全部条件后，英国金融监督局会取消限制性规定），除此之外，还采取了"虚拟沙盒"与"沙盒保护伞"的灵活方式来让部分申请者进入沙盒监管。

1. 沙盒保护伞

"沙盒保护伞"针对非营利性公司设立，这些非营利性公司可以指派某些金融创新企业作为其试验期内的"指定代表"，即"代理人"。这些作为用户的金融创新公司与其他获得授权的创新企业相似，他们需要通过批准的方式获得"沙盒保护伞"公司的授权，同时受到英国金融监督局的监管。并不是所有的公司都适用于"沙盒保护伞"，比如保险公司和投资管理公司等密切涉及消费者、投资者利益的公司就需要通过严格授权申请的方式来加入沙盒。

2. 虚拟沙盒

"虚拟沙盒"则是创新企业在不进入真正市场的情况下与其他各方（比如学术界）来探讨和测试其解决方案的虚拟空间，所有创新者都可以使用虚拟沙盒，不需要英国金融监督局的授权。针对获得授权的企业，英国金融监督局会发布无强制措施声明、特别指导和规则豁免等来帮助这些公司抵御未来可能会遇到的法律政策风险。

在全球范围内，对于数字货币，不同政府和监管机构所采取的手段截然不同，这对数字货币的发展也会产生不同的影响。数字资产不能轻易地被归为证券、商品或者货币。事实上，数字资产最大的好处之一是它们可以同时具有投资合约、效用和支付货币的特征。但是，这也为金融监管机构带来了全新且复杂的难题，为寻求数字资产创新项目的企业创造了难以置信的机会，所以这将是数字货币未来面临的最重要的政策和监管问题之一。

本章案例

案例9　数字人民币

导语：数字人民币经过将近十年的发展，越来越成熟，并逐渐进入日常消费支付领域。数字人民币的推广应用主要从三个方面发力：一是推进试点应用、场景建设；二是数字人民币 App 产品研发和服务升级持续推进；三是嵌入成熟的银行 App、支付宝、微信等支付渠道。

数字人民币（DCEP，Digital Currency Electronic Payment，字母缩写按照国际使用惯例暂定为"e-CNY"）是由中国人民银行发行的数字形式的法定货币，由指定运营机构参与运营并向公众兑换，以广义账户体系为基础，支持银行账户松耦合功能，与纸钞、硬币等价，具有价值特征和法偿性，支持可控匿名。

2014年，中国人民银行成立专门团队，开始对数字货币发行框架、关键技术、发行流通环境及相关国际经验等问题进行专项研究。2017年年末，中国人民银行组织部分商业银行和有关机构共同开展数字人民币体系的研发。在坚持双层运营、现金（M0）替代、可控匿名的前提下，基本完成了数字人民币的顶层设计、标准制定、功能研发、联调测试等工作。

数字人民币试点应用和场景建设顺利推进，服务持续升级。一是数字人民币试点应用和场景建设进展顺利。2022年，数字人民币试点范围两次扩大，截至2022年12月，全国已有17个省份的26个地区开展数字人民币试点；各试点地区政府围绕"促进消费""抗击疫情""低碳出行"等主题累计开展了近50次数字人民币消费红包活动，试点场景已涵盖批发零售、餐饮、文旅、政务缴费等多个领域，流通中的数字人民币存量为136.1亿元。数据显示，最近半年，1.28亿网民使用过数字人民币，互联网生活服务平台是最主要的使用渠道，其次是各类银行 App 和数字人民币 App。二是数字人民币

App 产品研发和服务升级持续推进。数字人民币 App 一方面为用户提供了便捷的兑换、支付、钱包管理等服务,并支持线上线下全场景应用;另一方面推出多种形态的硬件钱包,探索软硬融合的产品能力,并针对"无网""无电"等极端情况,研发相应的功能,进一步拓宽使用场景。

资料来源:和讯网. 我国网络支付用户规模达 11 亿:1.28 亿网民使用过数字人民币[EB/OL].(2023-03-27)[2023-03-28].https://baijiahao.baidu.com/s? id = 1761528054963140381&wfr=spider&for=pc.

评语:传统货币的数字化转型是经济数字化转型的必然要求。数字人民币的推广应用还处于探索阶段。虽然总体的交易额越来越大,但是其应用的便利性、普及性还有待完善。

思考:如何加快数字人民币的推广应用?数字人民币与比特币相比,有什么不同?数字人民币国际化会面临哪些障碍?

课后习题

(1) 举例说明网络支付的特征。
(2) 简述互联网金融的主要模式。
(3) 举例说明互联网金融监管面临的挑战。

第十章 网络经济国际化

本章概要

网络经济的发展推动了全球贸易的深度一体化。本章主要介绍网络贸易的发展历史、趋势及其策略,并以跨境电商为重点分析对象,讨论其基本特征、运行机制等对于国际贸易的影响。

目标要求

(1) 了解网络贸易、跨境电商。
(2) 熟悉网络贸易的发展策略。
(3) 掌握跨境电商的基本特征与运行机制。
(4) 应用相关理论分析跨境电商发展面临的挑战和对策。

本章内容

第一节 网络贸易

一、网络贸易的内涵

网络贸易,是指在网络平台基础上直接进行在线跨国交易,利用数字化技术将企业、海关、运输、金融、商检和税务等有关部门有机连接起来,实现从浏览、洽谈、签约、交货到付款等全部或部分业务自动化处理。网络贸易是传统国际贸易的电子化、网络化、数字化、智能化。

与之密切相关的是数字贸易。数字贸易更突出数字化的产品和服务贸易,但国际上对数字贸易的讨论和谈判大多仍在电子商务框架基础上展开。各国对数字贸易的认识尚不统一。美国相关人员和部门认为数字贸易不仅包括网上消费产品的销售和在线服务的供应,还包括使全球价值链成为可能的数据流、使智能制造成为可能的数字服务以及无数其他平台和应用。澳大利亚相关人员和部门认为数字贸易不只是在线上购买商品和服务,还包括信息和数据的跨境流动。经济合作与发展组织认为数字贸易是指数字技术赋能于商品和服务贸易,同时涉及数字的和物理的传输。因此,本教材中的网络贸易范围涵盖了所谓的数字贸易。

广义的网络贸易包括网络贸易和电子数据交换(EDI)无纸贸易两种类型,狭义的网络贸易则仅指网络贸易。EDI技术开发应用时间较早,但其是一个封闭性系统,十分昂贵,且技术标准复杂,缺少通用性,因此至今EDI无纸贸易的发展仍较缓慢。而互联网是一种开放性的网络系统，有统一的协议标准，通信费用低，更能适应市场日益扩大的需要，相比较而言，网络贸易是未来对外贸易发展的主流方向。

二、网络贸易的发展

网络贸易产生的客观基础是经济关系的全球化和一体化。随着现代信息技术的飞速发展，网络贸易应运而生。网络贸易是一种新型的交换模式，其不仅有别于传统贸易市场，而且改变了传统贸易迂回曲折的过程，使资金流、物流的运动方式发生了变化。通过互联网开展国际贸易已成为商家追求的目标。网络贸易突破了传统贸易活动中物质、时间、空间对交易双方的限制，对世界经济贸易的增长产生了巨大的推动作用。全球贸易网络化发展，对全球供应链、产业链、价值链产生了巨大的影响，国家间经济分工、贸易利益分配面临巨大的挑战，新的国际规则、国际治理挑战正在到来。

传统国际贸易方式是一种以纸面贸易单据（文件）流转为基础的贸易方式。在大量贸易单据的流通过程中，买方和卖方之间的贸易数据和纸面文件的处理工作（包括文件缮制、邮寄、管理等）往往产生大量的时间延误，并且每次重复输入数据都可能产生错漏等方面的问题。而在网络贸易方式下，买卖双方通过网络平台直接接触，不需要大量的贸易中介的参与。例如，为进出口商品提供包括代理、报关、商检、仓储、运输等整套服务体系的平台，还可以提供商贸信息咨询市场分析、进口产品的保税展示和仓储、网上推销和广告宣传等服务，在世界各地建立代理销售网络，为制造商与贸易商创造商机，寻找买主，撮合成交，并提供成交后的进出口服务。网络贸易将代理、展销等多种传统方式融为一体，把全部进出口货物所需要的主要流程，如市场调研、国际营销、仓储、报关、商检等引入互联网中，为世界各地的制造商和贸易商提供全方位、多层次、多角度的互动式商贸服务，解决了传统贸易活动中物质、时间、空间对交易双方的限制，促进了国际贸易的深化发展。目前，网络贸易的发展速度不断加快，在未来将成为具有主导性的贸易方式。

三、网络贸易的类型与特点

（一）网络贸易的类型

根据划分参照标准的不同，网络贸易的模式可以有很多种，主要包括按照贸易主体分类、按照商品的移动方向分类、按照交易对象的性质分类、按照清偿方式分类。

1. 按照贸易主体分类

按照贸易主体分类是最常见的一种分类方法。最宽泛的一种基于主体的网络贸易分类方法是将网络贸易的参与主体划分为政府、企业、消费者，进而将网络贸易模式分为9种：G2G、G2B、G2C、B2G、B2B、B2C、C2G、C2B、C2C。其中，B2C、B2B、C2C是网络贸易的主要模式。

2. 按照商品的移动方向分类

按照商品的移动方向，对网络贸易进行最简单的划分，可将网络贸易分为网络国际贸易和网络国内贸易。网络国际贸易主要指的是基于互联网技术实现对国际贸易信息进行发布、展示，方便贸易双方的沟通，促进贸易的达成。网络国际贸易的贸易主体是两个国家或地区的政府、企业及其他组织单位主体。而网络国内贸易则表示的是基于互联网技术实现对国内贸易信息的发布、展示，方便贸易双方的沟通，促进贸易的达成。网络国内贸易的贸易主体主要集中在一个国家或地区的内部。网络国内贸易是由生产商向销售者、产业和事业单位用户销售的行为。

3. 按照交易对象的性质分类

按照交易商品特性的不同，网络贸易也可以被分为有形网络贸易和无形网络贸易。有形网络贸易主要是指通过互联网技术对具有可触摸、可看见、外在的物理特征的实物商品进行的贸易；而无形网络贸易则代表的是通过信息技术手段对不具有物质形态的金融、旅游、文化娱乐、咨询等进行的贸易。无形网络贸易同样可以分为网络服务贸易和网络技术贸易。如阿里巴巴设有商业服务栏目，囊括了广告设计与制作、保险、投融资、商旅服务、翻译等形式。

4. 按照清偿方式分类

贸易理论中将贸易形式按照清偿方式的不同分为现汇交易、协定交易和易货交易。在网络贸易中，也出现了基于清偿方式不同的贸易形式，主要是网络现货交易、网络期货交易和网络易货交易。网络现货交易指的是交易双方即期进行商品与货款交割的网络贸易形式。而网络期货交易是指远期进行的标准化合约的交易，需要通过交易双方对交易商品的品种、数量、价格、交货期和交货方式等签约，而实际的交割则在规定的期限内履行。这种方式能让生产商根据生产经营需要，在网上订立合同，约定交货日期，实现资源的合理配置。网络易货交易相对于前两种贸易而言比较简单，是指贸易双方通过互联网平台实现对等值商品或服务的交换。

(二) 网络贸易的特点

网络贸易是一个充满机遇和挑战的新领域，具有广阔的发展前景，网络贸易已达到了相当大的规模。相比传统的贸易，网络贸易具有以下几个基本特征。

1. 全球合作机会增加

由于互联网上提供了大量关于消费者的信息，厂商不仅能够取得更多消费者和市场的信息，而且还能取得关于这类产品潜在顾客的信息，深入了解消费者要求的变化。同时，厂商也可以通过网络向更多的客户发布商品信息，使消费者更好地了解产品和生产者。厂商还可以通过网络获取更多的技术、资本、人才等生产要素信息，以及合作项目信息，从而增加贸易合作机会。网络贸易突破了商业活动的时空限制，交易双方通过互联网信息技术相连接，构成了覆盖全球的贸易网络。全球各贸易国和地区之间可以通过世界范围内的计算机网络快速寻找贸易伙伴，快速完成贸易活动，全球形成统一的大市场，这样大大增加了全球贸易的合作机会。

由于网络的互联优势，人们的空间距离不断缩小，使得贸易摆脱地域的约束，全球贸易的范围和规模日益扩大，各国之间的贸易联系日益加强，各国对出口贸易的依存度不断提高，从而形成了以信息网络为纽带的统一的"大市场"，为最终实现经济全球化打下坚实的基础。

2. 贸易竞争更激烈

通过网络进行的商品贸易，贸易双方从开始洽谈、签约到订货、支付等，无须当面进行，均通过计算机互联网络完成，整个交易完全虚拟化。卖方在互联网络上展示将要出售的商品的形象、价格、使用方法，以及交易条件等。而买方发现需要的产品与交易对象，就可以通过互联网络与卖方进行洽商、签约、订货并支付。网络经济时代的人类贸易活动将以物理空间为主转向以虚拟空间为主。电子商务通过网上的信息交换，开辟了一个开放、多维、立体的市场空间，突破了传统市场必须以一定的地域存在为前提的条件。

由于网络贸易是通过网络进行的，因而买卖双方从交易的洽谈、签约，到货款支付、交货等整个交易过程都在网络上显示。这种透明化的交易不仅体现在整个交易过程中，而且还体现在交易前买卖双方的准备活动中，以及交易后买卖双方的售后活动中。因此，任何一个网上用户都可能了解任何一项网上交易过程。这种网上交易的透明化，使市场竞争更加激烈，从这个意义上讲，网络贸易的发展也给商品提供商带来了严峻挑战。

3. 网络贸易数字化

随着网络贸易的发展，人类贸易活动的基础将不再是对产品的拥有量。而是对技术和知识的拥有量。贸易过程中的财富分配将以各交易方所拥有的技术和知识为转移。贸易产品的技术含量不断提高，最终将朝着智能化产品的方向发展。

信息技术的发展使得一些产品和服务开始以数字的形式存储、传输和交易，超越物理的束缚，可贸易程度大大提升。数字服务是指可通过互联网进行远程交付的产品或服务，不仅包括信息和通信技术服务产业、数字媒体产业等几乎全部通过数字化手段进行交付的服务，还包括养老、金融、知识产权等可数字交付程度较高的服务。在全球数字经济蓬勃发展的大背景下，基于数字技术开展的线上研发、设计、生产、交易等活动日益频繁，极大促进了数字服务贸易的发展。数字服务贸易增速超过服务贸易和货物贸易增速，数字服务贸易驱动全球贸易向服务化方向发展。

4. 便捷化、低成本

随着信息技术的发展，任何信息都可以转化为数字信号，通过卫星、光缆等先进传输手段以接近光速的速度进行传输。经济活动所需时间缩短，连续性加强，商务活动频率提高，文件资料的收发、企业商务的交割、资金的调拨、商品的采购等都通过高速快捷的网络进行。就网络贸易而言，由于互联网络将贸易中的商业文件标准化，商业文件能在世界各地瞬间完成传递与计算机自动处理。从原料采购、产品生产制造、销售到银行汇兑、保险、货物托运和海关申报等环节，无须人员干预即可在最短的时间内完成，克服了传统贸易方式中由于人的因素出现的费用高、易出错、处理速度慢等缺点，极大地缩短了交易的时间，使整个交易过程快捷方便。

通过以互联网为代表的电信网络进行贸易，买卖双方的交易成本大大降低，具体表现在以下方面：买卖双方通过电信互联网络进行直接贸易，无须中介者参与，减少了交易有关环节的费用；买卖双方均可通过互联网络进行产品介绍、宣传、树立形象等，并能够以较低的费用获得信息，迅速达成交易，极大地节约了时间和成本。对于卖方，可通过互联网络把其公司总部、代理商，以及分布在其他国家的子公司、分公司联系在一起，及时对各地市场情况做出反应，即时生产，即时销售，降低其存货费用，从而获得成本优势。

5. 贸易机会均等化

在传统贸易中，发展中国家与发达国家、小企业与大企业的贸易机会是不均等的。新经济时代，随着网络贸易的发展，各贸易方的网上交流显著增加，贸易信息资源更具有开放性、共享性。厂商借助网络可以很方便地介绍产品、服务和宣传企业形象，这有利于扩大企业知名度、扩大海外市场和提高竞争力。网络贸易创造了公平的外部竞争环境，使发展中国家、小企业能方便、快捷地与国际市场相连，迅速进入市场参与竞争，相对而言，实现了与发达国家、大企业均等的贸易机会。

四、网络贸易面对的挑战

（一）交易安全

网络安全问题是阻碍网络贸易发展的主要障碍之一。由于网络贸易是通过网络进行商务信息的传输，这要求网络在数据传递、交换和处理方面有很高的安全性。然而，现在的网络贸易中却存在着种种风险，一方面，存在诸如交易数据的传递错误、被涂改、交易信息的泄密等问题；另一方面，网上交易带来的巨大机遇和丰厚利润也容易引起网络黑客的入侵。这些风险都有可能给交易双方造成难以弥补的损失。如何更好地提高网络贸易的安全性是个持久命题。

（二）法律风险

由于网络贸易具有交易的无疆界性质，这就导致传统的管辖边界不再适用。因此，必须针对网络贸易制定全球性的法律、法规，以规范网络贸易的发展。贸易双方订立的是"电子合同"，合同的要约、承诺和签名等都以电子数据形式通过网络进入对方的计算机，容易产生法律纠纷。同时，在网络贸易中，知识产权保护也变得很困难，现有的法律包括国际条约都没有专门的规定。制定、签署适用于全球范围的网络贸易法律框架，关系到各国开展网络贸易能否得到承认与执行，国际贸易能否健康、稳定发展的重要问题。

（三）财税问题

网络贸易势必会触动各国的财税政策，包括买卖双方的订单合同等作为销售凭证的多种票据都以电子形式存在，且电子凭证容易被篡改，这导致传统的凭证追踪审计失去了基础。同时，互联网的发展刺激了电子支付系统的发展，此外，数字货币的出现，提高了税务机关通过银行的支付交易进行监控的难度。跨国界进行的网络贸易使各国政府无法控制贸易流量，这些都将为海关统计、税务征收等工作带来一系列的问题。

第二节 跨境电商

信息技术在贸易各环节中的广泛应用催生出新模式和新业态，有效降低了国际贸易中的信息不对称程度，极大地推进了跨境电子商务的发展。全球跨境电子商务保持高增长态势。信息通信技术推动传统货物贸易方式升级改造，跨境电商平台、智慧物流、智能监管等新模式和新业态给国际贸易注入了新的活力。

一、跨境电商的内涵

(一) 跨境电商的定义

跨境电商是跨境电子商务的简称,是指分属不同国家或地区的交易主体,通过电子商务平台实现商品交易的各项活动,并通过跨境物流实现商品从卖家流向买家以及相关的其他活动内容的一种新型电子商务应用模式。跨境电商源于电子商务,属于电子商务范畴,是电子商务的一种新型应用模式。跨境电商既包括海淘、代购、跨境零售,又包括跨境 B2B 模式等,凡是借助电子商务模式实现跨越国境或关境商业活动的都归属于跨境电商的范畴。

跨境电子商务有狭义和广义之分。狭义上的跨境电商等同于跨境网络零售,指分属于不同国境或关境的主体在电子商务平台上达成贸易交易,进行电子支付结算,通过跨境物流服务及异地仓储完成商品寄送,从而完成国际商贸交易的一种新业态。广义上的跨境电商等同于外贸电商,指分属于不同国境或关境的主体通过电子化手段完成商品展示、交易洽谈、合同签订、支付结算等活动,并通过跨境物流完成货物送达的一种国际商业活动。从广义定义来看,跨境电商实际上是电子商务应用于进出口贸易,是传统商务贸易流程的电子化、网络化和数字化。国际贸易环节中的货物电子贸易、在线数据传输、电子货运单、电子资金划拨等电子商务内容均可划到该范畴。

跨境电商不只是货物贸易,还有围绕货物贸易开展而形成的一系列数字服务和数字服务贸易,其中最主要的是跨境电商平台企业提供的跨境贸易数字平台服务,此外还包括跨境电商生态中的市场信息服务、支付结算服务、物流信息服务等。平台中介服务方面,阿里巴巴、亚马逊等超大型跨境电商企业纷纷开拓国际市场,将服务对象从国内企业延伸至国际企业。市场信息服务方面,在跨境电商的发展中,由于市场的国别差异和空间距离等因素影响,数据的作用显得尤为重要,专门提供数据对接、数据分析等大数据服务的企业或平台应运而生。跨境电商大数据既可以帮助企业及时掌握市场信息、提高生产经营效率,又能够帮助企业通过大数据进行高效选品和提升销量,抢占全球市场。

在经济全球化大背景下,加之互联网等先进技术的快速发展,跨境电商异军突起,成为电子商务行业中最具竞争力的新模式、新业态、新引擎。跨境电商拓展了企业进入国际市场的机会和路径,形成了开放、多边的商贸模式,也为消费者购买全球商品提供了极大的便利。跨境电商重塑了跨境贸易的参与主体、物流报关、商业模式、金融支付和生产组织,颠覆了传统的进出口商贸模式。跨境电商为全球中小微企业发展创造了新机遇,促进了国际贸易和世界经济的普惠发展,但也对全球公共政策和贸易规则提出了新要求。

(二) 跨境电商的分类

目前,跨境电商主要分为以企业为交易对象的跨境 B2B 电商和以消费者为交易对象的跨境零售两种类型。

1. 跨境 B2B 电商

跨境 B2B 电商是指分属于不同国境或关境的企业,通过电子商务平台实现商品交易的各项活动,并通过跨境物流实现商品从卖家流向买家以及相关的其他活动内容的一种新型电子商务应用模式。现已经纳入海关一般贸易统计。

2. 跨境零售

跨境零售包括跨境 B2C 电商和跨境 C2C 电商。其中，跨境 B2C 电商是指分属于不同国境或关境的企业直接面对消费个人开展产品或服务的在线销售，在电子商务平台上实现商品交易的各项活动，并通过跨境物流实现商品从卖家流向买家以及相关的其他活动内容的一种新型电子商务应用模式。跨境 C2C 电商是指分属于不同国境或关境的个人卖方对个人买家开展产品或服务的在线销售，个人卖家与个人买家在电子商务平台上实现商品交易的各项活动，并通过跨境物流实现商品从卖家流向买家以及相关的其他活动内容的一种新型电子商务应用模式。

二、跨境电商发展动因

作为一种新兴的商业交易模式，电子商务正在从单一国境或关境内部的交易服务延伸为跨越国境或关境的全球化交易服务，跨境电子商务正成长为全球商品与服务的重要流通方式。这种新商品交易形式的兴起是在经济全球化、贸易一体化与电子商务发展到新阶段，由多因素综合作用驱动形成的。目前，中国电子商务蓬勃发展，已成为全球市场的重要力量。以中小企业为主的中国跨境电子商务市场同样呈现出迅猛发展态势，以其强大的生命力不断发展壮大。

（一）全球化趋势日益加深

自 20 世纪 70 年代以来，随着跨国公司的全球扩张，生产要素和活动在全球范围内开始重组。生产组织活动的全球化带来了全球经济发展的同步性，同时，也带来了对相应生产性服务业的全球需求，服务业开始全球化，全球化发展进入新阶段。新兴经济体经过一定阶段的高速发展，生产和消费能力提升，表现出对发达地区消费品的需求。这样，全球生产、消费、市场一体化趋势愈加明显。国际组织和各国政府也积极推动相关规则的制定，国家和地区间的自由贸易协定大量签订，通过推动贸易便利化来提高贸易过程中的效率。全球信息和商品等流动更加自由，贸易全球化进一步发展，跨境贸易日益频繁。

（二）网络基础设施逐渐完善

基础设施是跨境电商发展的基石，网络、技术、物流、支付等相关基础设施与资源的建设与完善，推动了跨境电商的快速发展。与互联网络、移动网络关联的网络基础设施推动了互联网普及率的提升，打通了跨境电商的实现媒介。支付工具及技术、金融网络与设施等方面的布局，完善了跨境电商所需的支付载体。以物流网点、交通运输为代表的物流基础设施的大力发展，满足了跨境电商的商品流通需求。个人计算机的性能提升以及价格走低、智能手机的普及，推动了电商网络以及移动网络的发展，新兴市场对跨境电商发展的推力尤其显著。

（三）政府与政策红利的驱动

政府与政策在跨境电商的发展中推力是巨大的，甚至能够起到决定性与导向性作用。在跨境电商成为全球热点后，各国政府纷纷开始重视跨境电商市场，出台了一系列政策推动其发展。跨境电商面临政策红利的驱动，进一步加快了发展步伐。

（四）境内电子商务发展成熟

境内电子商务主要是在境内进行的电子商务交易，而跨境电子商务是和不同国家或地区的客户进行电子商务交易。虽然二者在地域和形式上存在一定的差异，但是商务模式大同小异。境内电子商务的充分发展对跨境电子商务起到了先行者的作用，很多经验和模式都是跨境电子商务可以直接借鉴的。随着互联网和电子商务在各国的发展，人们对网购不再陌生和排斥，在观念上没有障碍。由于各国信息交流日益方便、快捷，消费者能够轻松地在互联网上搜索到来自世界各地的商品信息，为实现跨境电子商务提供了条件。

三、跨境电商与境内电商的差异

（一）交易主体差异

境内电商的交易主体一般在同一国家或地区，如境内企业对企业、境内企业对个人或者境内个人对个人。跨境电商的交易主体突破了同一国境或关境的界限，强调不同国境或关境，可能是境内企业对境外企业、境内企业对境外个人或者境内个人对境外个人。交易主体遍及全球，有不同的消费习惯、文化心理、生活习俗，这就要求跨境电商对各国流量引入、各国推广营销、国外消费者行为、国际品牌建设等有更深入的了解，复杂性远远超出境内电商。

（二）支付环节差异

由于境内电商交易主体同属一个国境或关境，商品交易时涉及的支付环节仍属于同一国境或关境，使用同一币种实现商品交易，也不会涉及跨境支付业务。由于跨境电商交易主体不在同一国境或关境，商品交易需要通过跨境支付方式实现，通常会涉及不同国家或地区，使用不同币种，还涉及不同国家或地区的金融政策以及不同货币的汇率问题。

（三）物流环节差异

境内电商只涉及同一国家或地区内的物流与配送，以快递方式将货物送达消费者手中，路途近，到货速度快，货物损坏率低。跨境电商则需要通过跨境物流来实现。因为涉及不同国家或地区，跨境物流不仅涉及输出国境或关境与商检、输入国境或关境与商检，还涉及输入国家或地区物流与配送，退换货而产生的逆向物流更是一种严峻的挑战。

（四）适用规则差异

跨境电商比境内电商所需要适应的规则更多、更细、更复杂，特别是平台规则。跨境电商除了借助境内的平台经营，还可能在境外平台上开展交易，各个平台均有不同的操作规则。跨境电商以国际或地区间一般贸易协定和双边或多边的贸易协定为基础，要求贸易主体及时了解国际或地区间贸易体系、规则、进出口管制、关税细则、政策的变化，对进出口形势也要有更强的理解和分析能力。

（五）交易风险差异

跨境电商所涉及的环境要远复杂于境内电商，交易双方的国家或地区间政治、技术、经济、文化、社会等各方面环境都会对跨境电商造成影响。境内电子商务行为发生在同一个国家或地区，交易双方对商标、品牌等知识产权有统一的认识，侵权引起的纠纷较少。即使产生纠纷，处理时间也较短，处理方式也较为简单。

四、跨境电商的特点

（一）跨越国境或边境、多边化

交易主体分属于不同国境或关境是跨境电子商务最典型的特征。交易主体跨边境的特性也决定了商务交易的跨边境。国内电子商务的交易主体一般同属一个国家或地区，而跨境电商突破了国家的界限，即交易双方位于不同国家或关境，跨境电商涉及境内企业对境外企业、境内企业对境外个人、境内个人对境外个人等多种形式。

主体跨越国境或关境的特征决定了跨境电商在支付、物流、经营环境等方面也区别于境内电子商务。在支付方面，由于境内电子商务的交易主体同属一个国境或关境，因此交易币种一般同属一类。跨境电子商务的交易主体跨国境或关境，不可避免地涉及跨境支付业务，交易币种一般不属于同一类，需要考虑汇率问题。在物流方面，境内电子商务的物流和配送业务发生于同一国家或地区，整个物流配送过程相对便捷快速、货物损坏率低、物流成本比较低。跨境电商的货物运输必须通过跨境物流来完成，过程涉及境外段、境外到境内段、境内段的物流，还包括出入境海关商检等环节，相对复杂和烦琐。因此，跨境电商具有到货速度慢、货物易被损坏、物流成本较高的特征。在经营环境方面，跨境电商比境内电子商务受到更多、更详细、更复杂的法律规则的约束，从事跨境电商业务的企业必须对进口国和出口国的相关法律均有详细了解，保证在两地的各项贸易活动在法律允许范围内开展。

传统的国际或地区间贸易主要表现为两国或地区之间的双边贸易，即使有多边贸易，也是通过多个双边贸易实现的，呈线状结构。跨境电子商务可以通过A国（地区）的交易平台、B国（地区）的支付结算平台、C国（地区）的物流平台，实现其他国家（地区）间的直接贸易。贸易过程相关的信息流、商流、物流、资金流由传统的双边逐步向多边演进，呈网状结构，正在重构世界经济新秩序。

（二）网络化、直接化

跨境电商本质上还是电子商务，因此必然会有电子商务的特征。首先，跨境电商具有匿名性。在不影响商务交易进行的情况下，跨境电商中允许交易双方对个人真实身份和个人地理位置进行隐藏。但是匿名也有风险性，譬如，可能导致自由与责任的不对称。其次，跨境电商具有即时性，即交易双方之间的通信和交流可以瞬间完成，实现时间与空间的跨越。因此，交易主体沟通和交易的效率也会显著提升，在很大程度上避免了烦琐的中间过程。再次，跨境电商延续了电子商务无纸化操作的特点，互联网促进了电子票据的产生。这些电子票据不仅降低了出错率并提高了标准化水平，而且还提高了交易主体之间的沟通效率。最后，跨境电商交易具有无形性。电子交易的数字化使得一些声音、图像、文字等信息以计算机数据代码的形式在交易双方之间进行传输，因而是无形的。

传统的国际或地区间贸易主要由一国或地区的进口或出口商通过另一国或地区的出口或进口商集中进口或出口大批量货物，然后通过境内流通企业的多级分销，最后到达有进口或出口需求的企业或消费者，进出口环节多，时间长，成本高。跨境电子商务，可以通过电子商务交易与服务平台，实现多国或地区企业之间、企业与最终消费者之间的直接交易，进出口环节少，时间短，成本低，效率高。

（三）小批量、高频度

跨境电子商务，通过电子商务交易与服务平台，实现多国或地区企业之间、企业与最终消费者之间的直接交易。由于是单个企业之间或单个企业与单个消费者之间的交易，而且是即时按需采购、销售或消费，相对于传统贸易而言，大多是小批量交易，甚至是单件交易，交易的次数多，频率高。

（四）数字化、复杂化

传统的国际或地区间贸易，主要是实物产品或服务交易。随着信息网络技术的深化应用，数字化产品（软件、影视、游戏等）的品类和贸易量快速增长，且通过跨境电子商务进行销售或消费的趋势更加明显。

跨境电商交易链极其复杂。跨境电商交易方所在国家或地区的政治、经济、技术、文化、社会等各方面都会对跨境电商造成影响。不同国家或地区的民众具有不同的消费习惯、生活习俗和文化心理，这要求企业在进入海外市场时根据消费者习惯制订生产经营和品牌营销等策略。

五、跨境电商的经济效应

（一）资源集聚效应

资源集聚效应是指跨境电商平台以互联网为依托，缩减传统商业模式中从生产到销售过程中多个环节，实现生产者（或供应者）与消费者之间的直接交易，显著降低交易成本。平台企业实现了需求资源和市场资源的集聚。在需求资源集聚方面，不少平台除了提供基本销售服务，还推出免费的搜索网站、社交软件、信息推送等附加服务，多元化服务的提供可以有效地聚集大批用户和积累用户流量。当用户流量积累得足够多时，平台就更容易发现"免费"服务之外的巨大商机。在市场资源集聚方面，跨境电商平台集聚了差异化产品和服务的海量信息，产生了信息集聚效应。平台汇聚了商品需求、商品生产、第三方支付、物流配送、企业投融资、海外仓储等各方面信息，重构了商品生产、配送、销售过程，提高了资源配置效率。

（二）网络效应

网络效应是指跨境电商平台企业的某种产品或服务的价值随消费者数量的增加而提高。跨境电商的目标是全球范围的消费者，通过使用大数据技术可以有效地分析动态化、碎片化的全球消费者行为，在掌握消费者习惯和偏好的基础上，可以向全球消费者提供满足其个人需求的个性化产品和服务，增加消费者对于跨境电商平台的忠诚度和用户黏性，给企业带来超额利润。跨境电商平台集聚了大量个性化产品和服务的质量信息，如退换货、质量检验、商品保修、用户评价等商品质量信息。消费者可以通过网站上的消费者在线评论、商店信誉评分、物流评分等信息初步判断商家质量和所提供的产品与服务的质量。这在一定程度上减少了买卖双方之间的信息不对称，能帮助消费者更好地做出购买决策，也赋予了消费者评价产品的机会，这种方式能够为平台吸引更多的消费者，从而帮助企业迅速发展壮大并占据大量市场份额。

（三）创新效应

创新效应是指跨境电子商务平台企业通过平台推广新商业模式、销售新产品和服务。无论是提供新产品、新服务，开辟新市场，还是实现新商业模式，均属于技术创新范畴。在创新过程中，初始投入既是一种固定成本，也是一种沉没成本，它不随产量的变化而改变。如果创新成功，产品或服务的销售收益可以在一定程度上弥补初始投入。对于耗费很少自然资源的产业来说，物质投入相对较少，生产过程中的追加投入与初始投入相比可忽略不计。互联网平台通过彼此分摊巨额初始投入，可以有效地降低产品或服务平均成本，并通过平台交易将创新性产品和服务提供给消费者。

六、跨境电商的作用

跨境电商的崛起对国际和地区间贸易产生了积极的影响，成为行业发展的中流砥柱。与传统贸易相比，跨境电商能有效地节约制造费用，缩减中间程序，加快制造业变革的步伐，促进贸易模式的转型升级，从而提升产品的国际竞争力，改善外贸行业的发展形势。

（一）推动传统外贸企业转型升级

大力发展跨境电商有助于在成本和效率层面增强各国和地区的进出口竞争优势，提高外贸企业的利润率。随着电商渠道的深入渗透，企业和最终消费者之间能建立更畅通的信息交流平台，对企业及时掌握市场需求、调整产品结构、提升产品品质、树立产品品牌、建立电商信用体系有重要作用。跨境电商的迅速发展进一步增强了各国和地区外贸的整体竞争力，稳定了外贸增长。

（二）促进各国产业结构优化升级

跨境电商的发展直接推动了配送、电子支付、电子认证、信息内容服务等现代服务业和相关电子信息制造业的发展。跨境电子商务将会引发生产方式、产业组织方式的高级化变革。面对多样化、多层次、个性化的境外消费者需求，企业必须以消费者为中心，加强合作创新，构建完善的服务体系，在提升产品制造工艺、质量的同时，加强研发设计、品牌销售，重构价值链和产业链，有效配置资源，实现产业结构的优化升级。

（三）推动企业应对全球贸易新格局

跨境电商带给各国和地区出口导向型企业的不仅仅是一条外贸销售渠道，也不仅是全新的产业链利润分配格局，而是实现品牌升级，推动附加值沿"微笑曲线"向两端延伸，是实现产业模式转变的绝佳机会。当前，各国和地区许多企业的产品的性能和服务很好，但不为境外消费者所知。跨境电商能够有效打破渠道垄断，减少中间环节，节约交易成本，缩短交易时间，为各国和地区企业提升品牌的知名度提供了有效途径，尤其是给一些"小而美"的中小企业创造了新的发展空间，催生出更多的具有国际竞争力的"隐形冠军"。

七、跨境电商面对的风险及其对策

（一）跨境电商面对的风险

1. 政治风险

政治风险主要涉及政府及党派对商务贸易的干预及当地政局形势。政治风险体现在两个方面：首先是政府干预。一国政府对某些国家或地区的关键资源、关键技术、关键领域进行限制，很容易影响跨境电商贸易。其次是政局不稳定。跨境电商企业与境外政局动荡的国家或地区进行贸易会面临许多不可控的风险，可能导致贸易资金无法收回，遭受严重的经济损失。

2. 法律风险

法律风险是目前跨境电商面临的主要风险，决定了跨境电商的成败。跨境电商涉及多个国家或地区，而不同国家或地区的法律体系和文化背景都存在差异。如果想在各个国家或地区顺利地开展电子商务活动，就必须充分考虑法律风险。

3. 支付风险

网络支付的安全性是跨境电商活动中需要重点考虑的问题。一方面，要考虑交易方的身份信息是否真实可靠，资金是否能按照合同要求及时到位；另一方面，要考虑资金非法流动风险和资金管理及外汇管制风险。在跨境支付环节中，支付机构需在境内外备付金账户之间进行资金调度。然而，由于业务操作复杂、资金结算周期较长，容易产生较高的资金流动风险。

4. 汇率风险

汇率变动问题是跨境电商经营中不可避免的问题。汇率变动是指货币对外价值的上下波动，反映了货币贬值或升值状态。跨境电商支付结算环节的大量资金流动必然会面临汇率风险的挑战，可能会因汇率变动而造成资金损失。

5. 物流风险

跨境电商较远的地理距离给货物运送及时性带来了巨大的挑战。首先，跨境物流仍然难以解决国际运输成本高、运送周期长的困难，报关、商检等环节又进一步阻碍了国际物流进程，降低了国际物流运输效率。其次，跨境电商物流主要采用邮政小包的形式，由于运输距离远、运输时间长，从物流员工揽件到货物交付给个人需要经历多次转运，货物破损以及货物丢失时常发生。再者，国际物流也容易受到自然灾害的影响，如洪水、台风、地震，或者交通事故等情况都会影响运输。

(二) 跨境电商发展的现存问题

1. 产品同质化严重

各大跨境电商企业之间市场竞争十分激烈，产品同质化现象严重。企业以价格竞争为主要手段，试图快速抢占市场份额。价格恶性竞争，直接导致传统产品从"蓝海"快速跨越到"红海"，以消费电子产品、家用电器、服装与鞋类、化妆品、食品与饮料、婴幼儿用品等传统产品表现最为明显。

2. 缺乏品牌建设

跨境电商依托制造业生产优势，以价格低廉的产品吸引消费者。为了应对价格竞争压力，很多跨境电商企业从一些小工厂出货，包括一些3C产品、服装等，产品质量控制相对来说还有一定问题，品牌化发展能力较弱。

3. 通关壁垒较高

尽管基于互联网的信息流动畅通无阻，但货物的自由流动仍然受到国境或关境的限制。对于各国境或关境而言，对小额进出口货物的管理本身就是一个复杂的问题。完全放开小额进出口，不利于国境或关境控制，容易给国家或地区造成损失；而对小额进出口管制过严，必然会阻碍产业的发展，也将出现更多不通过正规途径的地下交易。

4. 跨境物流慢

跨境电商情况较复杂，且各国和地区间政策差异较大，很难像内贸电商一样通过自建物流的方式来解决物流问题。跨境电商的物流周期非常长，物流还存在投递不稳定的问题，收货时间波动很大。

5. 专业人才缺失

跨境电子商务贸易在快速发展的同时，逐渐暴露出综合型外贸人才缺口严重等问题。从事跨境电商业务的人才，除了要突破语种的限制，还要能了解境外的市场、交易方式、消费习惯等，同时，要了解各大平台的交易规则和交易特征。符合跨境电商要求的综合性人才缺乏已经成为行业常态。

(三) 跨境电商发展对策

1. 构建跨境电子商务法律法规体系

与跨境电子商务规模快速发展形成鲜明对比的是，目前尚未建立针对跨境电子商务的法律法规体系。因此，构建跨境电子商务法律法规体系十分迫切。一方面，在跨境电子商务法律法规的制定过程中，既要以确定的安排弥补技术和信用的不足，又要给跨境电子商务发展创造相对宽松的法治环境，避免过度监管；另一方面，构建跨境电子商务法律法规体系，不仅需要新制定专门的法律法规，也要合理解释原有法律并制定有利于跨境电子商务发展的配套法律法规。

2. 完善跨境电子商务管理体制

跨境电子商务面临着比境内交易更为复杂的交易环境，但我国在跨境电子商务的监管、结汇、税收等方面的管理还处于探索阶段，需要进一步完善跨境电子商务管理体制，适应跨境电子商务管理的实践需求。具体措施包括制定与促进跨境贸易电子商务通关服务相关的配套管理制度和标准规范，完善跨境电子商务安全认证体系和信用体系，建立跨境电子商务的检验检疫监管模式以及跨境电子商务产品质量的安全监管和溯源机制，优化海关、国检、国税、外管、电商企业、物流企业等之间的流程衔接。

3. 加强跨境电子商务监管的国际和地区间合作

跨境电子商务交易具有全球性特征，需要不同国家和地区之间有跨区域、跨文化、跨体制的监管合作。要探索针对跨境电子商务的新型国际或地区间合作监管方式和方法，更好地保护消费者使用跨境电子商务服务的权益，促进跨境电子商务的健康发展。同时，还要积极参与跨境电子商务多边谈判，在跨境电子商务规则制定中争取话语权，为境内企业参与竞争提供规则。

4. 加强跨境电子商务行业自律

跨境电子商务行业的健康发展，固然离不开政策的规范指导及法律法规的约束，但也需要行业的自我约束。加强跨境电子商务行业自律，就是要鼓励跨境电子商务企业界、非营利性组织、第三方平台、评价机构等建立行业自律体系，推动跨境电商业务相关行业标准出台，对跨境电子商务的交易渠道、交易过程等环节进行内部规范，营造统一、开放、竞争、有序的跨境电子商务市场环境，促进跨境电子商务的快速、可持续、健康发展。

本章案例

案例10　跨境电商"希音"

导语：随着电子商务的渗透，跨境贸易从大宗交易转向小包裹零售。这为中小企业进入跨境电商行业提供了巨大的机会。中国的外贸企业从事跨境电商并取得成功的案例很多。这里选择零售典型案例，为企业进入跨境电商行业开展业务提供可借鉴的经验。

SHEIN，中文名为"希音"，中国跨境电商巨头，是一家国际B2C快时尚电子商务公司，主要经营女装，但也提供男装、童装、饰品、鞋、包等时尚用品。根据胡润研究院发布的《2022年中全球独角兽榜》，来自广州的SHEIN以4 000亿元人民币位列全球第五大独角兽企业。目前已成长为中国出海独立站标杆，以高性价比和高频上新能力塑造产品竞争优势。

公司以婚纱业务起家，2012年创立独立网站SHEINSIDE.COM，2015年SHEINSIDE更名为"SHEIN"。经过多年发展，公司销售品类从女装逐步扩张至童装、男装、美妆、饰品、家居等，业务覆盖全球超200个国家和地区。SHEIN的成功源于以下几个方面。

（1）产品定价具有较强竞争优势。根据中信证券数据，SHEIN各产品线最低售价保持在2到3美元，在同行业中价格下限最低；价格上限则处于行业中游水平。

（2）上新速度快、品类多样，能更好满足消费者多样化、实时性需求。根据"SHEIN招商"微信公众号数据，SHEIN每日在售可供选择商品60万件，每日上新产品6 000件。

（3）利用大数据追踪系统，抓取最新流行趋势，快速抢占消费者心智。数据显示，2022年5月3日，SHEIN首次登上苹果App Store（应用商店）美国地区所有类别App下载排行榜榜首，超过了TikTok（短视频App）、Instagram（照片墙）和Twitter（推特），并远远领先于亚马逊。

（4）多渠道营销，持续扩大品牌影响力。SHEIN成立之初即启动网红营销策略，以独家折扣、佣金、付费等方式，提升品牌形象。此外，公司顺应线上营销发展趋势，从Google（谷歌）、Facebook（脸书）等广告投放，到联盟营销，以及Instagram、Twitter、TikTok等社交媒体营销，打造多元丰富的营销渠道，有效提升品牌影响力，提高用户黏性。

（5）构建完整高效的供应链体系，实现产品快速、高质量交付。SHEIN致力于以数字化赋能柔性供应链，目前已形成覆盖设计、生产、销售、物流等全流程的完整高效供应链体系。

SHEIN持续优化供应商结构，还对供应商进行数字化改造，帮助供应商实时了解每种款式的供需情况，助力决策、生产优化以及利润增加，进而逐步增强供应商黏性。此外，SHEIN重视物流建设，已在全球范围内建立六大物流中心、七大客管中心，保障物流时效，及时响应消费者需求。

资料来源：节选自百度百科，https://baike.baidu.com/item/SheIn/57050225? fr=aladdin。

评语：跨境电商行业的崛起主要得益于通信技术和物流体系的完善。跨境电商的产业链条比较长，与国内网络零售存在很大差异。行业的机会隐藏在全产业链的各个环节，同时也就蕴藏着盈利点。通过不断学习成功的跨境电商案例，可以把握跨境电商行业的规律和发展机会。

思考：跨境电商企业走向海外如何选择平台？应该采取哪些策略？

课后习题

（1）简述网络贸易的分类及其特征。
（2）阐释跨境电商的发展动因。
（3）简述跨境电商的特点。

第十一章 网络经济政策

本章概要

网络经济表现出许多与传统经济不一样的规律,而以创新为驱动的新兴经济也存在市场失灵现象,需要宏观政策规制。本章主要介绍网络经济市场失灵现象,并从公共政策、对垄断的规制,以及数字鸿沟、普通服务、知识产权等多个维度展开探讨。

目标要求

(1) 了解网络经济市场失灵,以及网络经济公共政策。
(2) 熟悉数字鸿沟、普遍服务、知识产权等相关理论和政策。
(3) 掌握网络经济市场对垄断的规制的基本理论。
(4) 应用网络经济对垄断的规制理论分析相关案例。

本章内容

第一节 市场失灵

市场失灵是指通过市场不能实现资源的最优配置。一般认为,导致市场失灵的原因包括垄断、外部性、公共物品和不完全信息等因素。网络经济中,市场失灵有以下几种情况。

(一) 网络外部性

网络外部性也是网络经济运行和一般行业不同的最重要原因。网络外部性也是外部性的一种,它会导致市场资源配置出现不同结果,且违背了福利经济学的独立性要求。正外部性会导致资源配置不足,负外部性会导致资源配置过量。而网络经济中的外部性与一般外部性不同,一般外部性之所以会导致市场失灵,主要是由于社会成本不等于私人成本,或者社会收益不等于私人收益。而网络外部性额外产生的成本和收益不是由企业用户获得就是由企业承担,生产成本和收益可通过价格反映出来。

(二) 垄断

网络经济易形成垄断,使得福利经济学的前提条件——完全竞争的失真。网络经济中的完全垄断和传统经济中的完全垄断完全不同,传统经济中垄断导致高价、低产量进而导致社会福利降低,而网络经济中的完全垄断是技术竞争的结果,同时伴随着需求方规模经济的原因,规模越大,价格越低,新技术出现后有可能丧失垄断地位,所以一般在较长时间内表现为新寡头垄断。

（三）成本特征

网络经济中数字产品拥有高研发成本、低复制成本的特性，这导致数字产品消费上的非竞争性并具有公共产品的特征，这显然违背了边际成本递减特性和产权特性。很多数字产品具有公共物品的特征，一些付费软件可以被若干个消费者共享，当然可以通过技术规避共享，但在市场规模扩大初期企业并不会这样做。比如大量的视频网站会员在过去十几年里都能共享资源并不影响使用。但近几年，一个账号通常只能登录一个PC端、一个移动手机端、一个移动平台端。要结合企业发展时期，分析企业策略。

（四）信息不对称

数字产品是经验产品，其质量只有在使用后才能被了解，这导致福利经济学原理成立的又一前提——信息完全对称的失真。

第二节　公共政策

一、公共与市场的权衡

互联网基础设施的公益性与自然垄断特点决定了其投资具有"非市场性"的特征，即它的活动不能是纯粹市场性活动，主要应放在市场失灵领域进行考虑，按非市场目的（非市场营利性）运作，以非市场手段来展开。但收费性与竞争性又决定了这类设施的投资是"市场性"的，即它的活动应当处于市场领域内，按市场营利目的运作，采用市场手段来进行。这意味着互联网基础设施的投资具有市场性和非市场性两重性质。显然，正确处理互联网基础设施投资多元化的问题，实质上就是正确处理该领域公私两种投资的配合问题，即依据各具体项目的不同公共性与私人性的混合状态，来安排政府与私人在该项目中的不同投资比重。

大多数互联网基础设施行业具有不同程度的自然垄断和规模经济的特点，缺少内在的竞争活力。政策制定者也总面临规模经济和竞争活力的两难选择。政府在制订有效竞争政策时的基本思路应该是：区分自然垄断业务和非自然垄断业务，分别制订不同的有效竞争策略。对于自然垄断业务，建立模拟竞争机制的管理体制，即通过经营许可证制度和恰当的定价策略，提高其竞争意识，规范其经营行为；对非自然垄断业务，可完全引入市场竞争机制。这将有助于因特网基础设施产业形成规模经济与竞争活力兼容的有效竞争状态。

合理定价是基础设施产业顺利发展的关键。价格一方面影响生产者，另一方面影响消费者，即价格对资源配置和收入分配都会产生影响，所以应该谨慎运用价格政策。价格政策对自然垄断行业的运用主要是通过公共定价的方式限制垄断价格的产生。政府还可以利用价格政策降低具有外溢性的基础设施产业的产品价格，扩大均衡产量，调节收入分配。

对基础设施产业的价格管理，过去我国一直采取从低定价原则。多数产品的价格都低于其边际成本，违背效率原则。因此，改革基础设施产品价格的管理体制，建立以收费为主的成本补偿机制是提高投资效率的重要手段。价格改革的基本思路是以经济效率为准则，根据公众的承受能力及分配体制的改革，使其既反映价值又反映供求，既具有刺激企业努力降低成本、提高效率的功能，又不损害公共利益从而维护社会分配效率。对于公益性较强、与公众生活关联度较高的公共基础设施，可适当向使用者收费或提高收费标准，压缩乃至取消政府补贴。这既有助于解决政府财力不足的问题，又限制了过度消费，避免了资源的浪费。

二、公共投资的配套政策

（一）法律政策

任何产业的发展都需要制定相关法律来进行规范，互联网基础设施产业投融资体制和运作方式也应该按照市场经济的发展规律有一个相对稳定的模式，即应该有一套符合其发展规律的"游戏规则"。随着因特网基础设施投资渠道的多元化，一方面，投资主体的权益需要得到法律保护；另一方面，对于该产业中存在的自然垄断现象，政府还应该通过法律来规范其产品和服务的质量，维护消费者的权益。

（二）产业政策

国民经济发展的关键在于各产业之间协调稳定发展，即产业结构的合理性。政府可以通过制定适宜的产业政策，为各产业发展制定必要的发展规划。基础设施产业作为一项基础产业，其发展规划合理与否，会影响整个国民经济的发展。如果基础设施产业发展滞后，会形成"基础瓶颈"，而重复建设又是一种资源浪费。同样，互联网基础设施产业的产业政策和产业规划应该既符合当前的发展状况，又适应将来的经济发展需求。

（三）税收与补贴政策

税收与补贴政策是政府调节产业结构、支持产业发展的主要财政政策。为了鼓励对基础设施产业的投资，可以通过减轻税负，增加财政补贴以吸引社会资本、外资的投入，尤其对于具有外部社会效益的基础设施产业，较轻的税收负担和适当的财政补贴可以降低成本，从而使产量达到符合产品组合效率的均衡产量，减少效率损失和供给不足的情况。

（四）筹资政策

由于基础设施产业投资规模大，建设周期长，发展基础设施产业的关键问题是资金的筹集问题。一方面，政府可以通过各种途径筹集财政资金，增加对基础设施产业的直接投入；另一方面，政府可以间接支持基础设施产业的筹资，比如设立专用基金，利用BOT（建设—经营—转让）模式引进社会资本，允许企业利用证券市场融资，建立政策性银行和普通长期信用银行等。除此以外，政府也可以使用财政贴息的方式支持基础设施与基础产业向商业银行贷款。

第三节　对垄断的规制

一、网络经济产业对垄断的规制

反垄断政策作为国家干预微观市场的主要手段，应当随着经济形势的发展、变化而不断调整，以适应经济发展的需要，从而推动整个社会经济和技术的发展进步。自第一部反垄断法诞生之后的近百年来，各国反垄断法发展变化的历史已经证明了这一点。在进入网络时代之后，网络产业垄断的形成机理及垄断的方式和手段与传统经济有很大差别。这就要求反垄断法律规范要根据网络垄断的新特点有的放矢，否则将很难达到预期的立法目的和实施效果并维护网络产业的公平竞争、良性发展。

（一）垄断界定的转变

由竞争走向垄断的过程中常常伴随着市场结构的变化，能够清晰地反映出市场中竞争与垄断的力量对比。处在自由竞争阶段的市场往往会呈现一个复杂、多变的市场结构，而稳定的市场结构一般是由垄断力量作为支撑的，这种力量主要包括企业所在行业的集中程度、产品差别和进入壁垒等。市场行为是企业依据其经营战略和市场环境所采取的营利性行为，在反垄断领域主要包括价格卡特尔行为，滥用市场支配地位及企业之间的兼并、收购行为。

"结构主义"与"行为主义"是两种完全不同的垄断认定标准，它们在立法宗旨、违法构成要件、法律制裁手段方面都有显著的区别。"结构主义"理论强调，为了维护有效的市场竞争，不仅应对处于市场支配地位的企业的限制竞争行为进行规制，而且应对不利于开展有效竞争的市场结构予以调整。而"行为主义"理论强调，单纯的市场集中以致垄断并不为法律所禁止，法律需要规范这类企业的不当行为。垄断认定方法由"结构主义"向"行为主义"转变。

（二）"结构主义"衰落的原因

1. "结构主义"不适用于存在网络效应的市场

按照反垄断的"结构主义"标准，任何企图提高市场集中度的行为都将受到严厉的制裁。这种理念源于对于自由竞争理念的崇尚和对垄断的恐惧。经济学家通常认为竞争是效率的代名词，竞争可以提高社会的整体福利水平，而认为垄断会造成低效率，导致社会福利损失。因此，"结构主义"的反垄断标准适应了传统经济的反垄断需要。但是，随着网络经济兴起，在网络外部性、边际成本递减、边际收益递增、正反馈效应等一系列网络规律的作用下，影响市场结构的传统因素正在悄悄改变，一个新的市场结构逐步浮出水面。

"结构主义"标准在认定垄断的过程中遇到许多棘手的问题。由于网络效应、正反馈效应等网络经济中普遍存在的规律，市场结构往往呈现寡头格局，甚至是独家垄断。创新主导的市场结构反映的是市场内部各个创新力量的实力对比。往往是行业中最健康、最优秀的企业，通过市场竞争存活下来，成为某一行业的垄断者。以技术竞争为典型特征的网络经济催生了一种新的市场结构——竞争性垄断。网络经济时代所形成的市场垄断格局往往具有脆弱性、不确定性和暂时性。因此，如果仅仅依据产品或服务的市场占有率来判断是否构成垄断，显然违背了网络经济时代的市场运行规律。按照"结构主义"的方法解决网络经济中的垄断问题，可能是对企业技术创新积极性的巨大伤害，也不利于整个网络市场的长远发展。科研创新活动往往需要投入巨大的沉没成本，行业中的垄断企业具有承担能力，并从获取的垄断利润中得到补偿。随着网络经济的发展，结构主义标准受到的批判越来越强烈。

2. "结构主义"不利于提升本国企业的国际竞争力

随着世界经济一体化进程的不断推进，国际竞争愈加激烈，国内市场成为各外国企业的"竞技场"。来自国外企业的竞争压力迫使国内企业提高管理水平，加快技术创新,这在很大程度上活跃了国内市场,促进了国内市场的竞争,减缓了市场集中的进程。反垄断执法者发现,外国竞争的威胁对于本国市场的公平竞争环境的促进作用远比实施反垄断法的效果明显得多。与此同时,在国际市场上,国家之间经济实力的竞争总是通过企业进行的,大企业在国际竞争中所具有的无可比拟的优势使得各国政府意识到了垄断在网络经济时代的国际竞争中发挥的重要作用。基于对本国经济利益的考虑,各国政府普遍修改原有的反垄断认定标准,减少对"结构主义"标准的适用,放松对垄断组织、垄断行为的控制,并且对于大企业之间的合作、并购也更加包容。因此,在网络经济时代,不能片面地在垄断与市场支配地位之间画等号,对垄断危害性的判断及政府干预的必要性的论证都应当结合企业具体的市场行为来进行认定。只有当拥有市场支配地位的企业滥用了该地位而导致市场效率降低时,才应当受到法律的制裁,因为并不是所有的集中和兼并都会产生低效率。相反,如果垄断能够提高资源配置效率,不但没必要采取反垄断措施,还需要采取措施提高行业集中度。

(三)"行为主义"规制

网络市场的门槛其实是很低的,除行政垄断外,真正的进入壁垒在实际中几乎是不存在的。这也解释了为什么网络经济的市场结构是不稳定的。企业通过技术创新以自由竞争的方式进入某一行业的可能性还是非常高的,这也是市场充满活力的根本原因。但是如果某些拥有市场支配地位的企业为了保住其垄断地位而采取不正当的竞争手段,利用其掌握的网络技术标准为其他竞争者设置市场进入壁垒,这种行为将会损害市场活力,阻碍技术进步。在这种情况下,反垄断法在界定垄断的过程中既要考虑到经营者在相关市场中所占的市场份额,也就是市场结构,又要考虑到其是否有限制竞争、谋求垄断地位的行为,所以网络时代的反垄断的认定过程是一个综合性的评判过程。

1. "行为主义"适应发展规模经济的需要

反对垄断并不等同于反对规模经济,反垄断法也并不处罚企业通过合法的技术竞争来获取行业垄断地位的行为。它只针对那些利用自身所拥有的市场优势地位人为地设置障碍来限制和排除竞争的市场行为。

2. 制裁手段从"强制拆分"到"开放平台"

反垄断法对于垄断行为的制裁手段大致可以分成两类,即结构制裁和行为制裁。结构制裁通常表现为对企业的拆分,即当市场上存在具有市场支配地位的企业,其限制或可能限制市场竞争时,反垄断法执行机构为了恢复市场的正常竞争状态,要求该垄断企业拆分为两家以上的企业或出让一定的营业资产。因此,结构制裁是一种十分严厉的制裁方式,它通过"釜底抽薪"式的拆分和切割,彻底改变一家独大的市场结构,恢复原有的竞争秩序。而与结构制裁相比,行为制裁就显得温和许多,它在整体保留垄断企业的前提下,对垄断企业的行为进行一定程度的限制,并给予企业及相关责任人以惩处。在传统的反垄断司法实践活动中,结构惩罚被普遍应用于世界各地的反垄断诉讼中,其主要原因在于这种方式往往可以表明一国政府鲜明的反垄断态度,并且其节约司法成本、快捷、高效的特点更是得到了反垄断执法部门的青睐。反垄断执法部门只需要像切蛋糕一样把企业切成若干份就大功告成了,而不用考虑这种拆分对于市场环境的影响。

网络时代，先进的网络技术标准已经成为企业的核心竞争力，各种技术与产品以网络为依托，相互之间不断发生渗透和交融，形成了同类产品差异化和异类产品一体化两大趋势。在这两大趋势的带动下，占据市场支配地位的企业所具有的垄断力量也往往来自对网络技术标准的控制，一般体现在对一些差异化、兼容性产品的生产控制权上。任何技术都是在已有技术的基础上通过创新型研发得到的，技术之间的交融性和互助性在网络时代表现得尤为突出，不存在任何独立存在的技术。结构性的惩罚措施在惩罚网络垄断时往往显得捉襟见肘，因为技术型垄断并不像传统垄断那样有厂房、设备等具体的实物可供分割，技术具有抽象性，而且技术与技术之间还存在依赖性与兼容性，所以难以通过物理性的拆分来实现反垄断的目的。如果执法者对垄断企业所拥有的一系列网络技术标准进行强行拆分，很有可能破坏技术之间原有的兼容性和整体性，使得被拆分后的企业在很大程度上丧失了核心竞争力，很有可能被排挤出市场，不但如此，被拆分后的企业不得不花费大量的人力、物力进行重复性的技术研发，以保持其原有的技术优势。这不仅是对珍贵智力资源的大量浪费，也不利于技术创新的发展，更与反垄断法的目的背道而驰。而且，即使能够实现对于网络技术标准的合理分割，在竞争性垄断结构下，对垄断企业的结构性拆分在短时间内可能会产生一定的效果，但在标准不兼容性规律的作用下，通过技术创新竞争取得新标准的企业又会形成新的市场垄断。因此，长远来看，结构性的制裁手段并不能解决实际问题。面对网络经济所出现的新特点，结构性的惩罚措施已经不能适应新时期的反垄断需要，简单的拆分只会引发更多的问题，因此反垄断法的制裁措施也要与时俱进，与网络时代垄断的特点相适应。简言之，就是采取"新行为主义法"来规制企业的垄断行为，要求其开放平台，即解除其垄断，要求其部分或向部分特定竞争者开放软件标准、公开其软件源代码、共享数据等。

3."开放平台"成为网络经济反垄断的关键

开放平台保证了信息和软件的可移植性，也就是说基于开放性标准生产出来的软件可以在任意操作系统或硬件平台上使用，不受平台种类和属性的制约，还保证了各种系统之间可以实现相互操作。开放平台消除了垄断企业在相关市场内设置的技术壁垒，使消费者与潜在竞争者之间可以实现充分的交流，有利于消费者选择权的行使，最大限度地维护消费者的利益，为所有的企业营造了一个公平的竞争环境。因此，在网络时代，开放系统标准和软件的源代码已经成为一种强制性的行为，它要求垄断企业必须向其竞争者开放平台，公开其系统标准。比如，美国最高法院在微软垄断诉讼案中，吸取了拆分AT&T（美国电话电报公司）案的经验和教训之后，认为如果微软强制拆分成两个分别生产操作系统和应用软件系统的公司的话，有可能会像拆分AT&T那样引起行业内的无序竞争，消费者还不得不花费大量的精力和金钱去解决不同系统之间的兼容问题，使得消费者利益受损。因此，美国联邦最高法院的法官认为，从宏观角度讲，对微软公司实施强制许可或者要求公开知识产权到公有领域的方法不但可以有效地促进竞争，而且还可以避免微软的国际竞争力受到严重削弱；从微观角度讲，强制微软向其他软件开发商开放部分操作系统的源代码和可编程序接口使其他软件开发商也能在Windows操作系统上编写应用程序的做法，既使得微软能够保留作为其核心竞争力的Windows操作系统的所有权，摆脱了被拆分的命运，又避免微软利用这一标准设置市场进入壁垒，实施垄断行为。这些似乎都预示着开放网络产品的系统标准、还原其作为公共产品的本来面貌已渐渐成为处理网络垄断案件的有效途径。

（四）全球反垄断合作

在网络时代，网络的全球性特征所引发的竞争的全球化已经成为一个不争的事实，垄断国际化所带来的反垄断的国际化已成为网络经济反垄断工作的一个重要特征。这就要求各国政府开展国际反垄断合作。然而，各国基于国家利益及国际竞争力的考虑，普遍对本国企业的国际垄断行为给予豁免而对他国企业的垄断行为予以制裁，这与国际反垄断的合作目标是背道而驰的。但是，国际反垄断合作的主观需要与各国反垄断立法、执法、司法的不统一的客观现实之间的冲突和矛盾，也是促使各国开展反垄断国际合作的重要动因。虽然目前国际反垄断合作还面临着许多棘手的问题，但是各国政府均已达成了一个共识，即加强反垄断的国际合作，是提高经济效率、减少贸易摩擦、实现双赢或多赢的最佳途径，也为将来国际统一的竞争法典的制定奠定立法基础和政治基础。到目前为止，国际反垄断合作主要有以下几种形式。

1. 国内反垄断法的域外适用

坚持域外管辖权是国际合作的前提。如果某国没能处理其国内企业阻碍外国企业进入本国市场的反竞争行为，则该外国企业的母国就希望通过跨境适用其国内的反垄断法以打开进入该国的市场之门。换句话说，各国在传统国际经贸活动中依然倾向于通过实现本国反垄断法的域外适用来解决反垄断的国际化问题。这样做虽然可以在维护本国利益的同时迅速解决国际反垄断过程中的种种难题，但由于各国的国家利益之间往往呈现一种"零和"关系，跨境适用反垄断法可能会加剧国家或地区之间的冲突，引发严重的贸易摩擦，适用不当甚至会影响到两国的政治关系。同时，法律的域外适用还可能直接导致反垄断政策与贸易政策产生严重的摩擦，这也违背了国际法中的国家主权原则。因此，域外适用反垄断法应当建立在与他国政府充分沟通和协商的基础之上，以减少法律适用过程中的不确定因素，并以此为基础开展与国外反垄断执法部门的双边或多边合作。

2. 双边或多边合作

正因为反垄断法的域外适用存在诸多弊端，所以协调与合作便成为解决各国反垄断执法冲突的有效途径。建立在互利共赢的基础上的合作可以化解国家或地区之间在反垄断执法过程中产生的利益冲突，尤其是让各国垄断机关头疼的取证难的问题。不但如此，双边或多边合作可以避免企业被反垄断部门重复执法。

3. 建立国际统一的反垄断法律规范

虽然制定一部国际统一的反垄断法典是一件十分困难的事，但是，国际社会并没有放弃建立国际反垄断法律制度的努力。自从进入网络时代，各国政府和各国际组织都在为制定一部全球统一的反垄断法律规范而努力着，但到目前为止，世界范围内的反垄断法尚处于酝酿阶段。不过值得注意的是，一些已生效的多边条约中所包含的反垄断规定虽然不具有典型性和完整性，但可以把它看作未来国际反垄断法的雏形，若想让它成长为一个成熟的国际反垄断法律体系的话，还需要各国反垄断专家和执法者继续做出长期不懈的努力。

二、网络经济对数据垄断的规制

（一）数据垄断

1. 数据垄断的界定

网络经济越发体现出数字特征，核心是"算法+数据"。数字垄断的本质是算法在数字经济时代，由于数据量级大、维度高，需要极其强大的硬件和算法才能处理，其存储与处理的权限很容易被几家寡头企业控制，由此引发了数据垄断现象。数据寡头持有并控制海量数据，利用这一优势打击竞争对手，引导舆论。数据寡头反竞争行为多种多样，包括但不限于垄断技术、垄断市场、垄断消费者和垄断产品，更重要的是，通过"数据垄断"实现市场闭环，以超级企业平台取代正常的市场。由于数据垄断存在严重危害，数据规制已成为数字经济时代的讨论焦点。同时，数据相关的问题不仅涉及竞争法，也将会涉及绝大多数部门法，如民法对数据权益的保护、刑法对侵犯个人信息犯罪的惩罚、经济法对数据分享流转的规范等。但关于数据垄断的争议目前尚未达成一致意见，如何定义和配置数据资源依旧是个重大命题。

反垄断机构所关注的不是垄断本身，而是对垄断所代表的市场势力的滥用。数据垄断就是如此，是指重要数据被控制在少数人或公司手中，并被以不合理的方式使用，以打击竞争对手。如果以数据所有权的归属结构为基点，则数据垄断是指对数据本身的排他性占有和绝对性控制。数据垄断的逻辑链条是：数据是网络经济的生产要素，能够优化资源配置；企业通过独占数据，阻碍其他企业获得数据，获得竞争优势。

2. 数据垄断的特征

数据易聚集、难确权、价值密度低，缺乏数据量就无法产生价值。在大数据时代，海量数据通过移动设备、传感器网络等源源不断地自动产生，数据的生产成本较低，同时数据的价值密度也较低，其价值需通过数据挖掘、机器学习等技术提取。这些技术本质上是数据驱动型技术，需基于大量数据的输入才能获取高准确性、高可用性的输出结果，造成数据本身易聚集的特点。此外，由于数据在各种生产、消费等活动中产生，使用数据获利者与数据生产者多数不重合，因此不同于石油、矿藏类的自然产物，也不同于专利、作品等精神产物，难以确定其所有权。在数据不能依据法律法规确权的现状下，数据收集的合理合规性得不到有效保证，易形成数据垄断。

收集数据存在一定的技术和法律门槛，导致其前期投入成本高，而后期边际成本低，极易形成规模经济。数据寡头们通过业务扩张、资本运作、并购等方式完成企业扩张，导致其具有多产品、跨领域的商业特点，并据此吸引或维系海量用户，从而具有收集海量数据的能力，形成数据垄断。而本身处于弱势的数据收集者们则限于其产品或服务的升级能力，迫于数据寡头发展的压力逐渐流失用户，产生"滚雪球"效应，数据垄断现象随之加剧。以字节跳动旗下的抖音 App 为例，由于先发优势，抖音积累了大量用户数据，并且利用这些数据优化了自身的推荐算法，企业获得远超竞争对手的优势，即它的服务能够让消费者更加满意。后进入的竞争者难以获得大量数据，进而其算法本身得不到优化，导致其产品用户体验差，最终在竞争中落后。"使用者反馈"与"获利反馈"使得大公司数据收集能力不断自我增强，造成各数据收集者间的数据鸿沟越来越大。

3. 数据垄断的负面影响

数据垄断对市场的负面影响主要体现在以下几个方面。

(1) 数据安全性问题。先进的大数据技术虽然为人们的生活提供了很多便利，但公民和组织的数据隐私也非常容易赤裸裸地暴露在电子商务、搜索引擎以及微博等"第三只眼"的监控之下，使得一些不法商户急于从中发现商机，严重威胁到普通人的隐私权。另外，通过数据聚合，数据垄断者收集了足够多的生物特征码，结合大数据所绘制的用户画像，就可以通过"深度伪装"直接复制用户的全部信息。因此，运用大数据技术进行预测和控制人们潜在的经济行为，会造成一些伦理和道德上的风险，损害了公平、自由、尊严等人性价值。更甚者，对国家安全也会产生威胁。

(2) 对数据过度依赖。数据垄断极易出现对数据的盲目依赖，使人们丧失理性的思维和决策能力。人们更加相信量化表现事物信息的事实，因而认为数据决定一切的规律是正确的。该论断无疑会使人们开始在海量数据面前低头，将逻辑思辨置之脑后，在决策中更加依赖数据的力量。即使数据有偏误，也通过相应的技术手段进行调整，想当然地得出一些看似符合经济规律的结论。一旦出现分析失误，将会严重威胁民众的切身利益。因此，如何避免成为数据的奴隶，已经成为迫在眉睫的问题。

(3) 出现数据鸿沟。数据垄断规定了谁能接入、为何目的、在何种情境下、受到怎样的限制等诸多前提性内容。其中，数据流动受限是数据垄断的一个重大弊端。依照常理，合理、科学、有序的数据流动将有助于数据资源的优化配置和使用，推动大数据技术的创新。但是，部分企业或国家为了维护自身利益而拒绝信息的交流与互动，这不仅浪费了数据资源，而且会阻碍创新的实现。

(4) 在整个产业生态层面阻碍竞争。数据垄断必然会带来新壁垒，即数据壁垒。数据壁垒正是由超级平台的生态圈闭环所致。这也是反垄断法特别关注的一个问题。实际上，数据垄断扭曲了市场竞争，例如中国的电商领域、支付领域、物流领域以及商旅出行领域等，都已经形成了明显的数据寡头。这些数据寡头使得同业竞争非常艰难，跨界竞争也变得非常艰难。同业之间排名三四位之后的那些企业，如果想要获得成长，或者想打通数据"孤岛"，以挖掘更多的数据来形成自己的差别化竞争优势，已变得特别困难甚至不可能。

(5) 消费者权益难以得到保护。数据垄断即对资源的独占，不仅降低了资源配置效率，也会导致对消费者不公平的市场定价。"数据杀熟"已经成为互联网平台企业的惯用手段，更重要的是，在数据垄断的情况下，保护消费者的法律合约问题变得极为复杂。

(6) 数据垄断会提高大数据处理技术的使用壁垒。数据作为一种资源，是可以被深度挖掘的。但由于算法的研发和进步严重依赖于大数据，因此一旦数据被垄断，那么与数据相关的技术进步便有可能会放慢，形成技术和数据两张"皮"。在极端情况下，数据垄断者甚至可能拒绝来自政府部门的数据共享要求，使得其商业活动处于不够透明的"黑箱"之中。例如信贷和征信体系本身是政府主导的重要基础设施，极有可能出现政府平台向数据寡头开放数据，而数据寡头却拒绝向政府开放数据的尴尬情形。

(7) 通过数据和算法达成默契，形成垄断。垄断协议的核心要件之一是经营者之间存在明示或暗示的意思联络。在数字经济下，新型垄断协议的认定也应围绕这一要件展开。通过输入数据，特别是大数据，借助于相同或者类似的算法，相关市场上的各经营者可在无须联络的情况下共同做出使彼此都能获益的经营决策，联合消除竞争，借助于数据的反馈机制，联合限制、排除偏离协议的其他经营者，由此产生反竞争效果，涉嫌构成垄断。

（8）滥用市场支配地位也可借由数据实现。为巩固、维持或提高现有市场地位，实现效益最大化，排除、限制现实或潜在的竞争对手，已取得相关市场支配地位的企业会利用数据实施各种滥用行为，其中既包括剥削性滥用，譬如基于消费数据分析的价格歧视，通过不公正协议条件获取用户隐私，为减少成本支出而降低产品和服务的质量，也包括排斥性滥用，譬如"二选一"、封锁屏蔽行为等，扭曲甚或破坏正常的市场竞争秩序，损害消费者、用户的合法权益，以及抑制中小企业公平参与创新的能力，最终减损社会创新发展的整体福利。由于数据垄断是一种新生事物，在执法中经常会陷入"技术必须"的争论，进行数据垄断的企业会辩称它的数据垄断行为并非有意损害竞争，而是为了维持相关服务所必须执行的行为。

（二）算法滥用

1. 算法滥用的界定

算法滥用具有深厚的技术色彩，因其所依托技术的多元性和演进性，目前尚未形成各界普遍认同的算法定义。本教材将算法定义为为了解决某个特定问题的准确而完整的描述，是一系列为了解决问题而发出的清晰指令，并进行机械的、重复度高的反复运算，也就是用系统的方法描述、解决问题的策略机制。不同于数据垄断，算法滥用并不完全依赖于市场势力，即使不存在市场势力，只要拥有数据，就可能实施算法滥用。算法滥用的具体行为包括但不限于大数据杀熟、算法锁定、调价算法等。

2. 算法效率

数据为算法提供实施滥用行为的物质基础，而算法则是实施滥用行为的工具。算法能够挖掘数据的价值，其本质是算法对大数据所含信息的深度挖掘，它通过特定规则预测消费者潜在的需求，并全平台搜寻商品，将消费者最可能需要的商品找出来。在拥有消费者和产品大量数据的前提下，算法能够做到：第一，降低卖家调价成本和买家比价成本，促进价格透明。算法可以将一系列同类商品推送给消费者，消费者可以通过对比这些商品的价格和质量进行选择。对卖方而言，公开透明的售价比较会迫使它们通过提高产品质量或者降价来促成交易。第二，预测消费者需求，提前推荐相关产品，降低消费者搜寻成本，提升消费者福利。

由于算法本身是非中性的，因此，它本身对竞争有相反的两种影响，算法滥用则会放大其对竞争的负面影响。

3. 算法歧视

互联网平台通过大数据分析消费者的购买或浏览记录，对用户进行"画像"后，根据其喜好程度、收入水平的不同，在提供相同质量的商品或服务的情况下，分别实施差异化定价，即价格歧视。此类在算法自动化决策中产生的不公平现象被称为算法歧视或算法偏见。数据是算法的依托，本身具有客观中立性，但人为设计的算法不可避免地隐含偏见。互联网上的算法歧视问题早已引起人们的注意。如在就业领域，某些特殊群体在岗位推送和筛选上时常受到搜索引擎的差别对待；再如在市场营销方面，商家执行价格歧视策略。由于算法本身就是非中性的，因此它本身对竞争就有相反的两种影响，算法滥用则会放大其对竞争的负面影响。

（1）成因。算法歧视的成因有以下四个方面：一是算法本身非中性。算法并非完全客观，其底层逻辑是存在预判断的。若设计者存在某种偏向，并将这种偏向嵌入信息的收集、标注、处理中，则算法的输出结果也会体现并强化这一偏向。二是数据的偏向性。若采集的数据本身是偏向于某个特定分层的，那么样本有偏，最终算法的学习结果也会有偏。算法的好坏取决于所使用的数据的好坏。数据在很多方面常常是不完美的，这使得算法继承了人类决策者的种种偏见。此外，数据可能仅仅反映出更大的社会范围内持续存在着的歧视。三是算法黑箱造成的透明度缺失。算法从接受输入数据到输出决策结果的全过程，形成了外界无法获知的"黑箱"，算法在其中进行数据的处理、评估及分析，并根据具体场景做出决策。算法黑箱的非透明性导致歧视行为更加隐蔽、难以察觉，进一步助长了某些算法设计和经营者为追逐经济利益而产生歧视行为。更糟糕的是，歧视在很多情况下都是算法的副产品，是算法的一个难以预料的、无意识的属性，而非编程人员有意识的选择更增加了识别问题根源或者解释问题的难度。四是算法的编程人员对各种规则缺乏足够的理解。算法提供的决策支持服务显然要预先将各种规则比如征信规则、量刑规则、保险规则等代码化。然而，编程人员可能并不知道公平的技术内涵，也缺乏一些必要的技术公平规则指引他们的程序设计。对于关乎个体权益的自主决策系统、算法和人工智能，考虑到算法和代码而非规则日益决定各种决策工作的结果，人们需要提前构建技术公平规则，通过设计来保障公平的实现，并且需要技术正当程序来加强自主决策系统的透明性、可追责性，以及被写进代码中的规则的准确性。而这仅仅依靠技术人员是无法达成的。

（2）识别难点。算法歧视识别存在两个难点：第一，算法的专业性导致非自身技术人员难以理解算法的底层逻辑；第二，算法本身是一个"黑箱"，并且是企业的核心竞争力，企业可以将算法视为商业秘密或者私人财产。在这种情况下，对算法进行审查可能会与保护竞争的初衷相违背。此外，从成本收益分析的角度来看，解密算法从而使之透明化可能需要花费非常大的代价，代价可能远远超出所能获得的效益。此时，人们只能尝试对不透明的算法进行审查，但这未必能得到一个公平的结果。

4. 算法合谋

在市场竞争中，合谋是一种常见的反竞争行为。多家企业通过协商，共同维持一个较高的价格，获取垄断利润；或者维持一个低于成本的价格，打击没有参与合谋的竞争对手；或者维持某种默契或达成秘密协议，分割市场、限制生产或限制进入。合谋包括公开合谋和默契合谋。其中公开合谋是被各国反垄断法严厉禁止的行为，适用于本身违法原则，因此常见的合谋是默契合谋（又称眨眼合谋），即不存在直接联系和文本，仅通过隐蔽的信号传递，依靠默契达成一致行为。而算法给默契合谋提供了新的工具。相较于传统的默契合谋方式，算法合谋是一种新形式的合谋，更加隐蔽也更容易达成。它利用智能定价算法作为工具，进而实现个体之间的自动合谋。伴随数字经济发展，算法合谋作为一个随着算法的兴起而形成的新概念，越来越受到经济学者、法律学者和政府市场监管部门的高度重视。

算法可以以不同方式帮助算法使用者实现合谋。伴随技术演进，算法会创造更多的合谋方式。从算法合谋的使用主体主观性进行区分，可以将算法合谋分为两类，一类是主动算法合谋，另一类是被动算法合谋。

（1）主动算法合谋。算法的使用者可能通过监测类算法、信号类算法和平行算法主动寻求合谋。其中监测类算法能够主动搜集市场上竞争对手的价格变动信息，可以被有效地运用于监督合谋行为。信号类算法可以不断发送特定编码的信息，只有拥有对应算法才能够解读。使用者可以通过这一算法主动与竞争对手协商。而平行算法是指可以实时跟随市场数据变动，采取预设策略调整数据的一类算法。平行算法的使用可以帮助经营者确立自动定价机制。在这一条件下，市场内的竞争者可能不约而同地选择一个高于基准的价格，实现默契共谋。

（2）被动算法合谋。算法中发展最为迅速的一种是自主学习类算法。自主学习类算法通过神经网络技术实现自主学习，通过大量数据训练构建因果关系，但是即使是设计者也无法完全得知算法内的决策逻辑。由于算法本身追求最优解，很有可能最优解就是当前市场情景下的价格，因此采用这一算法定价的企业最终对同一种商品的定价可能相同，达成被动合谋。

（三）对数据垄断的规制

严峻的数据垄断形势给当前数字经济的发展带来了巨大的挑战。数据垄断使得寡头公司拥有大部分用户数据，在数据驱动的发展模式下，压缩了该领域内其他公司的生存空间，不利于小型企业的发展。数据垄断在一定程度上破坏了市场自由竞争的规则，数据寡头公司基于海量数据资本掌握市场主导权，对小型企业的打压使得消费者失去了同类服务的可替代选项。数据垄断有可能阻断小型企业的技术创新，而大型企业利用其丰富的数据可开发多领域的生产经营活动，技术壁垒进一步抑制了新技术的产生。数据垄断使得寡头企业一家独大，掌握对用户数据的控制权，易加剧算法滥用、隐私泄露、用户歧视等其他数据伦理问题的产生。因此，一方面，应规范数据的收集，促进数据资源的合理配置；另一方面，应积极探索保护用户隐私的数据共享方式，促进数据共享流通。

1. 数据治理模式

为缓解数据垄断形势、促进数据安全与公平的共享流通，在技术上可以采用以下几种数据治理模式：第一，推行数据普遍预处理。在数据流通前，从数据源头基于隐私保护技术对数据进行脱敏处理。这在一定程度上能够限制企业收集大规模数据的行为。数据收集者必须平衡隐私保护与数据有效价值之间的关系，从而缓解当前低成本的数据收集垄断局势。在该治理模式下，数据寡头仍持有大部分数据的控制权，数据垄断有所缓解但并未根除，并且需要权衡好数据治理与产业输出之间的关系。第二，第三方组建、政府监督的中介周转模式。由政府监督，其他第三方机构组建平台，促进数据共享。例如数据交易平台、数据众包平台和数据共享平台三种模型分别适用于不同情景。数据共享平台包括数据直接共享和数据间接共享两种方式。数据直接共享平台依据必要的设施规则，推动公共部门之间不对称信息的流通和企业之间数据的合理共享。数据间接共享平台拒绝对源数据的直接共享，支持对本地数据训练得到的模型参数进行共享，而后由多方参与者共同训练效果较强的机器学习模型。该方法符合当前数据驱动的技术发展情景与用户隐私保护的需求，从总体发展现状看，第三方中介的项目众多，但缺乏政府监督。第三，中心化和去中心化全局模式。对数据产生、流通和使用的整个生命周期进行监管，弱化数据寡头对数据的掌控权，增强数据生成者（用户）和数据监管者对数据的控制权。该模式主要分为中心化和去中心化两种形式。中心化全局模式是指建立统一的数据监管平台，对数据进行统一管理，通过监管数据流通状况来确保用户对数据的控制权。去中心化全局模式是指借助区块链、智能合约等去中心化技术与平台，对数据收集、流通、共享、使用、结算等过程存证，构建可验证、可追踪、可溯源的数据共享与监管机制。全局模式相较其他两种治理模型成本更高，目前该数据治理体系正在构建中，其应用尚不成熟。

2. 在应用层面，确保数据透明

数据透明并不表示数据对所有人公开可见，它指的是数据在其生命周期中对其从属主体透明化，即在数据收集、流通、共享、使用和决策过程中，保证数据对其拥有者、使用者和监管者显示部分或全部的透明性。在整个数据透明框架中，数据的隐私必须加以考虑并得到保证。对数据垄断而言，数据透明的应用可促进数据收集、流通和使用记录的生成，从而完成数据的审计、溯源与问责。该方式既可达到数据监管的目的，又可为数据共享方向与方式提供评估依据，结合数据访问控制技术可全方位监控并防止数据垄断的生成。宏观上，基于数据透明的数据治理应聚焦于以下三个方面的内容。

（1）保证数据的质量与价值。数据作为大数据时代科技企业的主要资源，在使用数据治理手段协调各个社会主体的利益时，应基于数据透明机制保证数据的真实性、正确性，统一多源数据标准，评估有效数据价值，从而保证数据驱动决策的可靠性。

（2）评估和监管个人隐私数据的使用。用户作为大数据生产者，极易在数据流通过程中丢失对自身数据的控制权。基于数据透明的数据治理，可评估和监管个人隐私数据的流向及用途，使用户重拾数据控制权，有效避免数据过度收集与聚集，预防个人隐私数据泄露。

（3）监管并促进数据流通与共享。这也是阻断数据垄断的重要举措，但在实施时需兼顾数据隐私，考虑各参与主体间的信任模型，平衡各方利益。具体而言，基于数据透明的数据治理可借助区块链技术实现。基于区块链公开透明、去中心化和不可篡改的特性，可在数据生命周期中的各阶段分别进行有效的数据治理。在数据存储阶段，基于区块链和智能合约存储数据，可达到支持审计的目的，防止该过程中数据伪造、数据篡改、数据标准不统一等问题的出现。在数据收集与共享阶段，可使用区块链保存数据的收集与共享日志，对数据流通过程进行追踪溯源，同时结合策略承诺、违法检测、隐私审计，在隐私保护技术失效的情况下通过溯源问责，保护隐私，并为实施数据监管、防止数据垄断提供技术支持。在数据使用与决策阶段，可基于区块链对数据计算节点进行验证，通过经济惩罚等手段防止恶意参与方的加入，同时验证决策结果的可靠性，确保数据的高效合理产出。在未来数据治理的过程中，一方面要完善当前的数据经济模式，发挥现有治理手段的作用；另一方面要积极开拓透明化的数据治理框架，解决以数据垄断为主的数据伦理问题，构建健康有序的大数据生态，促进大数据产业合理规范发展。

第四节　典型政策

一、数字鸿沟

（一）数字鸿沟的定义与分类

1. 数字鸿沟的定义

数字鸿沟最初通常被理解为可以获得信息和通信技术的人与不使用信息和通信技术的人之间的差距。因此，早期的数字鸿沟可以通过简单地提供信息和通信技术接入来弥合。随着时间的推移和互联网相关技术的普及，数字鸿沟概念的内涵和外延都得到了扩展，关注的焦点也转移到了信息主体的能力和技能上。研究人员重新定义了以往过于技术性的数字鸿沟的概念，更加关注社会、心理和文化背景，也就出现了第一道数字鸿沟和第二道数字鸿沟的概念。第一道数字鸿沟是指获取信息和通信技术的差异，而第二道数字鸿沟是指信息和通信技术使用的方式等存在的差异。研究不仅涉及访问的差异，而且关注使用的自主性、相关技能、社会支持以及使用该技术的目的，根据这些方面的不同将其标记为第二道数字鸿沟，扩展了数字鸿沟的背景。实际上，由于任何社会系统中的大多数参与者都获得了技术，第二道数字鸿沟开始变得比第一道数字鸿沟更重要。近年来出现了一种新的数字鸿沟形式，即第三道数字鸿沟，这种新形式的重点是使用互联网的有益结果及使用后引起的不平等。

关于数字鸿沟的定义，不同学者和国际机构等组织都提出了相应的概念。具有代表性的概念是经济合作与发展组织（OECD）所提出的，即数字鸿沟是指不同社会经济层面的个人、家庭、企业和地理区域，在获取信息和通信技术以及在各种活动中利用互联网的机会及其使用方面的差距。数字鸿沟还可以适用于不同人口统计特征，如年龄、性别、收入和种族，或不同的地理位置，如城市和农村等。

对于数字鸿沟的内涵界定，重在把握以下几个要素的质的规定性：

（1）数字。重点考察数字化及其带来的差异，传统技术条件下的信息差别不在考虑之列。

（2）鸿沟。"差别""差距"（divide）是考察的重点，比"沟"（gap）的范围要宽广得多。

（3）对象。差距是比较的结果，必须有可供比较的对象，如不同人群之间、不同国家或地区之间、不同企业之间等（可统称为"不同社会群体"）。

（4）内容。随着研究的不断深入，数字鸿沟考察的内容日益深化，从最初单一的互联网扩散度，逐步扩展到整个信息基础设施的普及，现在越来越多的学者和组织强调要将应用成效也考虑进去。总的来看，"数字鸿沟"与"信息化水平差距"两者的含义越来越走向统一。

根据上述四个要素的质的规定性要求，可以对数字鸿沟下一个较为清晰的定义：数字鸿沟是指不同社会群体之间在拥有和使用现代信息技术方面存在的差距。

2. 数字鸿沟的分类

从不同的维度进行划分，可以将数字鸿沟分成不同的种类。

（1）国家之间的数字鸿沟。一系列数字鸿沟研究侧重于关注各国的不平等，即全球数字鸿沟。国家间的差异可能取决于教育水平、社会经济指标或国内生产总值方面的国家财富，以及与特定国家的互联网和宽带相关的基础设施。

（2）国家内部的数字鸿沟。除了全球数字鸿沟，各国内部地区和个人群体之间也存在分歧，即国内数字鸿沟。国内数字鸿沟主要指不同阶层、种族、行业、年龄、教育背景及城乡人群对信息、网络技术的拥有程度、应用程度及创新能力的差别所造成的信息落差及贫富进一步两极分化的趋势。

（二）数字鸿沟的成因与影响

1. 数字鸿沟的成因

当前社会中一直存在大量群体由于各种因素尚无法积极拥抱数字技术，无法享受数字技术带来的红利。数字鸿沟产生的主要原因可以被归纳为以下五个方面：一是经济发展或收入水平。拥有和使用新技术需要一定的成本支出，尤其是在技术扩散初期，其成本比较高。这就使得经济发展相对落后的国家和地区或低收入人群因支付不起高昂的费用而被排斥在新技术之外。二是教育水平或知识能力。受教育程度不同直接导致对新技术的认知、接受和应用效果存在天壤之别。不识字或识字不多，就很难真正利用现代信息技术。三是政策环境。任何一次技术革命或产业革命都会引发全球生产力的重新布局，总有一些国家或地区得以脱颖而出，国家战略选择和相应政策导向在其中发挥着举足轻重的作用。四是个人习惯。受个人秉性影响，总会有人尽管有钱也有知识，却不愿意接受新技术，从而在网络时代中落伍。五是年龄、体能等生理因素。没有人会责怪婴幼儿不上网，老年人不玩计算机也情有可原。除此之外，个体的数据化和偏见化、网络社会的圈层化、信息技术的快速发展也是当下数字鸿沟不断深化的重要因素。

2. 数字鸿沟的影响

现代信息技术给现代人带来了使用数字媒介技术和平台的权限与自由，同样也给社会带来了深刻的影响。然而在技术不断突飞猛进的同时，不同人群使用网络信息的差距也在不断拉大，不论是在现实生活，还是在虚拟网络中，全面数据化、圈层化、数字鸿沟等加剧社会不平等的现象越来越凸显。

数字鸿沟是不同国家和地区的经济、社会发展水平差距在信息时代的客观反映。收入、社会层级、所处地域等各项因素会带来不同人群之间的社会不平等，进一步产生与扩大数字鸿沟。随着信息技术的加速发展，数字鸿沟将更加凸显，甚至深化和创造了新一轮的社会不平等。总体而言，数字鸿沟的客观存在及其扩大将对社会发展和社会安全构成严重威胁。这主要体现在以下四个方面。

（1）出现大量信息贫困者，即数字鸿沟的离散效应。

数字鸿沟的存在产生了一种新的贫困，即"信息贫困"。信息贫困者因为失去了获取信息的能力和机会，无法充分参与创造和分享信息社会文明成果，成为信息社会的落伍者或边缘群体。信息贫困者是信息时代的"无家可归者"。这种使信息贫困者日益脱离信息社会的影响作用，称为数字鸿沟的离散效应。

(2) 信息均享程度下降，即数字鸿沟的分化效应。

弱势群体无法充分享受到信息技术革命带来的好处，这使得信息资源的占有和使用存在巨大差别。从全球视角看，现阶段信息技术主要被发达国家垄断，发展中国家的技术和设备主要靠进口获得，信息技术普及和网络接入方面的马太效应非常明显。从不同人群视角看，最先接入和使用信息技术的人群对信息和知识的理解能力、应用能力、创新能力可能会进一步增强，与没有接触和使用信息技术的人群之间的差别越拉越大。这种使信息富有者与信息贫困者日益分离的影响作用，可以称为数字鸿沟的分化效应。

(3) 弱势群体的风险与机遇并存，即数字鸿沟的双刃效应。

数字鸿沟在使弱势群体远离信息社会的风险不断增大的同时，信息技术的跳跃性和快速渗透的特征也给弱势群体发挥后发优势从而获得跨越式发展提供了前所未有的机遇。从全球视角看，对于中国这样的发展中大国来讲，率先使用先进技术、在部分关键核心技术上实现突破的可能性是存在的；但如果任凭其与发达国家之间的数字鸿沟扩大，也很可能会使中国丧失利用信息技术革命实现跨越式发展的历史机遇。从国内社会发展的视角看，利用网络资源优势迅速提升国民信息能力进而提升整体竞争力的潜力增强了。数字鸿沟是客观存在的，但对待数字鸿沟的态度和行为的不同将使其演化结果及影响大相径庭。这种弱势群体风险与机遇都增加的影响作用，可以被称为数字鸿沟的双刃效应。

(4) 社会脆弱性增加，即数字鸿沟的放大效应。

数字鸿沟的存在可能会进一步导致收入分配、就业和发展机会等方面的不公，加大原有的贫富差距，进而成为危害社会安全与稳定的重要根源。联合国等国际组织称，数字鸿沟有可能使国际社会多年来致力于缩小南北差距的努力化为乌有。收入差距进一步扩大会危及社会安全已成共识，并被许多国家的发展实践所证实。在中等收入国家面临的收入差距不断扩大的现实背景下，数字鸿沟的出现会加剧贫富差距，从而进一步扩大社会脆弱性。这种使原有社会差距进一步扩大的影响作用，可以称为数字鸿沟的放大效应。

二、普遍服务

(一) 普遍服务原则的定义与内涵

所谓"普遍服务"，即对任何人都提供无地域、质量、资费歧视且能够负担得起的电信业务。国家为了维护全体公民的基本权益，缩小贫富差距，通过制定法律和政策，使得全体公民无论收入高低，无论居住在本国何处，包括农村地区、边远地区或其他高成本地区等，都能以普遍可以接受的价格，获得某种能够满足基本生活需求和发展的服务。普遍服务主要出现在与公众生活密切相关的公益性垄断性行业，如邮政、电信、电力、供水等。普遍服务主要包括服务的普遍性、接入的平等性及用户承受性三方面内容。由于受到各自客观环境条件的限制，不同的国家和地区对普遍服务具体内容的理解不尽相同，但是基本上所有的普遍服务都具有一些共同特征：首先，普遍服务必须针对所有的（或者绝大部分）用户；其次，普遍服务的价格是可以被接受的；最后，普遍服务要有一定的质量保证。

一般来说，基础设施的提供商或运营商在诸如边远地区或者农村地区等典型的高成本地区往往是入不敷出的。高成本地区的特点就是经济欠发达，基础设施的利用率过低，从而导致服务提供商很难收回投资。由于回报率低，高成本地区的基础设施发展落后，制约了经济发展，就越不能吸引基础设施方面的投资，这就形成了一种基础设施投资的恶性循环。考虑到经济的协调发展，政府有必要采取一定的措施来避免这种不利的后果。要求网络基础设施的提供商和运营商实行普遍服务就是一项切实可行的措施。普遍服务要求提供商和运营商不但不能拒绝为高成本地区的用户提供服务，而且还不能根据投入和运营成本而采用相应的高资费定价策略，并且要保证一定的服务质量。

另一个与普遍服务相近的名词是普遍接入。国际电信联盟认为，衡量获取信息通信技术标准的关键在于区别普遍服务和普遍接入。普遍接入是指信息通信技术的高可用性，它可以通过家庭、工作地点、学校和公共接入点来实现，该指标更适合中低或低收入的发展中国家。相应来说，普遍服务指信息通信技术在家庭层面的高水平普及，更适合高收入和中上收入国家。

（二）普遍服务的功能

实施普遍服务的驱动机制主要是通过网络正外部性，促进经济增长和实现收入再分配，从而促进社会公平。在网络经济中，具体来说，普遍服务有以下三种功能。

1. 提供普遍服务有助于网络积极外部性的发挥

连接到互联网上的人越多，则互联网所产生的价值（无论是社会价值还是商业价值）就越高。由此可见，消费者个体是否入网及基础设施提供商是否愿意建网的决策会直接影响到网络中所有其他用户的福利。但无论是消费者还是提供商或运营商都不会从社会福利的角度看问题，它们只关心自身的收益如何。因此，政府需要采取措施来弥补可能会出现的市场失灵。由于这种网络外部性是正的，所以普遍服务政策可以使网络外部性在一定程度上内部化。

2. 普遍服务还可以被看成一种特殊的再分配方式

普遍服务用定价而不是税收的形式影响再分配。把低收入阶层确定为再分配的对象，保证他们享受到一定的基本服务，避免当资费调整的时候对他们产生不利的影响。由于经济发展的不平衡性，利用收入再分配解决收入不平衡和地区发展不平衡的问题是政府面临的一项重要工作。一般可以利用两种方法实现收入再分配：一种方法是利用交叉补贴机制实现普遍服务政策；另一种方法是利用一般的财政税收政策。实际上，许多发展中国家的政府基于效率原因均实施电信行业上缴较高利税的政策。但普遍服务政策实现收入再分配的同时也在一定程度上损害了市场经济最根本的竞争机制，特别是在市场经济完善的国家和地区，更有可能带来社会效益的降低。

3. 普遍服务有助于实现政府的地区发展规划

在我国，地区间的发展不平衡，因此很有必要借鉴普遍服务的公共政策来协调地区间的发展。这样既缓解了落后地区的基础设施瓶颈问题，又不需要政府耗费大量的财政资金。

（三）普遍服务原则的运作机制

从实施效果上看，提供普遍服务实质上类似于实行广泛的补贴政策。普遍服务原则实际上造成了大用户或工商用户对居民用户的补贴，或者低收入用户得到不同形式的补

第十一章 网络经济政策

贴。这种补贴资金并不是直接来源于财政资金,而是来源于在某些服务上设立的专项收费。另外,普遍服务原则也显示出在财政资金不充足的情况下,国家仍然有办法解决局部地区基础设施投资不足的问题。

当然,这种所谓的补贴制度与财政资金是毫不相干的,因为国家并不因此收支任何资金,只是通过改变现有垄断企业提供的不同服务的相对价格来实现的。具体来说,由于垄断企业在高成本地区提供的服务项目的收入低于成本,因此需要在其他服务上得到相应的补偿。补偿的具体方式通常是预先规定好的,一般采取交叉补贴机制,也就是在没有补贴的服务上允许垄断企业制定较高的加价。因此,交叉补贴只是满足垄断企业自身预算平衡的一种机制,相对于财政补贴来说,交叉补贴完全是在企业内部实现的。这种交叉补贴并不是企业可以随意进行的,它属于垄断企业与政府管制机构之间所订立的协约的一部分。此外,还应该看到普遍服务的运作机制需要以企业垄断为保证,因为竞争会降低高资费服务项目的利润,而这就破坏了交叉补贴的生存基础。

就交叉补贴机制的实际运用情况来看,它目前已经在一些发达国家中逐渐淡出了。价格上限的引入是导致这种变化的一个重要原因。实行价格上限的规定使得垄断企业在一定范围内有了调整相对价格的自由,这样企业就可以运用更加市场化的方式去平衡资费结构。为了在实行价格上限的同时仍然使企业有提供交叉补贴的动机,政府管理部门需要对价格上限中的权重做大幅度的调整,只有这样才能保证企业一旦向规定的低资费用户收取较高的费用,就会相应地受到惩罚;或者不调整权重而实行统一定价。价格上限自应用以来也做了许多系统的调整,比如资费调整的速度要受到严格限制,运营商需要在服务区内实行统一定价等。

价格上限的引入确实使交叉补贴发生了很大的变化,不过互联网基础设施行业的自由化改革才真正地动摇了交叉补贴机制赖以存在的根基。为了实现交叉补贴,运营商必须在提供补贴资金来源的服务项目上得到足够的利润,然后才能为其他服务项目提供补贴。这种人为造成的价格扭曲使得市场新的进入者只会考虑进入高资费的服务领域。因此在存在交叉补贴的情况下,引入竞争会导致两个结果:一是无效率的市场准入,因为即使新进入者的效率很低,它仍然可以在高资费的服务市场中存活;二是原有的普遍服务的实现基础遭到破坏,在竞争的压力下,来自高资费服务项目上的补贴资金将会大幅度减少。

三、知识产权

(一) 知识产权简述

法律上的知识产权包括智慧性权利和识别性权利。智慧性权利基本为智力成果权,包括著作权、专利权、对技术成果的保护、对商业秘密的保护等;识别性权利基本为经营者对自己的商品和服务的识别性标志拥有的权利,如商标权,对知名商品的名称、包装、装潢的保护等。另外,经营者在经营中的公平竞争关系,实践中也被视为在知识产权的范围之内。但并非所有的知识都能转化出知识产权,只有符合法律条件的知识内容才能成为知识产权的客体,从而受到法律的保护。经济学意义上的知识产权还有更多的内容,如个人的知识价值等。

在经济意义上,知识产权之所以重要是因为知识产权与企业的制度安排密切相关,企业的知识产权结构安排与企业的效率相关,从而与市场效率相关。传统的产权经济学过分强调物质资本的作用,随着技术和互联网的发展,人力资本和知识产权的作用日益重要,拥有核心技术的知识产权是企业发展的重要基础,尤其高技术企业更是如此。企业的知识产权与员工的知识产权安排之间存在互动关系,关键员工持股制度是改善企业产权结构的有益选择。

(二) 知识产权的特点

1. 专有性

专有性即独占性或垄断性。除权利人同意或法律规定外,权利人以外的任何人不得享有或使用该项权利。这表明权利人独占或垄断的专有权利受严格保护,不受他人侵犯。只有通过"强制许可""征用"等法律程序,才能变更权利人的专有权。

2. 地域性

地域性即只在所确认和保护的地域内有效。除签有国际公约或双边互惠协定外,经一国法律所保护的某项权利只在该国范围内发生法律效力。所以,知识产权既具有地域性,但在一定条件下又具有国际性。

3. 时间性

时间性即只在规定期限内有效。法律对各项权利的保护,都规定有一定的有效期。各国法律保护期限的长短可能一致,也可能不完全相同,只有参加国际协定或进行国际申请时,才对某项权利有统一的保护期限。

4. 绝对性

绝对性在某些方面类似于物权中的所有权,例如对客体直接支配的权利,可以使用、获取收益、处分以及为他种支配(但不发生占有问题),具有排他性、移转性(包括继承)等特点。

(三) 网络知识产权制度的重要性

完善和丰富知识产权的相关法规、承认知识产权及其财产收益性、对知识产权提供有效的法律保护是发展网络经济的有力保障。创造公平的知识产权竞争环境,加速社会创新成果产业化和更新换代,也是保护知识产权的重要途径。对于知识产权的保护需要拓宽思路,除了法律手段,运用市场自发的创新和技术的进步,选择不同制度和交易方式也可以有效地保护知识产权。网络知识产权制度的重要性主要体现在以下方面。

1. 知识产权制度是网络经济发展的核心

消费者在网络上进行的商品购买、信息资源获取、文化交易、内容提供等活动是网络经济发展的重要组成部分,只有有效保护消费者的隐私和权益,以及保护其提供的内容和资源的知识产权,才能促进网络经济稳定发展。如果网络侵权盛行,资源提供者得不到应得的报酬,网络秩序混乱,会使消费者对网络失去信心,必然妨碍网络经济的发展。

2. 知识产权制度是网络经济创新的保证

网络经济的发展离不开网络创新,丰富多彩的资讯、日新月异的网络创新是网络吸引消费者进行网络消费的最根本原因。而网络创新的基础就是知识产权制度,网络知识产权保护能够保护创新者的利益,激励创新。

3. 知识产权制度能够吸引更多网络投资者

网络经济的持续发展需要创业投资者的资本支撑，知识产权保护能够使网络企业的权益受到保护，只有利益受到保护，投资才能获得相应回报。因此，网络知识产权保护也是关系到是否能够获得资本投资的关键问题。

（四）网络知识产权保护

1. 网络知识产权的特征

知识产权是权利人对法定的智力成果所享有的人身权和财产权的总称，它具有无形性、专有性、地域性、时间性等特点。在网络环境下，由于信息的生产、传播、利用，以及存在形式等因素的不同，网络知识产权有其自身的特点。

（1）知识产权存在形式的虚拟化。尽管知识产权在传统经济下具有无形的特点，但其总是会与某种物质载体结合，通常作为"实物"的形式出现；而在网络环境下，智力成果都以数字形式存在于计算机中并在网络中传播，其存在形式是"非实体"的，这就给对网络知识产权的确认带来了新的挑战。

（2）知识产权专有与共享统一。知识产权的专有性是指在法定范围内权利主体享受的独占权利，即在一定限制下（如强制许可、法定许可、合理使用等）的专有权利。知识产权保护制度正是通过维护权利人的独占权利来协调相关利益，并推动智力创新与传播的。在网络环境下，知识产权存在形式的虚拟化（数字化）及高效率的网络传播，这使人们可以轻易地进行数字产品的复制与传播。这对知识产权产生了两种截然不同的影响：一方面，信息知识的公开与自由流动，削弱了知识产权所有人对其智力成果的垄断与控制，也淡化了网络信息使用者的知识产权保护意识，从而加深了知识产权专有与共享之间的矛盾；另一方面，在网络外部性的作用下知识产权自身价值在网络传播与共享中不断提高，即权利人可以通过放松专有限制来达到提高知识产权价值的目的。

（3）知识产权的地域性减弱。传统的知识产权有着比较明显的地域性。但是在网络环境下，智力成果在网络空间中被无国界传播并被不同的法律人群使用，知识产权的地域性自然减弱。知识产权的地域性减弱提高了网络知识产权保护的难度。

（4）知识产权时间性减弱。时间性指对知识产权有时间限制，即知识产权超过其保护期就丧失专有权，成为公有知识。知识产权的时间限制是根据对权利人拥有智力成果的成本收回周期与社会利益之间的平衡来确定的，既要确保权利人在合理的时间内收回对智力成果的投入并取得相应的经济效益，又要能够给社会公众无偿利用智力成果的机会。在网络环境中，信息传播的速度更快、传播范围更广，信息共享的速度和范围使智力成果的无形损耗大大加剧，因而知识产权的时间限制也应相应缩短。而以创新驱动的网络经济，技术迭代频繁，也大大缩短了知识产权的时间限制。

2. 网络知识产权侵权的主要形式

（1）侵犯版权。网络知识产权具有公开化和数字化的特点，其传播渠道也得到了一定程度的拓展。著作权人的作品一旦在网上被公开，其信息传播和著作维权就难以掌控。著作权人陷入维权困境，他们无从得知其作品被使用的具体情况，难以实现正当维权。

（2）不正当竞争。互联网的出现为企业经营者提供了一个理想化的交易平台，人们可以在网上宣传自己的商品和服务,以扩大其市场影响力,提升其品牌知名度。但也有些经营者恶意利用网络对其经营活动进行虚假、欺骗式的宣传,甚至于借此贬低竞争对手。

此外,商标侵权也较为常见。未经商标所有者同意,擅自在同种产品或类似产品上使用其商标或与其商标类似的标志的属于侵权行为。伪造或假冒他人商标,给其造成经济损失的也属于商标侵权行为,应受到相应的处罚。

3. 保护网络知识产权的对策

目前对网络知识产权的保护主要有以下几种方式。

(1) 建立健全的知识产权保护体系。目前,我国已出台包括《中华人民共和国专利法》《中华人民共和国商标法》《中华人民共和国著作权法》《中华人民共和国反不正当竞争法》等一系列有关知识产权保护的法律、法规。但是,随着网络技术的不断进步与网络模式的不断创新和发展,我国需要出台更加完备、更加先进的网络知识产权保护制度,以保证网络经济正常发展。

(2) 通过技术实现对知识产权的保护。仅仅通过立法还不能从根本上消除网络知识产权的侵权问题,还需要先进的技术,包括防火墙技术、加密解密技术、防复制技术、水印技术等,通过技术加强对网络信息资源的保护,并结合法律政策,推进知识产权保护。

(3) 提高知识产权维权意识。增强知识产权的维权意识,是保护知识产权的重要方面。通过培养和提高市场参与主体的知识产权维权意识,鼓励和支持其开展知识产权保护,为网络经济的有序创新提供保障。

本章案例

案例11 网络经济反垄断

导语:网络经济中的企业垄断行为具有不同于传统经济的特征。市场监督管理部门的反垄断行为需要适应网络经济的特征。同时也由于网络经济的特征,许多企业的决策行为违反了相关法律规定。反垄断规制需要在促进网络经济良性发展的基本原则框架下,采取适应性监管行为。

2021年4月30日,市场监管总局根据《中华人民共和国反垄断法》第四十八条、四十九条发出行政处罚决定,对腾讯控股有限公司、滴滴智慧交通科技有限公司、苏宁润东股权投资管理有限公司等企业分别处以50万元人民币罚款。经查,上述企业均违反了《中华人民共和国反垄断法》第二十一条,构成违法实施经营者集中,评估认为不具有排除、限制竞争效果。

1. 对腾讯的反垄断惩罚

2019年11月,汽车养护电商平台途虎养车再获腾讯注资,资金规模达3亿美元。2020年6月,易车宣布公司董事会批准并正式与腾讯控股及Hammer Capital(黑马资本)组成的买方团签署具有法律约束力的合并协议。基于调查情况和评估结论,腾讯被处以50万元罚款的行政处罚。

2. 对滴滴的反垄断惩罚

滴滴智慧交通与浪潮智投设立合营企业，分别持股42%和58%，共同控制合营企业，属于《反垄断法》第二十条规定的经营者集中。根据《中华人民共和国反垄断法》《经营者集中审查暂行规定》，市场监管总局于2021年3月11日对滴滴智慧交通科技有限公司与济南浪潮智投智能科技有限公司设立合营企业涉嫌违法实施经营者集中案进行立案调查。基于调查情况和评估结论，滴滴智慧交通与浪潮智投被处以50万元罚款的行政处罚。

3. 对苏宁润东的反垄断惩罚

2016年12月2日，苏宁润东通过其下属公司南京恒昊企业管理咨询合伙企业（有限合伙），与上海易果及其原股东张晔等签订《关于上海易果电子商务有限公司之增资协议》，以现金方式增资上海易果取得其15.21%的股权，并取得对上海易果的控制权。2016年12月5日完成股权变更登记。随后双方在业务层面开展合作。基于调查情况和评估结论，苏宁润东受到了50万元罚款的行政处罚。

资料来源： 第一财经．国内互联网反垄断再落一刀，腾讯滴滴等分别被罚50万 [EB/OL]．(2021-04-30) [2023-03-26]．https://m.yicai.com/news/101039495.html．

评语： 相较于世界发达国家网络经济领域的反垄断，我国的网络经济反垄断尚处于探索阶段。尤其是网络经济反垄断立法尚不完善，基本沿用传统反垄断法的延伸解释，以规范网络经济市场。事实上，网络经济所具有的特征和市场表现，迥异于传统经济。这就需要立法机构、执法部门和企业多方协作，不断探索中国的网络经济市场的反垄断问题。

思考： 我国网络经济领域的反垄断的特点是什么？我国网络经济反垄断适宜的措施和策略有哪些？

课后习题

（1）举例说明网络经济失灵现象。

（2）阐述普遍服务及其对于社会公平的意义。

（3）举例阐释知识产权保护及其对于网络经济发展的意义。

（4）简述传统的结构规制与绩效规制在网络经济中的适用性。

第十二章 网络经济增长与周期

本章概要

网络经济是宏观经济的重要组成部分,随着宏观经济的增长而不断增长,其增长速度超过了总体增长速度,成为经济稳定增长的重要推动力量。本章主要讨论网络经济增长和周期波动的相关理论。

目标要求

(1) 了解网络经济增长与周期的经济现象。
(2) 熟悉网络经济增长与周期的一般特征。
(3) 掌握网络经济增长与周期的基本规律。
(4) 应用网络经济增长与周期理论分析现实。

本章内容

第一节 网络经济增长

一、数字经济发展

随着数字技术对经济的渗透,网络经济的统计口径在发生变化。本教材节选《中国数字经济发展研究报告(2023)》[①]中的内容以了解网络经济的发展。

数字经济整体实现量的合理增长。中国的数字经济规模首次突破 50 万亿元。2022 年,面对经济新的下行压力,各级政府、各类企业纷纷把发展数字经济作为培育经济增长新动能、抢抓发展新机遇的重要路径手段,数字经济发展活力持续释放,我国数字经济规模达到 50.2 万亿元,同比增加 4.68 万亿元。数字经济占 GDP 比重进一步提升,超过四成,占比达到 41.5%。这一比重相当于第二产业占国民经济的比重(2022 年,我国第二产业占 GDP 比重为 39.9%)。

数字经济持续保持高位增长。2022 年,我国经济发展环境得到改善,国内生产总值同比名义增长 5.3%。在此背景下,我国数字经济维持高位运行,2022 年,数字经济同比名义增长 10.3%,高于 GDP 名义增速 4.98 个百分点。自 2012 年以来,我国数字经济增速已连续 11 年显著高于 GDP 增速,数字经济持续发挥经济"稳定器""加速

---

① 资料来源:中国信息通信研究院. 中国数字经济发展研究报告(2023)[R/OL]. (2023-04-27)[2023-06-01]. http://www.caict.ac.cn/kxyj/qwfb/bps/202304/t20230427_419051.htm.

器"作用。

二、网络经济增长的特点

与传统的经济增长相比，网络经济增长具有以下几个明显的特点。

（一）经济增长的影响因素改变

1. 要素改变

在传统经济条件下，促进经济增长的主要动因是资本、劳动力、土地等生产资料的投入，经济增长主要是依靠劳动者数量增加和质量提高、资本存量的增加，其特点是以资源耗费为代价。在网络经济条件下，推动经济增长的根本动因是创新和知识积累，表现为数据要素越发重要。

2. 工具改变

在农业社会和工业化生产初期，人们使用的是手工工具和机械动力工具，它通过节约人的体力劳动，提高劳动生产率，促进经济的增长。在网络经济条件下，智力工具如计算机、网络和各种软件，特别是互联网，已经成为重要的生产工具。这种自动化、智能化的生产工具极大地提高了劳动生产率。

3. 结构改变

在网络经济时代，科技发展和知识更新拓展了生产领域，促进了新兴产业部门的发展。网络经济的快速发展也加快了经济结构的调整，推动经济高质量发展。

4. 需求改变

随着经济的发展，人们在解决了基本生存需要以后，逐渐发展出更高层次的需求，而这些需求的满足很大程度上要依赖于网络经济。人们的主导消费正由传统的物质产品消费向知识和信息服务消费转移。

（二）创新成为经济增长的根本动因

促进经济增长的原因分为两类，一是外部因素，比如气候、地理环境、国际环境以及政府经济政策等。这些因素虽然对经济的发展构成重大影响，但不是决定性因素。二是内部因素，包括经济发展中的各种内生变量，如生产要素的变化、数量与质量的变化、社会需求的改变以及生产方式的进步等。在诸多要素中，只有使原材料与动力不断结合，才能产生的新的跳跃式发展，而这正是创新。由于市场是不确定的，充满了各种各样的机会，又充满了各种各样的风险和变数，只有捕捉机会并进行创新的企业才能得到新的利润，而这正是网络经济时代经济发展的特点。创新不仅是企业发展的灵魂，而且是一个国家竞争力的核心。伴随着网络技术的发展，创新在网络经济中得到了充分的发挥，并成为一种经济机制或技术过程，成为一种社会现象。在信息技术推动下，各种新产品不断出现，各种新工艺、新技术不断产生，它不仅改变了市场，改变了企业的管理模式，改变了社会生活，也改变了一个国家的国际地位。

（三）经济全球化使资源得到优化配置

全球信息网络的出现和发展加快了信息和知识在全球的快速传播和扩散。在开放的互联网面前，各国企业的每个生产环节都被放在信息网络中接受检验。同时，网络技术的发展也为企业开发新技术提供了新的合作机会。网络经济不仅通过竞争优化资源配置，而且通过合作达到双赢或多赢。信息技术加快了信息的传播速度，促进了技术手段的标准化和普及化，它降低了企业的生产成本、管理成本和交易成本，使跨国公司有可能在全球范围内更有效地配置资源。跨国公司只要手中拥有创新技术，就可以根据国际成本最低化的要求，在它们认为最有利可图的国家和地区进行生产和销售。

（四）人力资源开发的决定性作用

创新的实现要依赖于知识的积累，而知识的积累也要以人力资本为载体。随着网络经济的发展，人力资源在社会经济中的地位越来越高。人力资源的内涵包括劳动力数量和质量两个方面，在劳动力数量基本不变的情况下，提高劳动者质量就成为经济增长的决定性因素。人力资源开发是通过教育培训、健康保健和迁移等途径将人力资源转化为人力资本的。人力资源开发之所以在经济增长中发挥着决定性的作用，是因为在网络经济时代，经济的增长越来越依靠人力资本的投入。网络经济实际上就是信息经济，即知识经济，而知识存在于人的头脑之中，只有充分发挥人的主观能动性，大力加强教育和训练工作，才能加快劳动力的知识积累和知识更新，才可能提高劳动者的创新能力。因此，在网络经济时代，人力资源开发成为一国经济增长的原动力。

第二节 网络经济周期

一、经济周期

网络经济条件下，经济周期波动发生了较大的变化，其根本原因在于信息技术革命极大地改变了国民经济的工业基础、产业结构、运行方式。工业经济时代大起大落的经济周期波动，即将被新的特征代替。

（一）工业经济周期

经济周期是指以实际国民生产总值衡量的经济活动总水平的波动。传统的经济理论将经济周期划分为萧条、复苏、繁荣、衰退四个阶段，基本上客观地反映了工业社会资本主义经济周期波动的规律。经济周期性的波动是工业社会不可避免的现象。纵观资本主义经济发展的历史，可以看出，西方工业社会的经济是在"走两步、退一步"的周期性波动中发展起来的。关于资本主义经济周期波动的实质及深刻的内在原因，马克思主义经典理论已有科学揭示，资本主义经济周期波动是资本主义本身的基本矛盾所致。只要这一基本矛盾尚未发生根本变化，周期性危机就在所难免。现代经济研究已经证明，除了制度性原因，"现代机器大工业的产生及其所特有的物质技术关系，是产生经济周期波动根本的、具有物质性和本源性的条件"。马克思也曾明确指出，经济周期波动是"现代工业所特有的生活过程"。因此，在研究现代社会经济周期波动规律时，必须注意"现代机器大工业所特有的物质技术关系"是否发生了变动，以及这种变动对周期波动的影响。

第二次世界大战以后，特别是第三次科学技术革命以来，西方社会的经济周期发生了明显的变化，具体表现为：危机间隔时间缩短，发生较频繁；经济危机周期过程中危机、萧条、复苏与高涨阶段的界限已不明显，转变为危机、回升和高涨三个阶段；经济周期波动发生了某些形变，危机相对温和，没有大起大落。以美国为例，二战后第九次经济衰退后的复苏从1991年4月到2000年5月持续了110个月，不仅大大超过战后前

8次经济复苏50个月的平均期限，而且超过了美国历史上20世纪60年代经济持续增长106个月的最长纪录。另外，美国经济的这次持续增长既没有强劲的复苏，也没有明显的高潮，经济增长率一直在2%到4%的窄幅区间内波动，并且伴随着低失业率和低通货膨胀率。

发生这些变化的原因固然很多，其中有政府奉行凯恩斯主义对经济实行干预，缓和了危机的深刻程度，以及国际经济关系的影响等。但是，第三次科学技术革命的产生与深化，特别是信息技术的发展、信息产业和网络经济的形成，才是经济周期波动发生形变的"最根本的、具有物质性和本源性的"原因。技术革命对经济周期的影响被经济学界认识经历了曲折的过程。

（二）创新经济周期

经济学家康德拉季耶夫（Kondratieff）于1926年首次以英国、法国、美国有关资料为基础作出统计数列，显示出经济波动的长周期趋势，提出长周期假说，这个假说被称为"康氏周期"，又称"长波理论"。当时，康德拉季耶夫并未揭示出长周期波动的发生机理，其研究重点只是对长周期波动的统计描述，而且有许多学者提出反例加以反对，因此长周期理论并没有得到广泛支持。于是，在理论上揭示技术革命与长周期的必然联系就成为经济学研究的重要课题。

熊彼特在其著作《经济周期循环论》中曾经指出，长周期是技术革新引起的，并首先提出技术革新的长周期，认为经济中存在着长、中、短三种不同类型的周期，每个长周期的长度为48到60年，其中包括6个中周期；每个中周期的长度为9到10年，其中包括了3个短周期；短周期约为40个月，3个短周期构成1个中周期，18个短周期构成1个长周期。他认为，技术革新处于周期性不稳定和经济增长之间。熊彼特在康氏周期论之后提出技术革新长周期，以重大创新为标志，划分了3个长周期：第一个长周期从18世纪80年代到1842年，是"产业革命"时期；第二个长周期从1842到1897年，是"蒸汽和钢铁"时期；第三个长周期是1897年以后，是"电气、化学和汽车"时期。每个长周期中仍有中等创新所引起的波动，这就形成了若干个中周期，每个中周期还有小创新引起的波动，这就形成了若干个短周期。20世纪70年代，美国等西方资本主义国家出现严重经济危机和滞胀，康氏周期重新引起人们的兴趣。按照康氏周期，上升期、下降期各在30年左右，长波在50到70年。美国20世纪50年代前后应结束下降期进入上升期，70年代至80年代会进入下降期，20世纪末和21世纪初会进入上升期。后来，长波理论的研究揭示了伴随着长周期的一些经验性特点。其中，长期波动衰退期间产生的重大技术革新成果和重要发现、发明通常只是在下一次长期高涨开始时才能得到大规模应用。

新的巨大市场使一些全新的产业部门得以快速发展并改进产品和生产过程。竞争使需求饱和，出现新的技术僵局。只有进行基础技术创新，产生新的产业部门，才能打破这种"技术僵局"。目前发生的技术创新即信息革命受到一些经济学家的特别关注。如法国学者巴尔富里耶（Balfourier）也支持技术革新长周期说，但认为同康氏长周期相结合的巨大改革浪潮分别发生在纺织工业（使用蒸汽机），铁路与钢铁工业，汽车、电力、化学工业，石油、飞机和电子工业。正在酝酿中的技术革新浪潮同以往4次长周期革新浪潮不同，它不仅加强了人类的物质力量，更重要的是提高了人类的智力，它的基础是信息和信息技术。在网络经济条件下，经济的周期波动出现了新的变化。

二、网络经济周期的事实

自 20 世纪 90 年代以来，网络经济在各国蓬勃发展，呈现了波浪式的发展进程。随着网络经济的全面渗透，经济的数字化转型成为当前的鲜明特征。回顾网络经济发展的周期表现，可以为数字经济时代的经济周期变化提供借鉴。

（一）网络经济发展初期

2000 年以前是网络经济的发展初期，主要特点是网络公司不断涌现，展现出勃勃生机。比如，在美国，出现了门户网站美国在线、雅虎，出现了电子商务企业易贝、亚马逊；在中国，出现了搜狐、新浪和网易。这些新公司迅速成长，并成功与传统工业企业比肩。而互联网带来的"一夜暴富"神话，吸引不计其数的后来人争相瓜分这份巨大的"蛋糕"，与此同时，网民的规模也不断扩大。

（二）网络经济的泡沫危机

互联网泡沫是指 1995—2001 年间与资讯科技及互联网相关的投机泡沫事件。1996 年，对大部分美国的上市公司而言，一个公开的网站已成为必需品。初期，人们只看见互联网具有免费出版及即时了解世界性资讯等特性，逐渐人们适应了网上的双向通信，并开启了以互联网为媒介的直接商务（电子商务）及全球性的即时群组通信。这些概念迷住了不少年轻的人才，他们认为这种以互联网为基础的新商业模式将会兴起，并期望成为首批以新模式赚到钱的人。在欧美、亚洲的多个股票市场中，互联网及资讯科技相关企业的股价高速上升，在 2000 年 3 月 10 日纳斯达克指数触及 5 132.52 的最高点时达到顶峰。

在此期间，风投家们目睹了互联网公司股价的创纪录上涨，故而出手更快，不再像往常一般地谨小慎微，选择让很多竞争者进入，再由市场决定胜出者来降低风险。股价的飙升和买家炒作的结合，以及风险投资的广泛利用，为这些企业摒弃标准的商业模式创造了温床。它们突破传统模式的底线，转而关注如何提高市场份额，但大部分最终都以投资失败收场。

（三）网络经济的恢复与繁荣发展

2001 年秋天，互联网泡沫的破灭是互联网行业的一个转折点，许多人断定互联网被过分炒作，互联网行业的前景岌岌可危。"Web 2.0"的概念正是在这段时期提出的。而伴随着令人激动的新程序和新网站间惊人的规律性，互联网不仅远没有"崩溃"，甚至比以往更重要。

三、网络经济周期的特点

经济随着科技的发展呈现不同的发展阶段，经济周期与科技创新的速率紧密相关。网络经济周期的最大特点是：它是科技创新周期，而不是传统的商业周期。信息科技产业在国民经济中所占的比重越来越高，其作用也越来越大。正如熊彼特提出的创新经济周期理论，工业社会的经济周期主要由供求关系决定，而网络经济周期则取决于技术创新速率的高低。网络经济周期的特点如下。

(一) 创新速率主导

当科技创新速率上升时，生产效能大幅度提高，经济快速增长，且持续时间较长。其原因在于，创新速率上升能够对其他产业产生强大的扩散作用，进而对经济增长起到强有力的支撑。与此同时，经济增长促使更多的资金投入科技创新，使得生产效能进一步提高，从而降低产品成本，刺激需求的增加。

当科技创新速率下降时，生产效能增长缓慢，投资增长减缓，随着人们对未来预期变得不乐观，股市崩盘，经济开始下滑，有可能进入经济萧条时期。其原因在于，创新速率下降，经济增长放缓，这意味着企业的投资回报率降低，企业投资热情降低，进一步加剧经济的低迷。

(二) 调控方法不同

由于科技创新投资具有投入时间长、风险高的特点，因而需要有充足的资金保障才可能维持增长。根据凯恩斯的宏观经济理论，当经济繁荣时，应当实施紧缩的财政政策和货币政策。但是，紧缩的财政政策和货币政策可能带来的是企业减少对科技创新的投入，而这将直接影响到成果转化。因而，不论是在经济繁荣阶段，还是在低迷阶段，政府这只"有形的手"应当充分发挥好自己的作用，保障科技创新的持续发展。

(三) 周期信号不同

在商业周期中，繁荣的结束表现为股市下跌，增长减退，产品订单普遍减少，通货膨胀加剧。而在科技周期中，危险信号则表现为科技股股价下跌与科技支出减少同时出现，科技产品价格下降，风险资本流动率和股票上市数量下降。

四、网络经济对传统经济周期的影响

20世纪50年代以来的技术革新浪潮是以信息技术为核心的新技术群的产生为特征的。以往的技术革新都是以扩大物质产品的生产规模、提高物质生产的能力为特征的，是大机器工业制造能力的提高，是对人的体力劳动的节约，是物化劳动和劳动物化的革命。信息技术革命在技术特点、功能作用和产生的结果以及产生结果的运行方式和周期规模等方面都在发生变化。如果说以往的技术革新主要是以革新成果来替代和增强人的体能的话，那么以信息技术为代表的新技术革命则是用其成果替代和增强人的智能。它使人直接操纵机器的劳动方式变成在人的控制下的智能机器间接操纵机器的劳动联结方式，这使工业制造业等行业的生产自动化与过去产业革命形成的自动化相比有了质的飞跃。它产生了庞大的信息产业。历史上经济学家的判断所依据的周期波动规律和产业基础已经发生了巨大变化。

第一，传统的物质生产部门在整个国民经济中的比重日渐缩小，信息产业尤其是以知识、智能为基础的信息服务业在大幅度增长，使得传统产业的衰退与高涨对整个国民经济周期波动的影响力减弱。传统工业对经济增长的影响减弱了，由其兴衰决定的经济周期波动必然要发生重大变化。

第二，在国民经济中占主导地位的第三产业的周期波动将会对经济增长周期波动特点产生决定性影响。第三产业的周期波动将不取决于固定资本的更新，而取决于新技术、新知识以及新技术、新知识的获取方式。在信息网络化时代，新技术、新知识及其获取方式的创新速度，要远远快于传统工业技术革新的速度。新技术的更新与进步，导致新行业、新市场、新需求不断涌现，成为决定经济持续增长的重要推动力。

第三，高新技术融入传统工业领域，使物质生产部门的固定资产更新方式和周期发生变化。传统的大机器生产线适应大批量、少品种的生产。当生产规模扩大到市场所不能容纳的地步时，就必须更新技术、更新设备、生产新产品以适应新的需要。因此，大规模的固定资产更新就成为经济周期的决定因素。在计算机控制下的集成综合自动化系统是一种"柔性"系统，或称"弹性"系统。它在满足市场需求变化时具有及时适应性，可以进行小批量、多品种的生产制造。它的寿命长短主要由计算机软件决定。设备的改造更新往往是新的计算机软件程序的设计和改进所致。这样，机器设备的更新更大程度上将取决于其自然寿命，而不是社会寿命。这就是说，计算机软件的不断更新将使固定资产的寿命延长，从而减缓固定资产更新所引发的周期波动。

第四，高技术突飞猛进的发展和"科学—技术—生产"一体化的发展使从科学发现到相关技术的创新，再到新产品生产的周期发生变化。这种巨大的进步，除了源于高技术本身的"科学技术一体化"的特征，也与现代企业组织特征有关，即企业中科技人员比重不断提高，企业成为集中科技人员的主要场所之一。另外，一些企业本身已经成为大型的"科学—技术—生产"一体化的综合性实体。

第五，在网络经济时代，信息作为调节资源优化配置的第二只"看不见的手"，补充了市场价格机制失灵的空缺，使经济运行趋于平稳。信息的调节作用不仅使生产更加符合市场的需要，而且使"市场出清"的速度大为提高。信息传输网络对于商品流通、货币流通以及劳动力的流动方式均会带来积极影响，使生产者、消费者的时空观念发生相应变化，进一步使经济增长的周期波动过程变形。从理论上讲，由于信息要素在生产过程中的地位日益重要，信息量的增大、信息传输速度的加快必然使经济发展过程中各个环节、各产业部门之间的不平衡幅度缩小，使经济增长升幅、跌幅落差缩小。从实践的发展上看，欧美发达国家信息技术的进步，包括对传统产业的改造，以及信息服务业的壮大，正以人们难以预料的方式和速度向前发展。这些国家的经济已经开始迈入知识经济和信息网络化时代，经济结构和经济运行方式都已发生了重大变化，那种工业时代的大起大落的经济周期波动，已经成为历史。

本章案例

案例12 经济周期新特征

导语：周期性调整是经济发展的基本规律。目前关于经济周期的相关理论主要基于工业经济产生。而在网络经济中，经济的周期性规律表现出其自身的特点。但是传统的周期理论的概念界定、分类、范围等基本的理论工具依然适用于网络经济。网络经济的周期性调整相较于传统经济更加频繁，这主要源于信息技术的频繁的周期性突破。

互联网公司裁员现象屡屡见于媒体的报道。滴滴、京东、比特大陆等互联网和科技公司不断传出裁员的新闻。而与此同时出现的则是各类辟谣的声音。对于经济环境的焦虑也屡屡见于媒体的报道。那么，裁员究竟是什么原因造成的？是不是网络经济将迎来一个新周期的预示？

不管是在中国还是在美国，都存在对于这种经济周期的忧虑。相比较而言，中国的网络经济企业还没有完整遇到过存在互联网泡沫的周期，受美国的互联网泡沫影响比较小。这也说明，新经济一样面临着经济周期的影响，而这种周期会带来裁员等现象，但是由于中国没有经历过这样的周期，因此冲击力会显得更大。

经济周期与投资、消费等因素相关，在很大程度上也和人们对于经济的预期有关。经济周期将影响经济体中的所有企业，而不只是互联网企业，只是由于互联网企业的寿命相对没有那么长，因此可能会产生一种可以超越经济周期的错觉。

网络经济企业需要进行转型调整，一方面是练好管理"基本功"，加强精细化管理，提升资产运营效率；另一方面要抓住中国经济转型升级的机遇，因此，腾讯提出产业互联网转型战略；阿里积极推动"云上工厂"，服务中国智能制造；拼多多等企业积极下乡。这些都是有着积极意义的。

资料来源：整理汇编自网络。

评语：经济周期性调整贯穿经济社会发展全过程。但是在不同的经济时代，其驱动的因素不同。工业经济时代的经济周期主要源于生产和需求的周期性调整，而在网络经济时代的经济周期中，信息技术的进展成为关键因素。

思考：网络经济与工业经济的经济周期有什么异同？网络经济的周期有着怎样的独特规律？我国当前网络经济的发展处于怎么样的周期状态？

课后习题

（1）阐述经济增长和经济增长周期相关理论。

（2）查找文献，描绘网络经济增长现状。

（3）阐述网络经济增长周期的特点。

参 考 文 献

[1] 中华人民共和国商务部. 中国电子商务报告（2021）[R/OL].（2022-11-16）[2023-03-26］. http：∥dzsws. mofcom. gov. cn/article/ztxx/ndbg/202211/20221103368045. shtml.

[2] 中国信息通信研究院. 中国数字经济发展研究报告（2023）[R/OL].（2023-04-27）[2023-06-01］. http：∥www. caict. ac. cn/kxyj/qwfb/bps/202304/t20230427_419051.htm.

[3] 高鸿业. 西方经济学（微观部分·第八版）[M]. 北京：中国人民大学出版社，2021.

[4] 胡春，吴洪. 网络经济学[M]. 2版. 北京：清华大学出版社，北京交通大学出版社，2015.

[5] 戚聿东，肖旭. 数字经济概论[M]. 北京：中国人民大学出版社，2022.

[6] 孙毅. 数字经济学[M]. 北京：机械工业出版社，2021.

[7] 程絮森，杨波，王刊良，等. 电子商务商业模式及案例[M]. 北京：清华大学出版社，2022.

[8] 姚林青，程静薇，虞海侠. 互联网经济学[M]. 北京：清华大学出版社，2022.

[9] 西贝尔. 认识数字化转型[M]. 毕崇毅，译. 北京：机械工业出版社，2021.

[10] 黄光晓. 数字货币[M]. 北京：清华大学出版社，2020.

[11] 中国信息通信研究院. 数字经济概论：理论、实践与战略[M]. 北京：人民邮电出版社，2022.

[12] 麻元元，秦成德，刘扬林. 网络经济学基础[M]. 2版. 北京：清华大学出版社，北京交通大学出版社，2020.

[13] 芮廷先. 网络经济学[M]. 2版. 上海：上海财经大学出版社，2021.

[14] 王晔，张铭洪. 网络经济学[M]. 3版. 北京：高等教育出版社，2019.

[15] 夏皮罗，范里安. 信息规则：网络经济的策略指导[M]. 孟昭莉，牛露晴，译. 北京：中国人民大学出版社，2017.

[16] 刘伟. 政府与平台共治：数字经济统一立法的逻辑展开[J]. 现代经济探讨，2022（2）：122-131.

[17] 张贺，白钦先. 中美互联网金融监管比较及启示：一个比较金融学框架[J]. 甘肃社会科学，2022（1）：212-218.

[18] 宋宇，嵇正龙. 论新经济中数据的资本化及其影响[J]. 陕西师范大学学报

（哲学社会科学版），2020，49（4）：123-131.

［19］陈维涛，朱柿颖．数字贸易理论与规则研究进展［J］．经济学动态，2019（9）：114-126.

［20］叶初升，任兆柯．生产网络视角下宏观波动的微观来源研究进展［J］．经济学动态，2019（5）：104-118.

［21］张林兰，彭显琪．基于消费者偏好的数字产品供应链最优策略［J］．统计与决策，2017（23）：49-51.

［22］何晓星，岳玉静．"边际效用递减"规律在网络经济中失效了吗？［J］．首都经济贸易大学学报，2020，22（6）：43-58.

［23］李兰英．"以刑制罪"在网络经济犯罪认定中的适用［J］．厦门大学学报（哲学社会科学版），2020（4）：108-119.

［24］潘宁，王磊．网络经济诚信危机与治理［J］．学术交流，2020（6）：153-161.

［25］陈刚，关辉国．网络经济对消费者价值认知与消费行为的影响［J］．甘肃社会科学，2019（4）：184-191.

［26］王满仓，葛晶，康建华．网络经济、人力资本与家庭创业决策［J］．西北大学学报（哲学社会科学版），2019，49（3）：111-122.

［27］茹少峰，刘家旗．网络经济资本深化对我国潜在经济增长率的贡献解析［J］．经济纵横，2018（12）：78-87.

［28］李煜．网络经济视角下的传统金融机构互联网转型探索［J］．企业经济，2017，36（11）：161-165.

［29］艾瑞咨询．2020年中国网络经济年度洞察报告-简版［R/OL］．（2020-07-07）［2023-03-28］. https://report.iresearch.cn/report/202007/3611.shtml.

［30］YOO Y，HENFRIDSSON O，LYYTINEN K，Research commentary-the new organizing logic of digital innovation：an agenda for information systems research［J］.Information Systems Research,2010,21(4):724-735.

［31］YOO Y，BOLAND R J，LYYTINEN K，et al.Organizing for innovation in the digitized world［J］.Organization Science,2012,23(5):1398-1408.

［32］TILSON D，LYYTINEN K，SøRENSEN C.Digital infrastructures:the missing IS research agenda［J］.Information Systems Research,2010,21(4):748-759.

［33］VIAL G. Understanding digital transformation:a review and a research agenda［J］.The Journal of Strategic Information Systems,2019,28(2):118-144.

［34］NAMBISAN S，LYYTINEN K，MAJCHRZAK A，et al.Digital innovation management：reinventing innovation management research in a digital world［J］.MIS Quarterly,2017,41(1):223-238.

［35］ACEMOGLU D，AZAR P D. Endogenous production networks［J］.Econometrica,2020,88(1):33-82.

［36］ROCHET J C，TIROLE J，Two-sided markets：a process report［J］.The RAND Journal of Economics,2006,37(3):645-667.